François **Daoust** - Jacques **Pradel**

POLICE TECHNIQUE ET SCIENTIFIQUE

Le choc du futur

éditions du
ROCHER

Éditions du Rocher
28, rue Comte Félix Gastaldi – BP 521
98015 Monaco

www.editionsdurocher.fr

ISBN : 978-2-268-10942-8
EAN epub : 9782268110462

L'avenir n'est pas ce qui va arriver,
mais ce que nous allons en faire.

Henri Bergson

AVANT-PROPOS

Ce livre constitue une nouvelle étape d'un premier travail d'enquête publié en novembre 2011[1]. J'avais raconté à l'époque, comment, à la suite du fiasco de l'affaire Grégory, la Gendarmerie nationale avait, en moins de vingt-cinq ans, créé son laboratoire de Police technique et scientifique, l'IRCGN[2], reconnu dès le début du XXIe siècle comme un des plus performants au monde.

Les membres des différentes divisions m'avaient ouvert les portes de leurs laboratoires et raconté l'épopée de la révolution criminalistique, qui avait bouleversé le quotidien des enquêteurs, notamment grâce à l'empreinte génétique, mais aussi aux avancées considérables générées par l'irruption des nouvelles technologies sur les scènes de crime. Globalement, on peut dire que la Gendarmerie et la Police nationales ont véritablement épousé leur siècle et rendu plus efficace l'éternel combat du bien contre le mal.

D'innombrables affaires mystérieuses ont ainsi été résolues et cette révolution, célébrée par de très nombreuses séries télévisées à la gloire des experts, a suscité l'engouement du

1. PRADEL J., *Police scientifique, La révolution, Les vrais experts parlent*, Télémaque, 2001. Lauréat du prix des Experts de la Gendarmerie (Prix spécial du jury 2012).
2. L'IRCGN, Institut de recherche criminelle de la Gendarmerie nationale, intervient principalement au profit des enquêteurs et magistrats pour procéder aux constations et expertises d'une certaine complexité. L'unité possède par ailleurs une capacité de projection en tout temps et en tout lieu.

public. Une fascination toujours d'actualité, dont la science-fiction s'est aussi emparée, en décrivant un monde futur plus qu'inquiétant : contrôle drastique des libertés citoyennes, surveillance et fichage généralisés de la population… On nous prédit désormais un monde sans crime, mais à quel prix ! *Minority Report, Orange mécanique, 1984, Le meilleur des mondes*… Notre futur ressemblera-t-il aux univers décrits par Steven Spielberg et Stanley Kubrick au cinéma, ou par George Orwell et Aldous Huxley dans leurs romans cultes d'anticipation ? Une dérive totalitaire pourrait-elle se nourrir de psychologie comportementale menant au conditionnement de la population, au nom de la promesse d'un monde moins dangereux ? Un monde où chaque individu serait tracé, traqué, identifié de la porte de chez lui au sas de sécurité des aéroports !

N'ayant aucun goût pour les scénarios-catastrophes ni pour la théorie du complot, j'ai voulu faire la part entre ces fantasmes tragiques et la réalité des nouveaux outils de police scientifiques et techniques actuellement à l'étude dans les laboratoires de recherche et développement.

J'ai donc proposé au général de gendarmerie François Daoust d'apporter une information objective sur l'état des recherches actuelles et les vrais enjeux qui les accompagnent. En m'adressant à l'ancien directeur de l'IRCGN, et patron du pôle judiciaire de la Gendarmerie nationale, spécialiste de l'enquête criminelle, j'ai choisi de donner la parole à un homme dont la légitimité est unanimement reconnue, comme criminaliste, mais aussi comme scientifique et comme enseignant dans plusieurs universités.

Ce livre témoigne de nos échanges passionnés et d'un premier constat que nous voulons rappeler avec force : il ne faut pas demander à la science plus qu'elle ne peut donner !

Comme par le passé, les procédés les plus sophistiqués ne sont et ne seront utilisés, dans l'avenir, que pour aider les enquêteurs de terrain à recueillir des éléments de preuves, selon le principe énoncé par le « père » de la criminalistique, le docteur Edmond Locard[3] : basé sur le transfert croisé de traces entre l'agresseur et sa victime et les lieux du crime. Ce principe de l'échange demeure incontournable. Il rappelle l'importance primordiale de l'analyse de tous les éléments qui constituent la scène de crime. Ce sont les indices visibles et invisibles qui permettront, à terme, d'identifier et de confondre un coupable, ou d'étayer ses aveux par des preuves matérielles incontestables, en répondant aux questions que pose tout acte criminel : Qui a commis les faits ? Quand ? Comment ? Avec quoi ? Et, éventuellement, pourquoi ? L'évolution parfois spectaculaire des outils et des techniques criminalistiques n'a qu'un seul et unique but, celui d'orienter l'enquête dans la bonne direction et de construire la (ou les) preuve(s) pénale(s) menant à la condamnation de l'auteur par la Justice.

L'expert ne mène donc pas d'enquête de terrain. Ça n'est pas à lui de désigner un présumé coupable. Il analyse des indices pour mieux orienter l'enquête.

Mais, pour analyser des indices, encore faut-il les avoir judicieusement choisis, prélevés, et bien conservés, en vue d'expertise, voire de contre-expertise. C'est dans ce domaine que la donne peut changer.

C'est tout l'enjeu de ce nouvel ouvrage, dans lequel vous

3. Edmond LOCARD (1877-1966) soutient sa thèse de doctorat de médecine en 1902 (*La médecine légale au XVIIe siècle*). Il fonde en 1910 le laboratoire de police technique de Lyon, qu'il équipe peu à peu de matériel performant : appareil de microphotographie, hatoscope (microscope destiné aux expertises balistiques), graphoscope, etc. Il publie en 1923 le *Manuel de technique policière* et rédige de 1931 à 1940 son *Traité de criminalistique*, qui font toujours autorité aujourd'hui.

trouverez aussi des informations objectives sur les tout derniers développements de la criminalistique, en voie de recherche et de développement.

Jacques Pradel

IN LIMINE

La difficulté dans la rédaction d'un tel ouvrage n'est pas l'imagination. Cette dernière nous ouvre un monde infini, et tout l'imaginaire que nous pouvons avoir offre une vision sans limite. D'ailleurs un certain nombre d'ouvrages et de filmographies imaginent un avenir où la science forensique d'un futur dystopique rend possible la résolution de tous les crimes. À titre d'exemples, nous retiendrons deux œuvres qui illustrent parfaitement notre propos.

La première est *Bienvenue à Gattaca* d'Andrew Niccol en 1997, qui présente une société eugénique où tout citoyen voit sa vie conditionnée par son génotype et dont les actes, l'orientation professionnelle, comme le contrôle d'identité sont soumis aux prélèvements et analyses ADN quotidiens[1]. La seconde est *Minority Report* de Steven Spielberg en 2002 (d'après une nouvelle de Philip K. Dick de 1956), dans lequel les développements de la police scientifique permettent d'anticiper, et donc d'empêcher les crimes avant même qu'ils soient mis à exécution par l'auteur potentiel. Il est loisible de comprendre qu'écrire un tel livre pouvait conduire à une fantaisie ou une fantasmagorie ne reposant que sur la capacité de leurs auteurs à divaguer dans le champ de leur rêverie.

1. Le nom Gattaca est formé des quatre lettres G, A, T et C correspondant à guanine, adénine, thymine et cytosine qui sont les quatre bases nucléiques de l'ADN.

La méthode que nous avons choisi est plus raisonnable, mais aussi plus complexe : partir de l'existant pour anticiper les futurs développements. Cette démarche devait à la fois tenir compte du passé, mais également des progrès en cours. En effet, la science forensique n'est pas apparue ex nihilo. Elle ne s'est pas faite à partir de rien pour devenir ce que nous connaissons aujourd'hui et que tous les enquêteurs mettent en œuvre avec les spécialistes pour participer à la résolution des crimes.

Il nous a paru essentiel de rappeler tout l'agrégat progressif de matières, de techniques, de compétence, mais aussi la volonté d'appropriation de ces progrès afin de les intégrer dans les méthodes de recherche d'éléments matériels. Il fallait aussi prendre en compte les différents arcanes des procédures juridiques qui ont encadré la recherche de la vérité à travers les époques.

Afin de mieux appréhender cet univers qui nous fascine à travers les grandes affaires criminelles, qu'elles soient passées ou d'actualité, une petite explication sémantique s'impose pour mieux cerner le domaine de la science forensique.

On rencontre en effet dans la littérature ou dans la presse différentes appellations : science forensique, criminalistique, *criminalogie*, police technique, police scientifique, police technique et scientifique (ou PTS), science criminelle ou encore sciences criminelles, etc. Ces différents noms désignent en réalité les mêmes domaines techniques et scientifiques avec parfois quelques subtilités selon que l'on y associe la médecine légale ou non.

Dans un premier temps, il convient de différencier la criminologie de toutes ces propositions. La criminologie a pour essence d'étudier le phénomène criminel, là où la criminalistique et ses autres appellations veulent étudier les traces et indices liés à l'action criminelle. Bien qu'un certain rapport existe, les matières ne sont pas dans les mêmes champs d'analyse. C'est d'ailleurs parce que des éléments sont partagés entre ces deux disciplines que Rodolphe Archibald Reiss (fondateur de l'Institut de police scientifique à l'université de Lausanne en 1909), après avoir adopté le terme de « police scientifique », a proposé dans un article le terme de « *criminalogie* », mixant ainsi les termes de criminologie et de criminalistique, mais l'histoire ne l'a pas retenu.

Ainsi, entre la fin du XIXe siècle et le début du XXe, les pionniers développent les recherches autour de l'exploitation des traces sur la scène de crime, se nourrissant de ce que pouvaient offrir les différents domaines scientifiques comme les techniques novatrices. Les sciences n'étaient plus envisagées comme autonomes et exclusives les unes des autres, mais bien comme dépendantes entre elles pour former une discipline à part entière. Pour nommer ce nouveau concept scientifique, un florilège de propositions va provenir du monde entier, à travers des congrès, des articles, et de nombreux ouvrages.

Le terme de criminalistique apparait pour la première fois en 1893 sous la plume d'un magistrat autrichien Hans Gross, dans son ouvrage *Handbuch für Unterssuchungsricher als System des Kriminalistik*[2]. Ce terme recouvrait à la fois les compétences propres que devait posséder ou acquérir tout magistrat pour instruire une affaire jusqu'au procès, mais également lui donner les connaissances nécessaires pour appréhender, comprendre et savoir quoi attendre de l'ensemble des sciences et techniques (connues à l'époque)

2. L'édition française fut intitulée *Manuel pratique d'instruction judiciaire à l'usage des procureurs, des juges d'instruction, des officiers et agents de police judiciaire, fonctionnaires de la police, gendarmes, agents du service de la sûreté, etc.*, Marchal & Billard, Paris 1899.

pouvant être appliquées à toutes les traces et objets laissés sur la scène d'infraction comme sur le corps de la victime. Le professeur de droit criminel Eugène Gardeil, auteur de la préface française de l'ouvrage, mesure la dimension formidable de cette discipline « dont l'objet est très vaste et encore mal défini, peut-être même difficile, sinon impossible, à délimiter ». Cette réflexion met bien en exergue le principe directeur de cette nouvelle science qui se nourrit de tous les domaines scientifiques existant ou se créant dès lors qu'ils peuvent apporter leur contribution à la résolution des crimes.

Le docteur Locard – médecin légiste, fondateur du premier laboratoire de police scientifique en France en 1910[3] – emprunte et applique le terme de « criminalistique » pour son œuvre majeure *Traité de criminalistique* en sept volumes, alors que, dans un premier temps, il se présente comme directeur du laboratoire de police technique de Lyon et prône l'emploi du terme de « police technique » pour toutes les constatations et prélèvements réalisés sur une scène de crime. Bien qu'il concède le rattachement de certaines matières aux méthodes scientifiques, il maintient une distinction qui lui paraît essentielle entre ce qu'il appelle la « technique policière ou police technique » et la « police scientifique ».

À la même époque en Italie, le professeur Ottolenghi préconise l'usage du terme de « police scientifique », mais il en restreint le champ à l'anthropologie criminelle et à la psychologie, rejetant les autres domaines que recouvrent la criminalistique de Gross, l'anthropométrie judiciaire de Bertillon et le traité de police scientifique de Reiss.

La naissance d'une nouvelle matière et son développement tous azimuts, à laquelle participent les grands novateurs de la

3. Daoust F., *Sur les traces de la police technique et scientifique*, PUF, 2019, p. 25-32.

fin du XIXe et début du XXe siècle, entraînent nécessairement, comme à chaque création, des débats d'idées et de sémantique.

Le temps passant, la concrétisation des investigations sur les scènes de crime et le quotidien des laboratoires ne font plus débat sur la recherche d'une appellation commune et unique. C'est ainsi qu'en France l'appellation « police technique et scientifique » devient l'usage dès la seconde moitié du XXe siècle, tandis que les pays anglophones adoptent le terme de « *Forensic Sciences* » tout en faisant référence à celui de « *criminalistic* » ou « *criminalistics* », peu regardant sur les formes plurielles ou singulières.

Dans la continuité de son fondateur, A. Reiss, l'école lausannoise a utilisé et défendu le terme de police scientifique avant de lui substituer le terme de « sciences forensiques » dans un premier temps pour n'en conserver que le nom au singulier, « science forensique ». En effet, c'est une science à part entière, le pluriel n'est pas de mise. Même si elle réunit de nombreux domaines, sa philosophie comme son objet sont focalisés sur l'étude de la trace faisant d'elle la science de l'observation et de l'interprétation. Le Pr Margot, ancien directeur de l'école de Lausanne, expliquait que le terme générique de « science forensique ou la forensique comme néologisme, est rendu nécessaire par la confusion des termes et de leurs traductions qui désignent la contribution des sciences, en particulier des sciences de la nature, à la justice ».

Concernant le mot forensique (adjectif ou substantif), il est une croyance commune à laquelle il convient de tordre le cou : non, ce n'est pas un anglicisme ! Sa source se trouve dans le *forum,* qui était la place publique, le lieu de jugement chez les anciens. Son origine est bien latine et, s'il était nécessaire de s'en convaincre, ce terme existait bien dans le vocabulaire français jusqu'au XVIIIe siècle. C'est ainsi que l'on peut relever la dernière utilisation référencée dans l'*Encyclopédie* de Diderot et d'Alembert pour définir la médecine légale qui en 1751 était nommée « *medecina forensis* ». Fin de la polémique ! Et si la France l'avait perdu ou oublié depuis, il est intéressant de voir que les Canadiens, les Belges et les Suisses de langue française en avaient conservé le sens et l'usage.

De l'ensemble des propositions de définitions, il apparaît très clairement que depuis le début de l'histoire de la forensique, ou de la science forensique, ou de la criminalistique ou de la police technique et scientifique, ce champ capacitaire s'est construit de façon empirique agrégeant en son sein toute nouvelle technique ou branche scientifique dont l'application permet des analyses de supports jusque-là inexploités ou inexploitables. Même si certains courants excluent de son périmètre la médecine légale, force est de constater que cette séparation est artificielle, sinon comment expliquer que les mêmes détracteurs trouvent normal que l'on puisse alors inclure des matières telles que la biologie moléculaire, l'anthropologie ? Les pionniers de la criminalistique, dont la majorité était des médecins légistes, concevaient cette porosité entre ces domaines, la trace n'étant pas exclusivement sur la scène de crime, mais aussi sur et dans le corps de la victime. Ne pas appliquer les mêmes principes d'observation et d'interprétation aurait été non seulement contreproductif, mais en totale opposition avec la volonté de rassembler l'ensemble des sciences sous un seul chapitre. L'expérience française de l'IRCGN (Institut de recherche criminelle de la Gendarmerie nationale), qui possède au sein même de ses départements analytiques un plateau de médecine légale, montre tout l'intérêt de ce regroupement. Si le terme générique n'est plus le débat actuel, la définition de son contenu fait également consensus dans la communauté scientifique, hormis la médecine légale, plus souvent pour des questions de positionnement que pour des raisons de fondement.

Il est intéressant de relever une constante observée chez tous les auteurs et scientifiques du domaine, celle « de mettre à disposition de la justice » toutes les capacités techniques et scientifiques, « d'appuyer le processus judiciaire, de déterminer la preuve indiciale, de fournir la preuve scientifique à la justice, d'aider la justice », comme l'explique le Pr Ribaux successeur du Pr Margot.

C'est pourquoi, reprenant les définitions les plus larges et rejoignant en cela la vision de Gross, nous retiendrons la proposition du Pr Margot, définissant le domaine de la criminalistique (ou de la forensique) « comme l'ensemble des principes scientifiques et les méthodes techniques appliqués à l'investigation criminelle, pour prouver l'existence d'un crime et aider la justice à déterminer l'identité de l'auteur et son mode opératoire[4] ».

Dès lors, il est dans la logique des choses que nous trouvions réunies, sous le terme de criminalistique ou de science forensique, toutes les matières scientifiques participant à cette mission qu'est la manifestation de la vérité. C'est ainsi que nous trouvons : la balistique, les empreintes digitales, la physique ultra-structurale (microscopie électronique à balayage), la microanalyse (microrésidus et microtraces), la chimie (liée aux explosifs, aux incendies, aux pollutions, aux nouveaux marqueurs), la toxicologie médico-légale (stupéfiants, alcool, poisons, anatomopathologie), l'ingénierie

4. La définition du Pr Margot a été revue et enrichie lors d'un congrès international en 2021, et est maintenant référencé comme « la déclaration de Sydney ». Confer, Frank Crispino & Olivier Ribaux, « La déclaration de Sydney pour repositionner la science forensique », *Revue internationale de criminologie et de police technique et scientifique*, 3/22.

numérique (informatique, électronique, traitement du signal audio et vidéo), le traitement des véhicules (accidentologie, peintures, polymères, optiques, pneumatiques, électronique embarquée, etc.), les documents, l'écriture, l'anthropologie, la médecine légale, l'odontologie légale, la faune et la flore, la biologie avec la génétique, l'odorologie, etc., pour ne citer que les principaux domaines.

À travers ce panel, bien que non exhaustif, il est loisible de se demander si la science forensique a encore de nouvelles possibilités à offrir. Tout semble avoir été proposé, les différents domaines montrent leurs capacités et nous les découvrons tous les jours à travers les affaires judiciaires qui sont largement commentées par les médias. Envisager le futur pourrait alors sembler irréaliste ou prétentieux. Pourtant, comme nous allons le voir, la science forensique a encore beaucoup à offrir, à découvrir, voire redécouvrir des champs qui apparaissaient, mais pour lesquels les progrès techniques offrent de nouvelles possibilités. Le choix des domaines qui vous sont présentés correspond aux principales avancées possibles ou en préparation.

C'est pourquoi, avant d'envisager son futur, un éclairage sur son histoire nous montrera que la science forensique s'est construite et se développe toujours pour des réponses à venir.

Chapitre 1
Une histoire tournée vers le futur

Du « jugement de Dieu » à l'exercice de la Justice

Dans toute recherche, et plus particulièrement si elle concerne l'avenir ou ce qu'il pourrait être, la connaissance du passé est fondamentale. La science forensique n'échappe pas à cette approche, et imaginer son futur, c'est d'abord comprendre et apprendre son histoire, car c'est dans son histoire qu'apparaissent des découvertes novatrices qui préfiguraient les révolutions à venir

Cette histoire permet, au chercheur comme au curieux, de comprendre le cheminement de pensée, les raisonnements qui ont prévalu et le contexte politico-social dans lequel se sont développées les avancées et les découvertes scientifiques dont se sont nourris les sachants afin de les adapter aux besoins de la Justice. Pendant des millénaires, ce qui domine dans l'évolution des sociétés humaines, hormis le système politique, c'est la construction d'un système judiciaire répondant aux mœurs et croyances de leur temps. Parmi les rapports qui animent la vie en société, le besoin d'établir la preuve d'un fait ou d'une action est un des piliers de la stabilité d'une vie en société et du système politique en place.

Les études historiques, sociales et archéologiques, ont permis d'en apprécier les développements.

Il ne s'agit pas ici de refaire l'histoire des sciences ! Notre propos est de raconter comment la science forensique s'est construite et structurée, puisant dans l'univers des différents domaines scientifiques ce dont elle avait besoin pour fournir à la Justice des preuves matérielles solides dans le domaine des affaires criminelles. De l'observation à l'interprétation, c'est autour de ce credo que la science forensique a fondé sa légitimité de raisonnement.

Savoir se nourrir d'un monde scientifique qui façonne le progrès, et s'enrichir d'une capacité d'observation qui participe à l'interprétation, sont les éléments constitutifs de la science forensique. À la fois faite de sérendipité[1], et d'opportunité de mise en œuvre de méthodes scientifiques issues de multiples domaines, la science forensique agrège connaissances et compétences au fur et à mesure que l'histoire avance, tout en s'adaptant au cadre juridique.

L'étude de l'apport actuel de la science forensique ou criminalistique au procès pénal, reste également intimement liée à l'histoire politique et sociale ayant créé les systèmes juridiques au sein desquels elle s'est développée. Cela permet d'apprécier comment son champ d'application participe pleinement à la construction de la preuve pénale, afin de mieux percevoir le lien étroit entre elle et le droit pénal, et les

1. L'écrivain britannique Horace Walpole créa en 1754 le mot « *serendipity* » en référence au conte *Voyages et aventures des trois princes de Serendip* dans lequel ces trois personnages au cours de leur périple découvrent par hasard et grâce à leur perspicacité des choses qu'ils ne cherchaient pas. Actuellement le terme de sérendipité recouvre la capacité de faire une découverte inattendue et d'en saisir la portée. Plus largement, c'est la faculté de se saisir d'une observation particulière, d'un résultat insolite permettant de faire une découverte ou de développer une innovation. Serendip est le nom d'origine persane pour désigner le Ceylan (actuellement Sri Lanka).

différentes procédures criminelles qu'elle a traversées. Cette histoire qui l'a façonnée, a généré moult approches pour en définir son champ, son contenu, mais également les principes scientifiques qui maintenant la guident et sont à l'origine des raisonnements et méthodes de travaux conduisant *in fine* à l'établissement de la preuve pénale. L'appréhension de cette progression historique est également une piste de réflexion qui permet d'entrevoir le cheminement vers un futur toujours plus empreint de sciences, avec cependant cette réserve qui, malgré cette liberté d'imagination sur les progrès possibles, reste dépendante du système judiciaire et de l'usage qu'en feront les juges.

Comme de nombreux domaines, l'histoire de la criminalistique est directement attachée à la société dans laquelle elle s'est développée et au sein de laquelle elle est mise en œuvre, selon ses règles sociales et ses interdits, et avec les moyens dont elle dispose. Certains l'apprécient comme récente au regard des derniers progrès scientifiques, d'autres montrent aisément qu'elle s'est déroulée au rythme des changements sociétaux et des évolutions scientifiques tout au long de l'histoire de l'humanité et de sa volonté de résoudre les crimes quelle que soit l'époque.

L'histoire de la science forensique montre ainsi le périple parcouru par ses grands fondateurs, enrichissant la « science de l'observation », en lui faisant profiter des découvertes d'autres sciences pour développer des innovations déterminantes dans l'analyse et l'interprétation des indices participant ainsi à la construction des preuves.

Retour vers le futur : le code d'Hammourabi

C'est en Mésopotamie que le plus ancien vestige d'un tel code est mis au jour par des archéologues français en 1901, à Suse, en Iran. Il s'agit d'un long texte, gravé en écriture cunéiforme sur une stèle de 2,25 m de haut, que l'on peut voir aujourd'hui au musée du Louvre, dans le département des Antiquités orientales. On lui donne le nom de « code d'Hammourabi », parce qu'il répertorie un ensemble de lois ou d'articles et de décisions judiciaires, relatifs à différents aspects de la vie de la société babylonienne, sous le règne d'un souverain nommé Hammourabi, au XVIIIe siècle av. J.-C.

On y découvre que le roi et les membres de la haute administration du royaume sont dépositaires d'attributions judiciaires, mais les autorités locales peuvent nommer des conseils des anciens et des conseils de quartier pour les villes importantes. Il existe aussi des juges professionnels, qui rendent leurs sentences après avoir mené une instruction reposant sur la recherche de preuves, de témoignages et de documents écrits.

Les articles des lois, qui s'appliquaient sur l'ensemble de l'immense Mésopotamie, sont gravés dans 4 000 cases, pour en faciliter la lecture. Plusieurs autres stèles ont été découvertes dans d'autres régions du royaume, où elles témoignaient de la puissance du « roi de justice » sur l'ensemble de son territoire, avec ce texte : « Pour que le fort n'opprime pas le faible, pour faire justice à l'orphelin et à la veuve [...] pour porter des jugements concernant le pays, pour faire justice à l'opprimé, j'ai écrit mes paroles précieuses sur ma stèle... » La suite est une sorte de manuel de science juridique. On y trouve 282 lois et arrêts de justice. Pour chacune, le délit auquel elle s'applique est minutieusement décrit, puis la sentence à rendre formulée. En voici quelques exemples :

- Si quelqu'un a accusé quelqu'un d'autre de meurtre, mais n'a pas pu en apporter la preuve, l'accusateur sera mis à mort.
- Si une personne capture un esclave fugitif, il doit le restituer si l'esclave a donné le nom de son maître, ou l'amener au palais s'il ne veut pas parler. Mais, s'il le garde à son service, il est passible de la peine de mort !
- Si une femme a pris son mari en aversion et lui a dit : « Tu ne m'étreindras plus », une enquête sera menée à son sujet dans l'assemblée du quartier. Alors, si elle n'a pas commis de faute, que son mari est coureur et la discrédite, cette femme n'est pas coupable ; elle reprendra sa dot et retournera à la maison de son père. Si elle est coureuse et brise son foyer, discrédite son mari, cette femme, on la jettera à l'eau.

Le roi intervient parfois lui-même dans certains cas graves. Par exemple, dans une affaire d'adultère, si le mari choisit d'épargner son épouse, c'est au roi seul qu'il revient de gracier l'homme avec qui elle a fauté ! Pour les accusations de sorcellerie (on parlait à l'époque de sortilèges), c'est *le jugement du dieu fleuve* qui s'applique. L'accusé est jeté dans le fleuve. S'il se noie, l'accusateur prendra sa maison ! En revanche, si l'accusé survit, on considère que le dieu-fleuve l'a innocenté en lui sauvant la vie, et celui qui l'avait accusé sera mis à mort.

Ce principe du *jugement de Dieu* sera largement utilisé jusqu'au Moyen Âge sous la forme des ordalies.

Les autres systèmes de recherche des preuves dans l'histoire

En Extrême-Orient, cette recherche des preuves, pour assoir tout procès, existait déjà en Chine sous la dynastie Quin (721-707 av. J.-C.). C'est ce que révèle une tablette en bambou trouvée dans une tombe et qui fait état des « examens des preuves matérielles lorsqu'il s'agit d'affaires graves[2] ». Plus tard les hauts fonctionnaires de l'empire du Milieu utilisent l'empreinte digitale pour authentifier leurs écrits officiels. L'exploitation des empreintes digitales pour l'authentification d'une signature était utilisée dans l'Antiquité par nos civilisations gréco-romaines, reprenant une tradition égyptienne datant de plusieurs siècles, selon laquelle les scribes authentifiaient leurs écrits en y déposant l'empreinte des paumes de leurs mains. De même, alors que la toxicologie et les prémices de la médecine légale sont exploitées en Chine depuis plusieurs siècles, il faudra attendre bien plus longtemps en Occident avant de pouvoir découvrir ces domaines et les intégrer dans un procès.

Les décalages et différences sociales comme scientifiques entre les civilisations, nous font découvrir les choix de chaque société dans la recherche de la preuve pour résoudre une affaire criminelle. La matérialité des indices n'est pas dans un premier temps ce qui va constituer la preuve. Cette dernière a d'abord été appréciée et retenue sous des formes immatérielles, ésotériques, magiques ou spirituelles selon les fondements des sociétés et de leurs croyances. C'est ainsi que, même si elle est institutionnalisée, la preuve a longtemps été sous l'influence

2. Sung T., *La criminologie et la criminalistique*, in Actes du VIIe colloque de l'AICLF, Montréal, 2000.

des religions et des superstitions. Cette dimension divine donnait à la preuve une force incontestable et afin de lui donner une résonance dans la population, de nombreuses épreuves physiques venaient cadencer la procédure criminelle. L'issue de ces parcours offrait donc la preuve attendue puisqu'issue du jugement de Dieu qui, en fonction du résultat obtenu, apportait la réponse de la culpabilité ou non.

Selon le type de procès, les épreuves n'étaient pas les mêmes. Lors d'un conflit grave entre deux parties, *le duel judiciaire* permettait de les départager par la mort lors d'un combat, Dieu favorisant le vainqueur. Réparation et droits lui était donc donnés ou rendus au détriment du vaincu. Certaines subtilités procédurales permettaient aussi aux parties de ne pas combattre elles-mêmes, mais de se faire représenter par un champion…

Toujours pour régler un différend entre deux protagonistes, mais sans mise à mort, *l'ordalie de la croix* départageait également les parties au procès en les mettant face à face les bras levés et tendus jusqu'à former symboliquement une croix. Celui qui maintenait cette position plus longtemps que son adversaire gagnait alors l'issue du procès.

Cette pratique qui remonte pourtant à la nuit des temps, a laissé des traces durables qu'on peut retrouver encore aujourd'hui dans certaines expressions populaires ! Ainsi, lorsque dans une conversation vous lancez : « les bras m'en tombent », ou si vous dites d'une personne « qu'elle baisse les bras », sachez que ces formules ou adages trouvent leur origine dans cette ordalie permettant de rendre un jugement contre celui dont les « bras lui tombent », ou qui avait renoncé à poursuivre puisqu'il avait « baissé les bras ».

Dans les cas d'une recherche de vérité contre une seule personne accusée, d'autres ordalies, à travers différentes épreuves physiques (suivant les faits reprochés et les traditions locales), étaient mises en œuvre et décidaient ou non de la culpabilité du suspect en fonction de sa réussite ou de son échec à l'exercice. Dans l'histoire, côtoyant certains éléments matériels, on retrouve comme fondamental le jugement de Dieu et son équivalent dans l'Égypte ancienne, en Mésopotamie, dans le code d'Hammourabi, chez les Francs et les Burgondes. L'Église les acceptera également. C'est ainsi que l'on retrouve un certain nombre d'épreuves évoquées précédemment, ou dans un style plus violent où il pouvait être fait recours à *l'ordalie par le feu,* qui obligeait le mis en cause à prendre en main un fer rouge ou un brandon que l'on entourait de charpie ou que l'on mettait dans un sac de cuir scellé par les juges. Après quelques jours, selon la physionomie et l'évolution de la plaie, purulente ou saine, l'innocence ou la culpabilité du mis en cause était prononcée avec le niveau de sanction qui en découlait. Selon les traditions ou les croyances locales, toute une série d'épreuves attendaient les accusés. Par exemple, *l'ordalie de l'eau bouillante* (dont la procédure est similaire à l'ordalie du feu), *l'ordalie de l'eau glacée* (généralement mis en œuvre contre les femmes accusées de sorcellerie). Les malheureuses étaient plongées dans une rivière : si elles coulaient, et donc se noyaient, elles étaient innocentes, et si elles flottaient elles étaient coupables et elles finissaient sur le bûcher ! Autre variante, *l'ordalie du pain et du fromage* : l'inculpé est gavé de ces aliments, mais sans l'aide d'une quelconque boisson. S'il n'arrivait plus à avaler, voire s'il s'étouffait littéralement, il prouvait ainsi sa culpabilité !

Chaque mis en cause avait toutes ses chances pour prouver son innocence selon sa maîtrise des armes (ou celle de son « champion ») dans le duel judiciaire, ou ses capacités physiques en fonction des différentes épreuves imposées : la force de ses deltoïdes pour l'ordalie de la croix, la résistance de son système immunitaire pour l'ordalie du feu ou de l'eau bouillante, sa capacité à saliver suffisamment pour absorber le pain et le fromage, etc. On peut remarquer que seules les femmes accusées de sorcellerie n'avaient aucune chance ! Coupables ou innocentes, elles se noyaient ou finissaient sur le bûcher !

Mais l'Église n'appréciait pas ces épreuves issues de traditions païennes et en appeler à la décision de Dieu pour connaître l'issue d'un procès de quelque importance qu'il soit n'était pas pleinement satisfaisant. Dieu avait des choses bien plus importantes à gérer que les petites affaires communes du quotidien des hommes ! En Occident, il faudra attendre le concile de Latran en 1215 pour que l'Église abolisse et condamne un certain nombre d'épreuves. L'édit de saint Louis interdira définitivement les ordalies en 1258 et les remplacera par le serment purgatoire et le témoignage oral.

Cette façon de relever une preuve, même si c'est une divinité qui détermine la réponse, montre ses limites et c'est donc vers l'aveu et le témoignage que se tournent les sociétés. Mais l'importance de cette preuve, qui implique la reconnaissance de l'acte répréhensible par son auteur, est tellement forte que plusieurs procédures complexes, détaillées et formelles sont mises en œuvre. L'Église abonde en ce sens, trouvant dans l'aveu et le témoignage une reconnaissance de la culpabilité par « l'auteur » lui-même et non plus une culpabilité apparente dépendant du résultat d'une épreuve incertaine en faisant référence à Dieu. Fort de l'édit de 1258, les témoignages viennent également renforcer l'aveu, trouvant une réelle place dans le procès. Parallèlement, la procédure criminelle s'enrichit de nouvelles épreuves physiques moins aléatoires et parfaitement répertoriée dans son déroulement, mais dont la violence laisse sans voix. Pourtant cette évolution se voulait plus objective, car il ne s'agit plus ici d'une issue dépendant de la réussite ou non d'une épreuve, mais bien de tortures codifiées afin d'obtenir la parole, donc la vérité de la bouche de l'accusé ! C'est ce que l'on a appelé par la suite l'épreuve de « la question ».

Cette dernière se déclinait en *question préparatoire*, supplice appliqué à des personnes potentiellement innocentes au cours de l'instruction lorsque les autres preuves n'étaient pas suffisantes pour emporter la condamnation. Dans ce cadre procédural si le suspect n'avouait pas, il était innocenté. Nous trouvions également la *question préalable* dès lors que la personne était déjà considérée comme coupable. Les supplices ainsi exercés avant toute sanction, n'étaient là que pour aider à libérer la parole et fournir le nom des complices. Les questions préparatoire et préalable pouvaient se décliner en *question ordinaire et extraordinaire*, la différence essentielle entre les deux étant le nombre de « coins » (ou supplices) qui étaient imposés à l'accusé, quatre coins pour l'une et huit coins pour l'autre, mais aussi la durée des tourments. Parfaitement codifiée, la procédure criminelle prévoyait tout au long de la question trois interrogatoires, un premier *sur la sellette*[3] avant toute atteinte physique, un deuxième pendant les tourments, et un troisième sur le matelas ou paillasse sur lequel était couché l'accusé après les supplices. À noter qu'avant chaque interrogatoire, le juge faisait prêter serment à l'accusé de dire la vérité, l'expression de la

3. La sellette était un petit tabouret très bas qui, maintenant dans le langage usuel, a donné une expression puisant sa signification dans la procédure de la question, à savoir que la personne qui est mise sur la sellette est exposée à la critique ou au jugement d'autrui nécessitant qu'elle se justifie.

« vérité » par la parole, donnant toute sa force à la preuve ultime ainsi recherchée. Il faut attendre la fin du XVIIIe siècle et les décisions de Louis XVI qui de sa propre volonté, et à l'encontre des parlements de province, fait abolir le 24 août 1780 la question préparatoire employée pour obtenir des aveux, et le 15 février 1788 la question préalable qui était imposée aux individus reconnus coupables avant de recevoir en sus leur sanction définitive.

Certaines procédures civiles partageaient avec les procédures criminelles le changement progressif de l'appréciation de « ce qui est dit », avec le témoignage et l'aveu. Mais, pour ces deux procédures, le statut social pouvait avoir une très forte influence sur l'issue du procès. En effet, la connaissance de la *fama publica* (la commune renommée ou l'*opinion publique*) constituait également une catégorie de preuves dispensant de rechercher d'autres preuves. Lorsqu'à défaut de rechercher un auteur, vous aviez un « coupable tout désigné », ou que l'une des deux parties était « honorablement connue », la « bonne réputation », héritage de la société féodale, permettait de trancher en sa faveur !

C'est ainsi que « selon que vous serez puissant ou misérable, les jugements de cour vous rendront blanc ou noir », pour reprendre la citation de Jean de La Fontaine dans « Les animaux malades de la peste » (1668), l'issue du procès était déjà jouée. Cependant, il est intéressant de voir encore une fois que le droit pénal actuel garde encore les traces dans certains de ses articles sur les injures publiques au sein desquels on retrouve les propos *infamants* ou encore la *diffamation*. D'une certaine manière, une personne défavorablement connue des services de police porte encore cette *fama publica*, mais maintenant la Justice doit s'appuyer sur des faits dûment constatés, reconnus et jugés.

Cette évolution de la preuve juridique explique l'importance de la parole au travers des aveux et des témoignages durant plusieurs siècles.

L'ascension de la science dans la recherche de la preuve

Parallèlement à la toute-puissance de l'aveu, l'histoire montre que des experts sont de plus en plus consultés pour mieux cerner certains éléments d'une affaire et introduire une approche objective quant à la matérialité des faits. C'est ainsi que les *barbiers-chirurgiens* et les *médecins* sont sollicités pour donner leur avis sur les circonstances de la mort d'une personne, et dire si elle a pu être empoisonnée ou si elle porte des traces suspectes sur le corps. Parmi ces pionniers de l'expertise médicale, on peut citer Ambroise Paré (1509 ou 1510-1590) qui fut maître barbier-chirurgien, dont les travaux révolutionnent la chirurgie et bon nombre de domaines médicaux. Pour le bénéfice de la science forensique, ce sont ses recherches en matière de blessures par armes à feu qui serviront aux futures expertises balistiques terminales[4]. Des armuriers sont parfois représentés pour expliquer les trajectoires balistiques. Dans les pas d'Ambroise Paré, nous avons un véritable renouveau de la médecine, avec Vésale (1514-1564), médecin barbençonnais, qui établit l'anatomie moderne ouvrant la voie à une médecine et une chirurgie enfin basées sur une connaissance expérimentale du corps humain et non plus sur des croyances et des analogies animales erronées. Paolo Zacchias (1584-1659), médecin

4. Ambroise Paré publie la *Méthode de traiter les plaies faites par les arquebuses et autres bastons à feu, et celles qui sont faites par la poudre à canon* en 1545.

italien considéré comme le fondateur de la médecine légale, rassemble ses expériences médicales et leur apport à la justice dans son œuvre majeure *Quæstiones medico-legales*. Malpighi (1628-1694), médecin italien considéré comme le fondateur de l'histologie (anatomie microscopique), parmi ses nombreuses découvertes et expérimentations, décrit également les dessins digitaux. Ces médecins sont les précurseurs qui ont ouvert la voie à la médecine légale, ou *medicina forensis*[5] présentée par Diderot et d'Alembert dans leur œuvre majeure, l'*Encyclopédie ou dictionnaire raisonné des sciences, des arts et des métiers*.

Dans cette recherche de l'élément matériel, dès le XVIe siècle, une corporation d'experts en écritures est créée pour apporter aux tribunaux son analyse en matière de faux en écritures. Les « maîtres écrivains jurés experts vérificateurs en écritures et signatures comptes et calculs contestés en justice » sont une corporation d'experts en écriture mise en place en 1570 par l'ordonnance de Saint-Germain, à la suite d'un faux produit avec la signature du roi Charles IX en 1569. Parmi ces experts, nous pouvons citer Jacques Raveneau (1635-1683), *maître écrivain juré* dont l'ouvrage *Traité des inscriptions en faux et reconnoissances d'écritures et signatures par comparaison et autrement* est d'une modernité étonnante, montrant dans ses protocoles d'analyse une véritable démarche de science forensique. Pour la petite histoire, il se laisse corrompre, faisant lui-même un faux, ce qui entraîne sa condamnation aux fers (détention perpétuelle) et l'interdiction de son livre[6].

5. Cf. *Supplément* à l'*Encyclopédie* – https://books.openedition.org/pum/20916

6. Raveneau J., *Traité des inscriptions en faux et reconnoissances d'escritures & signatures par comparaison & autrement*, Chez Thomas Jolly, Libraire Juré, Paris, avec privilège du Roy, 1666 – https://books.google.fr/books/about/Trait%C3%A9_des_inscriptions_en_faux_et_reco.html?id=5-hiAAAAcAAJ&redir_esc=y

Même si l'aveu et le témoignage sont l'aboutissement de l'enquête et restent au centre du procès, les expertises techniques et scientifiques, par nécessité, sont de plus en plus présentes dans le déroulement de la procédure. Au XVIIIe siècle, les jeunes États-Unis, ayant conservé le même type de système judiciaire que l'Angleterre, introduisent au procès l'intervention de sachants disposant d'une formation et d'une expérience spécifique que les membres du jury ne pouvaient pas posséder.

Ainsi le paysage juridique est investi par une montée progressive du domaine technique et scientifique, mais seulement dans le but de conforter l'aveu, en aucun cas de s'y substituer. Et l'on peut observer que chacune des disciplines suit son parcours indépendamment de l'autre, créant des séparations qui existent encore dans de nombreux pays, telle que la médecine légale et la criminalistique par exemple.

En marge de l'entrée progressive d'experts dans les procès criminels, la chimie moderne pose ses bases grâce aux savants comme Lavoisier, Scheele et Priestley à la fin du XVIIIe siècle. Mathieu Orfila (1787-1853), médecin chimiste espagnol naturalisé français, est considéré comme le père de la toxicologie. Il réussit à croiser la médecine et la chimie, faisant rentrer l'expertise toxicologique légale, dite moderne, au procès pénal. Ses écrits les plus célèbres en donnent la teneur : *Traité des poisons tirés des règnes minéral, végétal et animal, ou toxicologie générale, considérée sous les rapports de la physiologie, de la pathologie et de la médecine légale* en 1818, le *Traité des*

Cité par Locard Ed., *Les faux en écriture et leur expertise*, Payot, Paris, 1959, p. 11-12.

L'interdiction de son livre n'avait pas tant pour but principal une sanction complémentaire, telles l'infamie et l'oubli, que de ne pas mettre en toutes les mains les modes d'emploi de réalisation de faux.

exhumations juridiques en 1830, le *Traité de médecine légale* en 1833. Son œuvre le fait reconnaître aussi comme un expert de renom auxquels ont recours les magistrats dans de nombreuses affaires, dont une fort célèbre, l'affaire Lafarge, qui voit la jeune veuve reconnue coupable de l'empoisonnement de son mari après la mise en évidence de traces d'arsenic dans le corps du défunt. François-Vincent Raspail (1794-1878) chimiste et botaniste de renom, a également été sollicité par la défense de l'accusée dans ce procès. Dans ses travaux de recherches, il apportait une approche plus raisonnée sur l'analyse des résultats scientifiques. Pour lui, il était en effet nécessaire d'interpréter le résultat à l'aune de l'environnement et de l'ensemble des données permettant d'apporter une conclusion éclairée pouvant diverger, ou pour le moins expliquant la réelle portée de ce qui semble avoir été obtenu. Dans l'affaire Lafarge, il reconnaît la validité du résultat obtenu par Orfila, montrant la présence d'arsenic, cependant il en conteste la conclusion, car ni la quantité, ni l'environnement n'ont été pris en compte pour interpréter le résultat, ce qui dans ce cas aurait été déterminant pour innocenter l'épouse.

L'affaire Lafarge

Marie-Fortunée Capelle (1816-1852), de famille bourgeoise et noble, épouse en 1839 Charles Lafarge, un entrepreneur de Corrèze qu'elle avait rencontré par l'entremise de son oncle le baron Garat, gouverneur de la Banque de France. Peu après son mariage, les jeunes époux rejoignent la demeure du Glandier à Beyssac et Marie découvre que ce n'est plus la vie de château qu'elle a connue jusqu'alors – la demeure est délabrée, infestée de rats, le mari n'est pas le propriétaire du château de Pompadour à Arnac – et que son mariage n'avait d'intérêt que pour la dot de 80 000 francs-or qui permettait ainsi à Lafarge de se refaire une situation. Demandant sa liberté, que Lafarge lui refuse, elle se reprend, régentant la maison et semble retrouver quelques élans envers son mari lui écrivant même des lettres d'amour. Ce dernier lui annonce faire un testament en sa faveur, auquel elle répond en faisant de même, mais dans la foulée, il en fait un autre en faveur de sa mère et de sa sœur. Toujours en recherche d'argent, il se rend régulièrement en voyage à Paris, et à l'occasion d'un de ses déplacements, elle lui envoie un gâteau à la crème fait par la cuisinière, qu'il reçoit après quatre jours de voyage le 18 décembre 1839. Malade, pris de vomissements et de maux de tête, il décide de rentrer à Beyssac. Dès son arrivée au Glandier le 3 janvier 1840, il demande le médecin de famille qui diagnostique une angine. À son chevet, son épouse soulage ses maux de gorge avec des « laits de poule ». Son état empirant, le médecin est rappelé à son chevet et, après avoir assisté à l'agonie douloureuse de son patient, il ne peut que constater le décès le 14 janvier 1840.

Et en plus des rumeurs d'empoisonnement propagées par la mère du défunt, le fait que plusieurs achats d'arsenic aient été faits par un ancien domestique et Marie Lafarge elle-même, vont précipiter les choses. Les perquisitions et prélèvements réalisés dans la maison permettront de montrer la présence d'arsenic dans toutes les pièces et sur les meubles de la maison, ce qui correspondait à sa volonté de se débarrasser des rats qui pullulaient dans cette demeure. Après une quinzaine d'expertises différentes sur les organes du défunt, une seule réalisée par Orfila le grand chimiste de l'époque, met en évidence une infime présence d'arsenic dans une des analyses.

Au-delà de l'enquête et de la personnalité de l'accusée qui déplaît grandement, le procès est l'occasion d'une bataille hors normes d'experts. La science est attendue comme juge pour trancher la question. Au-delà des seuls témoignages dont la plupart sont le reflet des bas sentiments de la nature humaine – mesquinerie, envie, jalousie, etc. –, la recherche de la vérité se tourne vers la science. Et après plusieurs analyses réalisées par les chimistes de la région, c'est vers l'avenir de la chimie que se tourne les magistrats, Mathieu Orfila, ce pionnier de la toxicologie médico-légale. Le corps du défunt est exhumé, des prélèvements réalisés et lors d'une analyse, il conclut à une présence infime d'arsenic. Après la déposition d'Orfila, la défense fait appel à Raspail, lui aussi renommé et également nimbé comme Orfila de l'aura de l'autorité du savoir parisien, au regard des experts de province. Raspail met trente-six heures pour rejoindre Tulle, mais arrive quatre heures après que le jury s'est prononcé. Il est trop tard pour démontrer une présence dite « naturelle » de l'arsenic dans tous les corps humains. L'arsenic, présent dans les os de tout individu, est une réalité, c'était la thèse qu'il avait l'intention de démontrer à la Cour. Il aura néanmoins cette phrase : « On a trouvé de l'arsenic dans le corps de Lafarge ? Mais on en trouverait partout, même dans le fauteuil du président ! »

L'interprétation de Raspail se basait d'abord sur le fait que les premières analyses n'avaient rien mis en évidence, ensuite que ce ne fut qu'après l'exhumation demandée par Orfila que l'on avait trouvé une infime quantité d'arsenic, et après analyse, il apparaissait que la terre du cimetière contenait également de l'arsenic. Enfin, dans un environnement où la lutte contre l'invasion des rongeurs passait par la dispersion régulière d'arsenic, en trouver de manière résiduelle dans le corps de n'importe quel humain revêtait une certaine normalité et reprenant la formule de Paracelse (1493-1541), médecin et philosophe suisse : « seule la dose fait le poison ».

Marie Lafarge est condamnée en 1840 aux travaux forcés à perpétuité par la cour d'assises de Tulle et à l'exposition sur la place publique de cette ville. Elle est graciée par le Prince-Président Louis Napoléon Bonaparte et décède peu après en 1852.

Parmi les découvreurs, on oublie souvent les pères de la photographie que sont Joseph Nicéphore Niépce, dont les premières images datent de 1822, et Louis Daguerre avec lequel il s'associe en 1829 et réalise un procédé de production plus rapide (une journée seulement) ; mais Niépce décéda en 1833 et Daguerre poursuivit seul les travaux et dépose le brevet. Sans aller plus avant dans l'histoire de la photographie, nous pouvons retenir que cette invention va transformer la vision du monde, permettant de visualiser et immortaliser l'environnement qui nous entoure fixant les images de la réalité, ne se contentant plus des seuls témoignages ou descriptions rapportés. Là encore, profitant des rapides progrès techniques rendant plus aisés l'emploi de la photographie, la science forensique va s'approprier une technicité qui va la faire rentrer dans une nouvelle ère, révolutionnant l'enquête par la fixation des images des scènes de crime et des mis en cause.

Mais avant de découvrir comment les pionniers de la criminalistique ont su utiliser la photographie, il convient de revenir à la source de ce mouvement global d'une recherche de l'application des sciences dans la lutte contre le crime et l'identification des auteurs d'une manière plus globale. Nous avons rappelé comment, dans le procès pénal, des spécialistes et des experts ont trouvé peu à peu leur place, mais c'est en amont du procès que nous découvrons cette volonté commune d'identifier les auteurs. En effet, le système pénal condamne plus sévèrement le récidiviste que le primo-délinquant. L'identification des récidivistes est donc un sujet majeur. La méthode principale, définie par les textes alors en vigueur, était ce que l'on appelait *la marque* qui était une flétrissure réalisée avec un fer rouge. Le moyen était barbare, mais l'efficacité indéniable, il suffisait de vérifier si l'auteur qui était interpellé pour une infraction, portait une marque sur son épaule. Si la fleur de lys était la plus connue, à partir de 1724, elle est remplacée par une lettre correspondant à la nature du crime, ou bien à la peine prononcée, ou encore au statut social (considéré comme susceptible de générer des comportements criminels). C'est ainsi que l'on avait le « V » pour les voleurs, le « GAL » pour les condamnés aux galères, et le « M » pour les mendiants. Après une parenthèse supprimant cet usage pendant la Révolution entre 1791 et 1808, face à l'impossibilité d'identifier les récidivistes, la marque est à nouveau instaurée et le code pénal de 1810 introduit de nouvelles lettres qui peuvent être apposées : « TP » pour les condamnés aux travaux à perpétuité, « T » pour les condamnés à temps et la lettre « F » pour les faussaires. À défaut de casier judiciaire tel que nous le connaissons, c'est le corps du condamné qui porte l'information de ses actes et de sa condamnation. En 1832, le législateur français abandonne définitivement la marque pour la remplacer par un *passeport jaune* que devaient en principe présenter systématiquement les anciens condamnés, mais dont l'efficacité fut un échec, car la seule présentation de ce document le faisait rejeter par la communauté. Comme rien n'existait qui aurait pu permettre l'identification des anciens condamnés, ces derniers se débarrassaient de ce passeport fort encombrant. Et si certains retrouvaient une vie de labeur en phase avec la société, de nombreux individus reprenaient leurs activités délinquantes. La difficulté des forces de l'ordre était bien d'identifier les personnes interpellées afin de pouvoir vérifier si elles étaient en état de récidive. Le manque de coopération des anciens condamnés à reconnaître leur passé judiciaire au risque d'être punis de peines bien plus sévères que la précédente, a ainsi nécessité la formation d'agents spécialement chargés d'identifier parmi les personnes interpellées, les individus ayant précédemment fait l'objet d'une condamnation. Malgré cela, les résultats ne sont que marginaux[7].

Parallèlement à cet état de fait, dans la deuxième moitié du XIXe siècle apparaît, notamment sous l'influence de plusieurs médecins légistes, un véritable bouillonnement d'idées, de convergences de vues. Les limites du système pénal, l'appréhension du phénomène criminel dans son ensemble ouvrant la voie de la criminologie, s'accompagnent de la volonté d'identifier au mieux les auteurs d'infraction par des techniques scientifiques nouvelles.

Tous les vecteurs du développement de la science forensique, qu'on appelle à l'époque science criminelle[8], sont désormais réunis au nom de la lutte contre une récidive non maîtrisée.

Fortes de ces savants dont l'envie et l'audace bousculent l'investigation judiciaire, les jeunes sociétés industrielles ne se satisfont plus des seuls aveux. Le siècle des sciences se

---

7. Daoust F., *Sur les traces de la police technique et scientifique*, « Questions judiciaires », PUF, Paris, 2019, p. 16 : « Lors d'une interpellation après un fait, tous les moyens de coercition étaient employés pour identifier les récidivistes et surtout leur faire reconnaître leur véritable identité, car seul leur aveu était juridiquement retenu. Cela allait de la pression et du piège psychologique (Tiens tu es à nouveau là ?... Encore là ?... Mais tu ne peux plus te passer de nous !... Qu'est-ce que tu as fait cette fois ?, etc.) à certaines méthodes empreintes de brutalité dont est resté encore dans le langage populaire l'expression du "passage à tabac", car à l'origine chaque agent obtenant les aveux de reconnaissance d'un récidiviste recevait en prime un paquet de tabac. »

8. Cesare Lombroso (1835-1909), professeur de médecine légale à Turin ; Jean-Alexandre Eugène Lacassagne (1843-1924), professeur de médecine légale et de toxicologie à Lyon, considéré par ses pairs comme l'initiateur de la médecine légale moderne et d'investigation avec une véritable démarche criminalistique ; son élève également médecin légiste, le Dr Edmond Locard ; le professeur de médecine légale Victor Balthazard à Paris.

doit d'investir l'enquête et le procès pénal pour renforcer le système judiciaire et c'est par une approche criminologique, avec la lutte contre la récidive, que ces pionniers vont donner naissance à la criminalistique.

Parmi les personnages qui ont marqué le mouvement construisant ce nouveau domaine scientifique, un simple commis aux écritures embauché en 1869 à la préfecture de police de Paris, grâce à l'intervention de son père, va révolutionner l'appréhension de la lutte contre la récidive, avant d'apporter encore des conceptions novatrices dans la prise en compte de la scène de crime. Alphonse Bertillon, dans ce poste ingrat, devait transcrire les faits, les noms et un descriptif sommaire des individus arrêtés. Curieux et attentif, il lui paraît rapidement évident que les mêmes auteurs passent régulièrement par les services de police, mais sous des noms différents. Il va alors s'inspirer des travaux de son père, le Dr Louis-Adolphe Bertillon, professeur à l'École d'anthropologie de Paris, qu'il aide régulièrement dans les classements de ses collections d'os et squelettes. Ayant relevé la grande diversité des mensurations du corps des individus, il propose alors un système de mesures et de photographies systématiques de toute personne interpellée, afin d'identifier les récidivistes. Bertillon vient d'inventer ce que l'on appellera bientôt « l'anthropologie criminelle » ou encore « l'anthropométrie judicaire ». Cette nouvelle méthode part du principe qu'en prenant 14 mensurations sur n'importe quel individu, il y a seulement 1 chance sur 286 millions pour qu'on retrouve les mêmes chez une autre personne. Il a fait le constat qu'à l'âge adulte, certaines caractéristiques du squelette demeurent inamovibles chez tous les humains : la taille bien sûr, mais aussi l'envergure des bras, la longueur du pied gauche (!), la forme et la longueur des oreilles, l'écart entre les yeux, et les mesures du crâne. En 1882, après trois mois d'essais, il arrive à confondre un récidiviste qui s'était fait arrêter pour vol et que l'on vient de surprendre en flagrant délit de cambriolage. Caché sous un faux nom, il est trahi par les mesures de son corps. Il passera aux aveux dans la foulée. Le succès de l'anthropométrie, dans cette affaire et de nombreuses autres par la suite, fait avancer la carrière de Bertillon. Le système Bertillon a permis d'identifier près de 5 000 récidivistes entre 1882 et 1893[9]. Désormais, il continue de travailler à l'améliorer, et il élargit son travail à l'étude de tous les indices matériels relevés sur la scène du crime[10].

Le professeur Lacassagne grâce à sa revue *Archives d'anthropologie criminelle* va donner une audience internationale aux travaux de Bertillon. Edmond Locard décrit dans cette même revue les services d'identification créés par Bertillon et le détail des résultats qu'ils apportent. C'est ainsi que de très nombreux pays dans le monde adoptent l'anthropométrie judiciaire, dont la méthode est baptisée « bertillonnage », rendant ainsi hommage à son inventeur. Mais la véritable révolution, le bond dans le futur que Bertillon réalise, est son introduction de la photographie judiciaire dans la criminalistique. À la fois celle des individus interpellés, selon un protocole strictement encadré, mais aussi et surtout sur les lieux des faits, bouleversant ainsi l'approche et l'étude de la scène de crime. Cette conception nouvelle de la photographie sera reprise, enseignée et développée par Rodolphe Archibald Reiss – docteur en chimie et fondateur de la formation universitaire en science forensique de l'université de Lausanne

9. Le « bertillonnage » connaît son heure de gloire en 1892, avec l'arrestation de Ravachol, le célèbre militant anarchiste dont les relevés avaient été faits deux ans plus tôt.
10. Sir Arthur Conan Doyle dira s'être inspiré d'Alphonse Bertillon pour créer le personnage de Sherlock Holmes. Il lui rend d'ailleurs hommage dans *Le chien des Baskerville.*

en 1909, dont il fut le directeur et professeur – qui travailla plusieurs mois avec Bertillon.

La scène de crime n'est plus éphémère ou approximative, sa fixation sur plaque photographique permet également de s'intéresser aux traces et de les exploiter, « *l'indice matériel* » étant la seule chose qui ne mente pas selon Bertillon. Et dans cette vision futuriste de l'indice, peu savent que Bertillon avait relevé, étudié et répertorié des centaines de milliers de microbes dans différents sites de Paris, afin d'anticiper les comparaisons ultérieures sur les scènes de crime et les protagonistes. C'est ainsi que les moyens mis dans l'identification des récidivistes investissent naturellement la scène de crime. Et dans cette dynamique, c'est l'identification de l'auteur des faits qui est maintenant recherchée à travers les traces qu'il a pu laisser. Les besoins judiciaires ont conduit à la naissance quasi empirique de la criminalistique, obligeant à une analyse scientifique et à la mise en œuvre de méthodologies d'investigation, de constatations et de prélèvements.

Dans cette synergie, c'est d'abord en Europe que de nombreux travaux émergent et viennent par touches successives construire la criminalistique moderne.

En Autriche, Hans Gross, magistrat autrichien, propose dès 1893 une formation criminalistique pour les professionnels du droit, et plus particulièrement les juges d'instruction ainsi que les forces de l'ordre[11]. Son œuvre, particulièrement en avance dans sa conception et ses présentations, offre une vue quasi exhaustive de cette nouvelle matière, allant des

11. Gross H., *Manuel pratique d'instruction judiciaire à l'usage des procureurs, des juges d'instruction, des officiers et des agents de police judiciaire, fonctionnaires de la police, gendarmes, agents au service de la sûreté, etc.*, traduit de l'allemand par Messieurs Bourcat et Wintzweiller, Marshal & Billard, 2e éd., Paris, 1899.

investigations scientifiques aux analyses forensiques avec comme point crucial, la reconstruction de la scène de crime. L'histoire dont nous résumons les étapes lui doit la création et l'introduction du terme « criminalistique », *Kriminalistik* dans sa version originale.

En Italie, dans les pas de Cesare Lombroso, qui entraîne dès 1876 [12] tout un courant de recherche, avant d'être remis en question notamment par l'école lyonnaise (Alexandre Lacassagne et Edmond Locard) qui réfute toute valeur scientifique aux interprétations stéréotypées (telle que *toute personne ayant un tatouage est un criminel en puissance*) comme la théorie plus générale du criminel né. Couvrant un champ plus large (médecine légale, identification, anthropologie, empreintes digitales, dont un grand volet sur la psychologie), le docteur Salvatore Ottolenghi met en place un enseignement de *Polizia scientifica* en 1896 et crée en 1902 une *Scuola di Polizia* (une école de police). En 1907, l'école italienne voit la publication du manuel d'Alfredo Niceforo *La police et l'enquête judiciaire scientifiques*, préfacé par Alexandre Lacassagne, ces travaux placent définitivement l'Italie parmi les nations motrices des sciences criminalistiques malgré les débats d'école avec Ottolenghi.

En Suisse, c'est à Lausanne que Rodolphe Archibald Reiss prend une dimension internationale grâce à son dynamisme, sa capacité à combiner et réunir les nouvelles connaissances en criminalistique, ainsi qu'avec ses travaux appliqués à la fois sur le terrain, dès la scène de crime, et au laboratoire. Il devient une des grandes références dans ce domaine.

---

12. *L'uomo delinquente* de Cesare Lombroso, publié en 1876, séduit toute l'Europe par la nouveauté de son étude et de son hypothèse qui, selon l'auteur, permettrait de déterminer un type d'hommes et de femmes qui naissent criminels.

Sa force de travail, sa curiosité, ses recherches tant en chimie, qu'en photographie, comme sur l'ensemble des sciences et techniques pouvant être mis à disposition de l'enquête, font de ce naturalisé suisse, un maître du genre. Il parcourt inlassablement le monde, de l'Amérique du Sud aux pays de l'Est, prônant le modèle du service d'identité judiciaire de son ami Alphonse Bertillon, enseignant les techniques de photographie judiciaire du Français et toutes celles qu'il a lui-même améliorées. Il est le fondateur en 1909 de ce qui est maintenant l'École des sciences criminelles de l'université de Lausanne.

En France, alors que Bertillon n'a pas encore commencé à travailler à la préfecture de police de Paris, c'est le professeur Alexandre Lacassagne, médecin légiste à Lyon, qui va donner la méthodologie d'une médecine légale moderne en phase avec les actes d'investigation et de constatation, inscrivant sa discipline dans une démarche pleinement forensique. Alphonse Daudet disait de lui : « Alexandre Lacassagne n'est pas un homme, c'est un monde ! » Directeur de la revue d'anthropologie criminelle dont il présida la destinée de 1895 jusqu'en 1914, il montre toute l'étendue de son influence et de sa volonté de réunir tous les nouveaux savoirs du domaine. Il est à la fois expert médecin légiste, et coordonnateur des actes à réaliser sur une scène de crime ; il intervient dans plusieurs affaires dont certaines sont restées célèbres. Sa curiosité et surtout sa vision d'ensemble de ce qu'une scène de crime représente, le conduisent à explorer de nombreux domaines complémentaires à la médecine légale, comme la balistique par exemple, pour laquelle ses études s'inscrivent dans l'avenir de cette discipline. Il note dès 1889 les possibilités d'identification d'une arme à partir des déformations et traces sur le projectile.

LA MALLE SANGLANTE DE MILLERY, L'AFFAIRE GOUFFÉ

Le 13 août 1889, des passants signalent au cantonnier Denis Coffy, une odeur abominable sur la route de Millery près de Lyon. Il trouve alors dans un buisson un gros sac en toile cirée dégageant en effet une odeur nauséabonde. À l'intérieur se trouve, recroquevillé, un cadavre nu et dans un état de décomposition avancée.
Le corps est emmené à la faculté de médecine de Lyon, où le médecin légiste Paul Bernard procède à l'autopsie dès le lendemain de la découverte, le 14 août. Les constatations inscrites dans le rapport d'autopsie sont précises, parfaitement référencées et détaillées. Le corps dénudé a fait l'objet d'un ligotage. La corde qui a servi a une longueur de 7 mètres, la tête est enveloppée dans une toile cirée noire, et la victime est apparemment morte par strangulation depuis trois à cinq semaines. Les traces de strangulation ne sont pas similaires, comme s'il avait été procédé à des tentatives avec des moyens différents. Mais, chargé de l'identification, le docteur ne peut guère se prononcer. Afin de ne pas fermer les portes à des examens ultérieurs et selon les protocoles imposés par le Pr Lacassagne, médecin légiste et criminaliste[13], le corps est conservé dans le formol. Trois mois plus tard, c'est Lacassagne lui-même qui procède à une autopsie complémentaire aux fins d'identifier la victime. L'autopsie dure huit jours et, sur la base de détails et de corrélation avec l'enquête de la police parisienne qui lui fournit des éléments de comparaison, grâce notamment à des cheveux prélevés sur le peigne d'un disparu et de la description d'une ancienne blessure de celui-ci, il fait le rapprochement et conclut à l'identification de la personne qui se révèle être

---

13. LACASSAGNE A., « L'affaire Gouffé », Archives de l'anthropologie criminelle, t. 6, 1891, p. 17-49.
LACASSAGNE A., « De la déformation des balles de revolver, soit dans l'arme, soit sur le squelette », Archives de l'anthropologie criminelle, t. 4, 1889, p. 70-79.

Toussaint-Augustin Gouffé, huissier de justice de son état, âgé de 49 ans. Son protocole scientifique de travail, sa méthode de rapprochement et de comparaison des traces, sont les premières étapes d'un raisonnement forensique posant les premières pierres de ce que la France appellera communément la police scientifique.
La disparition de maître Gouffé avait soulevé de nombreuses interrogations et laissait en suspens les autorités locales comme les journaux de l'époque. Veuf, père de deux filles dont il s'occupe avec attention, il a une très bonne réputation et son étude est florissante. Son veuvage l'avait apparemment conduit à multiplier les « conquêtes féminines », ce qui s'inscrivait dans le comportement masculin de cette époque sans que cela soit stigmatisant. Sans rentrer dans le détail de l'enquête, il a été victime de sa recherche de relations superficielles et ancillaires.
C'est un véritable coup monté qui a été soigneusement préparé, un véritable guet-apens. La fortune de la victime connue, et sa recherche de relations faciles, ont fait de lui la cible idéale. Après une rencontre dans un café, qui n'avait rien de fortuite, une certaine Gabrielle Bompard l'invite dans un appartement loué avec son complice Michel Eyraud. Sous prétexte de jeux sexuels, elle lui passe la ceinture de sa robe de chambre autour du cou, ceinture que son compère attrape et attache à une corde qui passe dans une poulie préparée à l'avance afin de pouvoir étrangler l'huissier. Les premières tentatives échouant, Eyraud l'étrangle finalement de ses propres mains.
Mais les choses ne se déroulent pas comme prévu, l'huissier n'a pas d'argent sur lui, et la recherche rapide à l'étude par Eyraud grâce aux clefs qu'avait l'huissier ne donne rien.
Les assassins mettent le corps de l'huissier dans une malle qu'ils expédient par train à Lyon. Ils la récupèreront à la gare et après avoir loué un cabriolet, ils versent le cadavre qui est dans un sac sur la route de Millery, puis ils se débarrassent de la malle sur la

même route. À la suite de ces tristes exploits, le couple s'enfuit en Amérique.

La malle, les traces qu'elle porte, la puanteur qui persiste à l'intérieur, et la petite clef retrouvée à proximité du cadavre et correspondant à sa serrure, lient les éléments entre eux. L'étiquette d'expédition sur la malle permet de remonter jusqu'à la capitale. Et fort des travaux de Lacassagne, l'identification du corps est réalisée, mais également les deux méthodes de strangulation sont parfaitement déterminées. La recherche de cohérence entre les traces et leur identification par le Pr Lacassagne, s'inscrivait déjà dans une démarche forensique.

L'enquête, forte de l'ensemble de ces éléments, permet d'identifier les auteurs, et après quelques pérégrinations dans différents pays d'outre-Atlantique, d'obtenir leur extradition et de conduire à un procès d'assises qui condamne en 1891 Michel Eyraud à la peine capitale et Gabrielle Bompard à vingt ans de travaux forcés.

Le docteur Edmond Locard (1877-1966), qui fut son élève, est le plus bel exemple de l'union nécessaire de la médecine légale et de la criminalistique. Edmond Locard crée avec ses fonds propres son laboratoire, qu'il nommera officiellement « service anthropométrique et d'expertises judiciaires », dans les combles du palais de justice à Lyon en 1910. Sous l'influence de ses travaux, cette même année, pour la première fois en France, un individu est condamné à Lyon, sans aveu ni témoignage, uniquement sur la reconnaissance par la justice de la preuve matérielle permettant l'identification de l'auteur. La preuve n'est plus seulement celle de la parole, elle peut enfin être celle des seules constatations et des analyses scientifiques ! Ses observations sur le terrain, enrichies par ses échanges avec Reiss, le tout se finalisant après sa lecture du roman de Conan Doyle *Une étude en rouge*, paru en 1887, le conduisent à élaborer une théorie sur la trace et son origine, qu'il présente dans ses articles et ouvrages à de nombreuses reprises[14]. Il s'agit d'un des fondements même de la science forensique : le principe de l'échange, dit aussi principe de Locard, selon lequel toute action criminelle génère des traces. « La vérité est que nul ne peut agir avec l'intensité que suppose l'action criminelle sans laisser des marques multiples de son passage. [...] Les indices dont je veux montrer ici l'emploi sont de deux ordres : tantôt le malfaiteur a laissé sur les lieux les marques de son passage, tantôt, par une action inverse, il a emporté sur son corps ou sur ses vêtements les indices de son séjour ou de son geste[15] ». Ce postulat est ce qui est, et fait, l'essence même de la science forensique.

C'est cette dynamique d'une recherche d'éléments matériels par des moyens techniques ou scientifiques qui conduit le Dr Locard à les rassembler en un seul lieu en s'entourant des compétences nécessaires. Historiquement, avec ses débuts timides, cette nouvelle structure criminalistique, sous les toits du palais de justice, devient ainsi le premier laboratoire de police technique et scientifique de France. Il sera rattaché à la Police nationale. À relever pour la petite histoire que le ministère de l'Intérieur ne lui versera aucun émolument, ni salaire, profitant des matériels qu'il acheta personnellement sur ses biens, et de sa direction ainsi que son expertise jusqu'à son remplacement en 1951. Retiré, il effectua encore quelques expertises, à titre privé, pour assurer son quotidien, et il a dû se résoudre à vendre sa collection personnelle de timbres, afin de vivre sa retraite avec quelque dignité !

Parmi ces pionniers, nous citerons également un personnage rarement évoqué pour son rôle dans l'histoire de la police

14. Il n'en reconnaîtra la paternité qu'en 1924 !

15. Locard Ed., *L'enquête criminelle et les méthodes scientifiques*, Flammarion, Paris, 1920.

scientifique : Victor Balthazard (1872-1950), professeur de médecine légale. Il fut aussi directeur de l'IJPP (service de l'identité judiciaire de la Préfecture de police de Paris) de 1920 à 1921. Ce savant a proposé, au début du siècle, un calcul statistique pour l'identification des empreintes digitales, une étude sur les poils humains et d'animaux, une étude sur la projection des traces de sang. Parmi ses nombreuses activités, il fut aussi le préfigurateur du droit médical et de l'ordre des médecins. Après ses fonctions à l'IJPP, au regard de ses travaux dans la ligne du Pr Lacassagne et de Locard – alliant la médecine-légale avec les techniques policières, l'application d'une méthode scientifique dans l'investigation et les recherches en criminologie –, il se voit confier la direction du nouvel institut-médico-légal, quai de la Râpée à Paris, en 1923. Un établissement dont les journaux de l'époque comme les revues savantes décrivirent la modernité, faisant de ces lieux l'exemple du progrès, alliant la science à la recherche de la vérité. Étonnamment beaucoup moins connu que Lacassagne et Locard, il fut pourtant un acteur majeur du développement de la criminalistique.

Un savant recherché pour ses expertises en avance sur son temps

Le crime de la rue de la Pépinière

Le 7 juin 1908, M. Remy, courtier en bourse, est retrouvé mort dans son lit et porteur de blessures sanglantes. Le désordre de l'appartement, les meubles forcés, conduisent la police à l'hypothèse d'un vol. Après trois semaines d'instruction, le maître d'hôtel, Pierre Renard, est interpellé, malgré ses dénégations qu'il maintient jusqu'à la clôture des débats. Parallèlement, le 10 juillet 1908, les investigations permettent de retrouver des bijoux volés dans un des vestons de Georges Courtois, jeune domestique de M. Remy qui était resté au service de Mme Remy. Ce dernier se justifie en expliquant l'influence du maître d'hôtel qui, selon ses dires, lui imposait des « passions honteuses » comme le rapporte les journaux de l'époque. Dans la nuit du 6 juin 1908, ils rentrent ensemble dans la chambre et Courtois ne réussissant pas à bâillonner ni étouffer M. Rémy qui se débat, Renard le poignarde à plusieurs reprises dans le dos puis à la face. Avant de mourir, M. Rémy mord profondément un doigt de Courtois. La description des valeurs dérobées faite par le domestique correspond à celles décrites comme manquantes par la veuve. De plus, grâce aux aveux de Courtois, on retrouve une partie du butin caché sous un tas de charbon dans la cave. Malgré les dénégations de Renard jusqu'au prononcé de la sentence, la révélation par Balthazard des empreintes de sa main dans une trace ensanglantée emporte la décision des jurés qui condamneront, le 4 février 1909, le maître d'hôtel aux travaux forcés à perpétuité et Courtois à vingt ans de la même peine.

À noter que les travaux de Balthazard lui vaudront la publication de son article scientifique « Identification d'une empreinte de main ensanglantée » au *Bulletin de l'Académie des sciences*, séance du 30 novembre 1908.

Aux USA, la criminalistique devient très tôt un élément essentiel du procès pénal, d'autant plus que le système judiciaire accusatoire favorise d'y avoir recours. Edward Oscar Heinrich (1881-1953), après des études de chimie, travailla au profit de la ville de Tacoma comme chimiste et ingénieur aux affaires sanitaires pendant neuf ans. Sa position au sein de la municipalité et ses connaissances conduisirent les autorités policières et le coroner à avoir recours à son expertise. C'est ainsi qu'en déterminant les possibilités comme les limites, il introduisit la chimie en de nombreux domaines de la criminalistique (balistique, documents, géologie, etc.). En 1916, il est nommé chef de la police à Alameda (Californie), réorganisant complètement le service en incluant des méthodes modernes d'enquête et d'investigation forensiques (empreintes digitales, photographies, etc.). Quelque temps plus tard, il crée le premier laboratoire privé à Berkeley. Il influence grandement Vollmer avec qui il partagea ses convictions. Ce dernier fut le chef de la police à Berkeley de 1909 à 1922 et de 1924 à 1932 et dans l'année 1923, dégagé de ses obligations d'encadrement des forces de police, il établit le premier laboratoire de police scientifique d'État à Los Angeles. Parmi les grands penseurs scientifiques, Paul Kirk, par ses travaux, donne une nouvelle dimension à la criminalistique, qu'il définit comme « la science de l'individualisation », ce qui donne une valeur extrême aux résultats d'analyses dans tous les domaines d'expertise. Il va plus loin encore dans ses études et, en 1963, dans son article « *The Ontogeny of Criminalistics* », il propose, en complément du principe de l'échange de Locard, ce qui est également le fondement des analyses en science forensique : *le principe d'unicité*. Ce principe basé sur l'unicité, c'est-à-dire sur le caractère unique de tout objet dans l'univers, ce qui a un impact prégnant en criminalistique, celui du renforcement de la valeur de toute identification au sens de l'individualisation. « Un chose ne peut être identique seulement avec elle-même, jamais avec un autre objet, puisque tous les objets dans l'univers sont uniques. Si cela n'était pas vrai, il ne pourrait y avoir d'identification au sens employé par le criminaliste. »

Il faut aussi savoir que, pendant ces premières années bouillonnantes de concepts novateurs, apparaissent encore de nouvelles méthodes et de nouveaux domaines de l'identification qui bouleversent parfois des bases à peine établies. C'est ainsi que l'anthropométrie judiciaire récemment mise en place, y compris par un très grand nombre de services étrangers, est remise en question par une nouvelle activité, les empreintes digitales, qui elles aussi investissent deux champs : celui de la lutte contre la récidive, et celui de l'identification du dépositaire d'une trace trouvée sur le lieu du crime.

Le médecin anatomiste et neurophysiologiste tchèque Jan Evangelista Purkinje (1787-1869) décrit dès 1823 les dessins papillaires et affirme leur individualisation en proposant une classification des empreintes digitales en neuf groupes de formes fondamentales. En avance sur son temps, il posait les prémices et les bases de l'avenir des empreintes digitales. Sir William Herschel expérimente à partir de 1858 sa méthode de prise d'empreintes des ouvriers au Bengale pour les identifier et authentifier les actes en lieu et place de leur signature. À partir de ces expériences précédentes, le Dr Henry Faulds publie en 1880 un article dans le journal *Nature* suggérant de prendre les empreintes digitales pour l'identification des criminels.

Juan Vucetich en Argentine[16] propose, dès 1891, un système de classement à partir des empreintes digitales, système qui sera encore utilisé en Amérique du Sud et dans quelques pays d'Europe dont la Suisse jusqu'à l'avènement de l'informatique. Et c'est en Argentine, particulièrement en avance en ce domaine, qu'est réalisée en 1892 la première identification d'un criminel par ses empreintes laissées sur une scène de crime. En Europe, Sir Francis Galton, après avoir posé le principe de la permanence des empreintes tout au long de la vie dans son ouvrage *Fingerprints* en 1892,

16. Fonctionnaire de police, chef du bureau des statistiques dans la ville de La Plata, futur créateur du Bureau d'identification anthropométrique argentin.

propose également un système de classement qui est amélioré par le chef de la police londonienne Edward Richard Henry.

Enfin, Alphonse Bertillon, qui ne croyait pas à l'invariabilité des empreintes digitales, s'opposa longtemps à son introduction dans les fiches anthropométriques. Il reprocha même à Vucetich, venu en France lui présenter ses respects, d'avoir affaibli la force de son système par l'usage systématique des empreintes digitales. Parallèlement à l'anthropométrie judiciaire, ses travaux pour fixer les traces et leurs prélèvements sur les scènes de crime le mèneront naturellement à relever les empreintes digitales et, lors de l'affaire Scheffer en 1902, il identifie l'auteur grâce à elles. Il reconnaît enfin l'importance et la puissance de l'empreinte digitale. Toutefois, il ne concède l'introduction des empreintes digitales dans son système anthropométrique que de façon accessoire, ne voulant pas bouleverser fondamentalement son système de classement et il faut attendre sa mort en 1914 pour que l'anthropométrie judiciaire soit définitivement abandonnée au profit du classement des interpellés comme des condamnés par empreintes digitales. Du système Bertillon, survivra la photographie judiciaire intégrant encore quotidiennement le portrait des mis en cause.

L'Affaire Scheffer

Voici l'histoire du premier criminel arrêté en France, grâce à ses empreintes digitales. Un événement majeur, qui marque les débuts de la police scientifique moderne.

Nous sommes le vendredi 17 octobre 1902 à Paris. Ce matin-là, un bourgeois élégant fait irruption au commissariat du 8e arrondissement. Il se présente : Dr Auguste Alaux, chirurgien-dentiste, installé au 157 rue du Faubourg-Saint-Honoré. Il explique qu'il vient de découvrir, en arrivant à son cabinet, le cadavre de son domestique, Joseph Reibel. Et il s'exclame : « On l'a assassiné ! » Il ajoute que le mobile du crime est certainement un cambriolage, car il a trouvé ses meubles et ses armoires fracturés. On a visiblement fouillé son cabinet, vraisemblablement à la recherche d'objets précieux et de valeurs. Une somme de 1 600 francs a été dérobée et plusieurs bibelots précieux ont disparu ! C'est tout ce qu'il peut dire sur le moment. Il ajoute que, la veille au soir, Joseph Reibel avait décidé de rester dormir au cabinet, comme cela lui arrivait parfois, pour éviter de se rendre au domicile de son patron situé aux Batignolles. La raison ? Il faisait mauvais temps, il pleuvait des trombes. Il s'évitait ainsi pour le lendemain matin de traverser tout Paris dans les encombrements pour se rendre à son travail. Deux heures plus tard, quatre messieurs sobrement vêtus se présentent au cabinet du dentiste pour constater les faits. Il y a le juge d'instruction Joliot, qui va diriger les investigations, le commissaire Cochefert, chef de la sûreté, dont les hommes vont mener l'enquête sur le terrain, et le Dr Soquet, médecin légiste qui doit déterminer les causes et les circonstances de la mort de la victime. Le dernier des visiteurs est un homme dont la réputation n'est plus à faire. Il s'appelle Alphonse Bertillon. Il est chef du service de l'identité judiciaire… Fort de ces mesures anthropométriques, en cas d'arrestation d'un suspect, un rapide coup d'œil à sa fiche suffit pour le reconnaître, même sous une fausse identité, et, chaque mois, une bonne trentaine de criminels récidivistes sont ainsi identifiés… Malgré l'efficacité de sa méthode, et sous la pression de ses supérieurs, Bertillon a dû cependant accepter, un peu à contrecœur, d'ajouter sur ses fiches signalétiques l'empreinte à l'encre des quatre doigts de la main droite et, depuis 1900, celle de l'index gauche de ses « clients » ! Ainsi, en l'absence de toute description physique, il devient théoriquement possible de confondre un suspect en comparant ses empreintes avec

les traces relevées sur la scène de crime. S'il est déjà fiché, ses empreintes pourront constituer un élément de reconnaissance supplémentaire ! Toutefois, Bertillon demeure persuadé de la supériorité de sa méthode, d'autant plus qu'aucun malfrat n'a jamais été arrêté grâce à ses empreintes digitales... Mais le 17 octobre 1902, il va devoir réviser définitivement ses convictions...
Le cadavre de Joseph Reibel repose dans l'antichambre du cabinet du Dr Alaux. Il gît sur le sol, dans une position semi-assise, le dos contre une chaise renversée, les yeux ouverts, une serviette nouée autour du cou, avec laquelle il a été étranglé. Des traces de griffures au niveau du nez et des joues indiquent que la victime a lutté avec son agresseur. Dans l'évier de la cuisine, on retrouve un torchon imbibé de salive qui a dû servir à bâillonner et à étouffer le malheureux. Avec son énorme appareil photo, Bertillon immortalise la scène du crime, demandant aux personnes présentes de ne toucher à rien avant qu'il ait terminé ses clichés... Soudain, le juge Joliot, qui examine les meubles fracturés, appelle Bertillon pour lui montrer un morceau de vitrine brisée. L'expert scientifique découvre sur le verre, bien distinctes, bien visibles, des empreintes digitales nettes, les plus nettes qu'il ait jamais vues ! De retour au service de l'identité judiciaire, Bertillon photographie le morceau de vitrine porteur de quatre traces de doigts d'une main droite, en le posant sur un fond noir et en l'éclairant avec une lampe. Ensuite il devra s'atteler à comparer ces empreintes avec toutes celles qui se trouvent sur ses fiches, soigneusement archivées depuis huit longues années ! Un véritable travail de Romain, qui va finalement porter ses fruits. Bertillon réussit à identifier formellement un certain Henri-Léon Scheffer, cocher-livreur âgé de 27 ans, bertillonné le 9 mars précédent pour une affaire de vol et d'abus de confiance... La description physique portée sur la fiche de Scheffer correspond point par point au signalement

recueilli auprès des témoins qui avaient vu un inconnu sortir de l'immeuble du 157 rue du Faubourg-Saint-Honoré, la veille au soir. Les empreintes de sa fiche correspondent à celles relevées sur la scène de crime. C'est la première fois qu'un assassin est identifié en France, à l'aide de ses seules empreintes digitales.
La cavale d'Henri-Léon Scheffer prendra fin à Marseille, où il sera interpellé à la fin du mois d'octobre. Dès son arrestation, il avouera le vol, mais présentera la mort de Reibel comme un malheureux accident, à la suite d'une bagarre qui aurait mal tourné. Malgré des constatations médico-légales accablantes, prouvant le meurtre, il restera sur cette position jusqu'au verdict de son procès !
Le Dr Alaux le reconnaît immédiatement pour l'avoir déjà croisé au cabinet. Reibel le lui avait présenté comme un vague cousin. En fait, les deux hommes entretenaient une relation homosexuelle. Le soir du crime, Scheffer aurait proposé à son amant de partager le cambriolage du cabinet dentaire. On retrouverait Reibel ligoté et bâillonné le lendemain matin. Il n'aurait qu'à raconter au Dr Alaux qu'un cambrioleur s'était introduit dans le cabinet et l'avait assommé avant de s'enfuir. Mais la victime aurait refusé d'être complice de ce vol, les deux hommes auraient fini par se battre, et Scheffer l'aurait étranglé, emportant avec lui son butin.
Le 16 mars 1903, Scheffer est condamné aux travaux forcés à perpétuité. Il décèdera au bagne de Saint-Laurent du Maroni en 1905.
La presse saluera Bertillon comme le premier expert scientifique de la police ayant identifié un assassin par ses empreintes digitales, pour la première fois en France. Le journal *L'Aurore* titre : « Assassins, portez des gants ! »

Après le foisonnement de la fin du XIXe siècle et du début du XXe siècle par les grands fondateurs, leurs successeurs qui furent majoritairement leurs élèves (Bayle à Paris, Mezger en Allemagne, Söderman en Suède, Bischoff en Suisse, etc.)

ont rassemblé, coordonné, complété et développé tous les domaines et initiatives de leur maître en criminalistique par la systématisation des méthodes scientifiques, et l'enseignement académique, ancrant définitivement cette matière dans le procès pénal.

Des premiers sachants aux spécialistes, l'histoire de la science forensique nous montre plusieurs facettes. D'abord une capacité à adapter les découvertes scientifiques dans de nombreux domaines aux besoins d'une justice, elle aussi en pleine évolution, recherchant une preuve pénale basée sur les indices matériels plutôt que sur les seuls aveux. Ensuite, c'est la conjonction de pensée et de raisonnement de plusieurs pionniers qui ont compris que la somme de ces connaissances constituait une matière à part entière. Une des conséquences majeures a été la création de services spécialisés au sein des forces de l'ordre. Services compétents pour le traitement des scènes de crime comme pour les analyses de laboratoire et qui n'ont cessé d'évoluer eux aussi en s'adossant aux progrès scientifiques. La dynamique de la science forensique a fait passer la justice comme les investigations, du XVIIIe au XXe siècle et actuellement du XXe au XXIe siècle, toujours tournées vers l'avenir et donnant une place privilégiée à la technicité et aux sciences.

Paradoxalement, alors que justement les techniques et les sciences avaient investi le prétoire, une certaine léthargie avait envahi les infrastructures spécialisées dans les domaines de la criminalistique. C'est ainsi que vont vivre sur leurs acquis un certain nombre de pays abandonnant l'engouement des pionniers et la sagesse de leurs successeurs, se réfugiant par facilité derrière la certitude que tout avait été fait.

La Grande-Bretagne et la France sont les plus touchées par ce phénomène dans les années 1970 et 1980, où l'on découvre lors d'affaires judiciaires l'incapacité des laboratoires à traiter les indices, les enquêteurs privilégiant les témoignages et la recherche systématique des aveux. En conséquence, les progrès scientifiques sont rejetés dans l'ombre, et c'est le retour à un passé presque obscurantiste, négligeant la poursuite du mouvement scientifique qui avait conduit à la création et au développement de la criminalistique.

Cette prise de conscience à la fin des années 1980, notamment à l'occasion de l'affaire Grégory en France[17], oblige ces pays à reprendre une démarche scientifique et juridique, recentrée sur la trace et la scène de crime, où l'élément matériel est prélevé, analysé avant que de pouvoir être éventuellement retenu comme preuve.

Alors que les enquêteurs et les laboratoires subissaient une régression dans les capacités et les recherches, c'est à peu près à la même époque, en 1984, qu'un nouveau domaine émergeait et allait révolutionner la science forensique en général et l'appréhension de la trace en particulier : l'identification par l'ADN grâce aux travaux d'Alec Jeffreys.

Nous reviendrons très en détail sur cette véritable révolution, dont le grand public a mesuré l'impact, illustré notamment par le grand nombre de *cold cases*, ou « affaires non résolues », qui seraient restés impunis en l'absence de cette découverte.

Depuis les années 1990, après un nouveau sursaut dû à une véritable prise de conscience collective, nous assistons

17. Le 16 octobre 1984, le corps de Grégory Villemin, 4 ans, est découvert dans la Vologne (Vosges), pieds et mains liées. Cette affaire, véritable naufrage judiciaire, montre toutes les carences de l'enquête judiciaire, d'une criminalistique quasi inexistante, de laboratoires de police scientifique aux capacités au point mort, etc. Elle est à l'origine de la révolution culturelle de la Gendarmerie nationale dans le domaine judiciaire et criminalistique et du plan de modernisation de la police technique et scientifique dans les laboratoires de la Police nationale.

à une reconstruction intellectuelle avec aussi des investissements dans les structures (laboratoires, unités spécialisées, etc.) qui vont donner à la science forensique et aux spécialistes qui la mettent en œuvre, toute son efficacité. Alliée à une volonté de recherche et de développement, cette synergie autour de l'identification de la trace pour obtenir la preuve matérielle relègue enfin l'aveu à une histoire du passé !

La science forensique devient la référence scientifique dont l'enquête comme le procès ne peuvent plus se passer et qui s'affirme en tant que science, dont les capacités d'analyse et d'interprétation éclairent de manière objective les acteurs du procès pénal tout au long de l'affaire judiciaire.

Continuant dans cette dynamique, en 2001, deux chercheuses, Inman et Rudin proposent de mixer les deux fondements de la science forensique : *l'échange de Locard* et *l'unicité de l'objet de Kirk*. À titre d'exemple, le cas de la vitre brisée : une vitre a une composition chimique spécifique. Si on la brise, de nombreux morceaux s'éparpillent et peuvent se retrouver sur les vêtements de celui qui a cassé le carreau (principe de l'échange). Chaque morceau ainsi créé devient unique, car il est différent des autres éclats (principe de l'unicité), mais il garde les caractéristiques chimiques de la vitre d'origine[18]. Ce qui, pour les experts, vient apporter un complément d'information pour leurs analyses.

C'est cette analyse des traces de brisures et de la composition commune qui permettront au criminaliste de conclure

18. Inman K. & Rudin N., « Principles and Practice of Criminalistics – The Profession of Forensic Science », *CRC Press*, Boca Raton, London, New York, Washington D.C., p. 87, 2001 : « La matière se divise en composants plus petits lorsqu'une force suffisante est appliquée. Les morceaux acquièrent des caractéristiques créées par le processus de division lui-même et retiennent des propriétés physico-chimiques de la plus grande pièce (l'assemblage initial). »

à l'identité de source et qui va donner une véritable preuve matérielle si l'on retrouve par exemple un morceau sur un mis en cause. L'application de ce principe en criminalistique vient donner une dimension plus importante à l'interprétation des indices ou éléments matériels trouvés sur une scène de crime.

Après sa reconquête des services spécialisés, sa relance de la recherche et son emprise sur la valeur de l'élément matériel, des réflexions et interprétations lui font traverser, non pas une période de doute, mais une période de maturation. Ce courant vient de juristes américains qui, à travers une jurisprudence, posent des critères à observer avant d'autoriser un expert à témoigner[19]. La science forensique va être pratiquement mise en cause dans son application au quotidien.

On peut relever que la France avait eu un raisonnement similaire bien avant les interrogations des juristes américains. En effet, le ministre de la Justice avait saisi en 1906 l'Académie des sciences, afin d'évaluer la valeur scientifique des empreintes digitales. Elle rendra son rapport en 1907 : une réponse favorable et sans ambiguïté. Nous ne sommes plus dans l'enthousiasme débridé du début du XXe siècle, où la foi en la science ne s'arrêtait pas à des questionnements sur la valeur de la force probante ou l'incertitude scientifique.

L'évolution générée par la jurisprudence américaine, fait qu'il n'y a plus de croyance aveugle en la preuve scientifique, en sa validité, en son poids. De plus, elle invite à ce que l'interprétation des indices présentés soit discutée, évaluée et appréciée par les scientifiques, mais aussi par les juristes. Ces évolutions conduisent à apprécier les indices et les éléments matériels d'une manière plus globale, tenant compte

19. Daubert vs Merrel Dow Pharmaceuticals, Inc., 113 S. Ct. 2786, 1993, rendu par la Cour suprême des États-Unis. General Electric and Co. vs Joiner, 522 U.S. 136, 1997. Kumho Tire Co. vs Carmichael, 526 U.S. 137, 1999.

également du contexte ! Il ne s'agit plus de réduire une conclusion à la seule lecture d'un résultat brut issu d'un laboratoire. Par exemple, la révélation d'empreintes digitales n'est plus synonyme d'identification de l'auteur. En effet, s'il est familier des lieux ou s'il a eu l'occasion d'y passer, le contexte et l'absence de datation du dépôt changent l'interprétation du résultat brut, qui faisait un lien sans nuance entre la ou les empreintes et la culpabilité de celui qui les avait laissées.

Les spécialistes de la forensique développent un nouveau type de raisonnement, celui de l'interprétation de tous les éléments contextuels entourant les indices relevés et analysés. Cette interprétation favorise naturellement la discussion de la valeur des analyses, *au-delà de leur résultat.* Nous retrouvons la naissance de cette réflexion abordée par Raspail en 1840, dans l'affaire Marie Lafarge[20]. Le passé percute encore une fois l'avenir.

Pour étayer ces raisonnements autour de l'interprétation, il faut introduire une approche basée sur un calcul de probabilité pour évaluer la force probante d'un résultat scientifique, compte tenu de son contexte.

En l'espèce, la science forensique va s'appuyer sur les probabilités bayésiennes[21] qui offrent à toutes les parties au procès pénal, la possibilité d'apprécier le poids des indices selon les hypothèses évoquées par les parties d'un procès[22]. Paradoxalement, comme une ironie de l'histoire, cette phase d'évaluation actuelle ne fait que reprendre la brillante démonstration du bon usage, ou non, des probabilités réalisées

---

20. Cf. p. 35.
21. Révérend Thomas Bayes, dont le théorème publié après sa mort en 1761, est souvent appelé théorème sur la probabilité des causes.
22. Les calculs de probabilité bayésienne permettent de déterminer la probabilité qu'un évènement arrive à partir d'un autre évènement qui s'est réalisé, notamment quand ces deux évènements sont interdépendants.

par les mathématiciens Henri Poincaré, Gaston Darboux, et Paul Appell durant le procès en appel de l'affaire Dreyfus et qui démontreront son innocence.

L'histoire de la criminalistique montre toute la pertinence de cette vision déjà futuriste, à travers plusieurs affaires pour lesquelles les résultats bruts sans interprétation pertinente ont entraîné des condamnations, et qui illustrent les risques judiciaires d'une absence de critique des travaux criminalistiques.

Nous évoquerons rapidement deux affaires pour illustrer la nécessaire introduction de cette méthode de raisonnement.

Les six de Birmingham

Le 21 novembre 1974, deux attentats à la bombe visant deux pubs dans la ville de Birmingham font 21 morts et 182 blessés. Le soir même six Irlandais venus pour assister à l'enterrement d'un camarade sont arrêtés. Ils avaient voyagé en bateau la nuit précédente et débarqué le jour des attentats.

Bien que niant toute participation, et après des interrogatoires particulièrement violents (un des mis en cause perd un testicule sous les coups), ils sont envoyés devant la cour d'assise et condamnés au maximum de la peine en 1975. Ce qui a emporté la décision des jurés est que les tests « à la touche » (test réagissant à certains composés sans pouvoir déterminer la nature du produit, ce n'est qu'un test d'orientation) sur les mains des suspects peu après leur arrestation a été positif aux composés nitrés et glycérinés. Et comme le nitrate entre dans la composition des substances explosives, la conclusion a été immédiate et lapidaire pour l'expert de la Couronne qui avait procédé à ces tests.

Après quinze ans de procédure d'appel et de recours, la Couronne reconnaît l'erreur d'interprétation de l'expert qui n'avait pas mis en

œuvre l'ensemble des méthodes d'analyses de laboratoire en œuvre et qui aurait permis de distinguer entre les différentes formes de composés nitrés, ce que les tests d'orientation ne permettent pas. L'expert n'avait pas pris en compte l'environnement et ne s'était pas donné la peine de vérifier les hypothèses possibles dont celle basée sur les déclarations des prévenus affirmant qu'ils avaient passé la nuit de la traversée pour rejoindre Birmingham, à jouer aux cartes. Or, les jeux de cartes comme de nombreux objets, ou produits du quotidien, contiennent de tels composés et une analyse en laboratoire aurait permis de faire la différence entre la forme chimique employée pour les explosifs de celles employées pour la surface des cartes, pour la composition des savons, etc.
Ils seront innocentés en mai 1991 et cinq d'entre eux retrouveront enfin la liberté, le sixième étant décédé en prison.

Cette interprétation de résultats, à la fois sans mettre en œuvre tout l'arsenal scientifique à disposition et sans tenir compte des éléments environnementaux, montre si besoin était que la science forensique ne s'accommode pas d'à-peu-près ni d'une lecture clinique hors contexte et éléments extérieurs.

L'affaire Van der Vyver

En 2005, en Afrique du Sud, Fred Van der Vyver est soupçonné du meurtre de sa compagne Inge Lotz, les deux sont âgés d'une vingtaine d'années. Les enquêteurs partent rapidement sur l'hypothèse d'un crime perpétré par un proche et se tourne donc vers le petit ami. Leur technicien de terrain met en évidence une trace partielle de semelle sur une tache de sang de la victime et une empreinte digitale sur un DVD loué par la victime alors qu'il prétend être à une réunion loin du lieu du crime. Incriminé dans

> un premier temps par les techniciens de la police présentés par l'accusation, il sera innocenté par les experts de la défense qui démontrèrent que la révélation de l'empreinte était correcte, que l'identification était exacte, mais que l'interprétation était fausse, car sa présence n'était pas le fait d'une préhension de la pochette, mais d'un transfert par contact. Quant à la trace partielle de semelle, l'expert de renommée internationale montra que l'identification comme l'interprétation étaient erronées, les techniciens ne relevant pas les différences (pourtant rédhibitoires) pour ne conserver dans leurs observations que les quelques correspondances.
> L'effet tunnel dans lequel étaient rentrés les enquêteurs et leurs techniciens a occulté toutes les autres hypothèses et n'a travaillé qu'à charge, ne prenant pas en compte toutes les possibilités, et oubliant d'intégrer l'environnement.

Ce qui pourrait passer pour une remise en cause, n'est en fait qu'une évolution de la criminalistique conduisant les acteurs, qui y participent à rendre plus sûre cette chaîne qui relie la scène de crime à la juridiction répressive.

C'est ainsi que les priorités des années 2000 étant de répondre à la fois aux attentes des juristes, mais aussi à la volonté des scientifiques et techniciens de laboratoire de présenter des résultats robustes, la science forensique va introduire les préceptes de l'assurance qualité. Cette dernière va s'appliquer à des prélèvements sur la scène de crime jusqu'à leur expertise, avec l'obligation de contrôler les laboratoires comme les connaissances des experts et des agents préleveurs, et d'apprendre à formuler des conclusions en adéquation avec les éléments du dossier.

À noter que cette démarche de qualité et de robustesse des résultats et de l'interprétation fait écho au rapport du Conseil national de la recherche des Académies nationales des sciences en 2009[23], lequel expose et compile les biais, les limites et les faiblesses que la criminalistique a montré dans de nombreuses affaires pendant une vingtaine d'années aux USA.

Après une lente évolution vers l'étude objective d'éléments matériels dans l'enquête comme au procès, l'histoire de la criminalistique apparaît enfin sur le devant de la scène judiciaire et sociale avec une période particulièrement active à la fin du xixe siècle, dont le bourgeonnement d'idées découla d'abord de la nécessité d'identifier les récidivistes. La curiosité des grands criminalistes novateurs a permis, dans la première moitié du xxe siècle, l'application de procédés techniques aux investigations criminelles et de la mise en œuvre des enseignements. Depuis, ce phénomène de sérendipité a conduit à l'extension des protocoles et des méthodes scientifiques provenant de toutes les sciences pouvant participer à la résolution de l'affaire depuis les modes de prélèvement jusqu'aux analyses. Depuis la fin des années 2000, nous sommes dans l'ère du contrôle : celui de la méthode de raisonnement offrant l'interprétation des résultats obtenus, mais aussi celui des compétences du personnel qui prélève, comme de celui qui réalise l'analyse au sein du laboratoire dans lequel sont effectuées les expertises.

Ce contrôle – qui donne une certaine robustesse aux conclusions, résultats et méthodes employées –, n'a heureusement pas cristallisé la recherche et les innovations dans les domaines scientifiques de la criminalistique, comme l'ADN et le numérique qui explosent en ce début de xxie siècle. Cette évolution conforte la science forensique au sein du procès pénal comme garant de l'équité et de l'égalité des chances. Et cela donne à la

23. National Research Council of The National Academies of Sciences, « Strengthening Forensic Science in the United States: A Path Forward », *The National Academies Press*, 2009.

science forensique une capacité supplémentaire, celle d'intervenir même en amont de tout procès. Actuellement elle peut donner un outil particulièrement performant aux forces de sécurité, celui du renseignement forensique, permettant d'anticiper les développements d'enquêtes ultérieures, et cela à partir de la détection de traces, y compris par exemple un bruit de fond, sous toutes leurs formes et de toutes origines.

Qu'est-ce que le renseignement forensique ?

Il s'agit ici de voir que la science forensique n'est pas seulement pourvoyeuse de preuves matérielles pour le procès, mais aussi un outil de renseignement pour la politique de sécurité.

Son apport d'éléments indiciels et de résultats scientifiques pour confondre et identifier un mis en cause et donner au procès les résultats qui scientifiquement et matériellement le prouvent est bien connu de tous. De l'empreinte digitale à la trace numérique en passant par l'ADN, nous savons toute la force probante que cela offre. Mais nous sommes bien après la découverte et la constatation de l'infraction. Les recherches ont montré que la science forensique pouvait également apporter des renseignements (dont la réalité sera à confirmer) qui pourront être exploités par une unité de sécurité publique, avant même toute constatation.

Pour une meilleure compréhension, nous allons prendre un exemple tiré de cas réels.

Dans une ville, les services de police ont un écho de la rue qui laisse supposer l'existence d'un laboratoire clandestin de méthamphétamine. Aucun autre renseignement ne permet d'orienter les policiers. C'est là qu'entre en jeu la science forensique. Dans un tel cas, les spécialistes vont faire des prélèvements dans les différents collecteurs d'eaux usées de la ville afin de voir si des composants chimiques nécessaires à la fabrication de la méthamphétamine sont retrouvés dans l'un d'eux. Si oui, le travail va se poursuivre pour limiter encore à un quartier voire à un immeuble. C'est à ce moment là qu'interviennent les services de police qui vont faire des reconnaissances dans l'immeuble en question afin de cibler l'appartement ou la cave dans lequel le laboratoire clandestin s'est installé. Si au cours des surveillances, il apparaît qu'un laboratoire officiel et autorisé à fournir de tels produits est présent, cela clôt toute opération de police. Si au contraire, la consommation d'eau et d'électricité cible un appartement qui officiellement n'a pas d'activité, nous pouvons déduire que c'est là que se situe le laboratoire clandestin. Ce qui va générer une opération de police. À ce stade, il n'y a aucun élément indiciel ou de preuve exploitable pour un quelconque procès, mais bien un renseignement forensique qui donne matière à construire une opération de police. Soit elle n'est pas concluante, et on passe à autre chose ; soit elle est concluante, l'intervention permettant de trouver des substances suspectes, des matériels de laboratoire, etc., et dans ce cas la science forensique devra à nouveau intervenir sur place afin de procéder aux constatations, aux prélèvements et puis aux analyses. Et ce sont ces éléments qui seront alors présentés comme preuves matérielles au procès.

Voilà ce qu'est le renseignement forensique. Il est également exploitable dans de nombreux domaines afin d'anticiper ou déceler un bruit de fond ou des signaux faibles montrant un phénomène sériel qui autrement passerait inaperçu.

Ainsi à travers son histoire, la science forensique s'est peu à peu construite et a apporté de nouveaux outils, de nouveaux concepts et des méthodes toujours novatrices. Et c'est sur ces bases qu'elle construit aujourd'hui son avenir dans de nombreux domaines, comme nous allons le découvrir.

Chapitre 2
Les traces oubliées

Certains lecteurs pourraient légitimement s'étonner que dans un ouvrage consacré à découvrir, et à projeter une vision possible ou déjà engagée de l'avenir de la police scientifique, il soit question de domaines qui pourraient paraître anachroniques, voire obsolètes. À l'heure où le numérique envahit de manière exponentielle notre environnement et donc la scène de crime, aborder ces traces peut laisser perplexe. Et pourtant…

De quoi s'agit-il ? Des traces d'oreilles, des traces labiales, des traces de pieds notamment. Mais en quoi seraient-elles des traces oubliées et pourquoi auraient-elles leur place dans des développements d'avenir ?

Nous pouvons parler de traces oubliées, car certaines d'entre elles étaient depuis longtemps connues, relevées et étudiées par les grands pionniers de la criminalistique. Pourtant, depuis une petite vingtaine d'années, nous voyons refleurir des publications et des travaux de recherche dont l'annonce pourrait laisser croire qu'il s'agit de découvertes particulièrement récentes dans le prélèvement et l'analyse de ces nouvelles traces. Mais comme beaucoup de domaines, en PTS (police technique et scientifique), après un engouement des premières périodes de développement tous azimuts, l'usure du temps, le pouvoir discriminant de nouvelles traces, ont conduit peu à peu à les éloigner du scope des techniciens et autres spécialistes de la scène de crime. Ces professionnels ont préféré se concentrer sur d'autres éléments dont la force probante facilite le travail d'enquête tels que les empreintes digitales. Mais la réalité du terrain, et parfois l'absence d'indices majeurs évidents, a conduit quelques spécialistes à s'intéresser à nouveau à des « traces oubliées » des enquêteurs et des scientifiques afin de tenter d'en tirer des éléments eux aussi probants.

Les traces de lèvres et d'oreilles

Même à l'heure de l'informatique, une trace de lèvres sur un verre apparaît digne d'intérêt, comme celle d'une oreille sur un pan de porte ou sur la vitre d'une fenêtre.

La fameuse trace de rouge à lèvres, qui a fait le bonheur de nombreux lecteurs de romans policiers, présenterait donc un intérêt forensique. Des premières publications des pionniers de la criminalistique aux derniers travaux scientifiques présentant ou essayant d'introduire de nouvelles méthodes d'analyse, il n'est pas rare lors de telles démarches de redécouvrir l'intérêt de telles traces, qui étaient connues et exploitées préalablement, mais dont la collecte s'est peu à peu tarie au profit d'autres éléments matériels. Le regain pour l'empreinte des lèvres est porteur d'une volonté de ne pas négliger la moindre trace, la moindre piste. Bien sûr il en va de même pour les traces d'oreilles. Ces dernières, après avoir été la cible d'un châtiment physique à l'encontre de condamnés, « l'essorissage[1] », furent l'objet d'un intérêt moins barbare et plus en adéquation avec la recherche

1. L'essorissage était une torture qui constituait à couper les oreilles du condamné.

d'identification par les mesures anthropologiques définies par Alfonse Bertillon afin d'identifier les récidivistes et réaliser un fichage des délinquants. C'est ainsi qu'il a fondé une partie de l'anthropométrie criminelle[2] sur les mesures et les formes des pavillons des oreilles, montrant leur diversité.

D'une manière plus large leur description (au même titre que la forme des lèvres, des yeux, ainsi que de chaque partie du visage) a fait l'objet d'une littérature spécialisée largement débattue dès la fin du XIXe siècle dans « les archives de l'anthropologie criminelle » et, tel un fil conducteur, tout l'intérêt de leur morphologie est présenté tant pour l'identification de personnes par la technique du bertillonnage que comme trace recueillie sur une scène de crime. C'est ainsi que les pionniers de la criminalistique[3] reconnaissent à l'oreille un caractère immuable dans ses proportions et sa forme, depuis la naissance jusqu'à la mort, et d'une telle variété qu'ils estiment que l'on ne saurait trouver deux oreilles semblables ! Les planches photographiques, réalisées notamment par Bertillon, lui permettent de les décrire méthodiquement, les intégrant dans son nouveau mode de signalement. Il va ainsi développer, à partir de ses planches, un vocabulaire précis permettant la description des différentes formes et particularités des oreilles. Il intègre ses travaux dans son « cours de signalement et de reconnaissance anthropométriques » entrant dans la formation des agents de la force publique, afin que ces derniers puissent réaliser un « portrait parlé ». Il s'agissait d'apprendre à décrire précisément avec les mêmes mots et les mêmes références les différentes formes du visage, dont les oreilles, offrant ainsi aux agents, en tout point du territoire, la capacité de reconnaître

2. Bertillon A., *Identification anthropométrique, instructions signalétiques*, Imprimerie administrative, Melun, 1893.
3. Bertillon, Reiss, Locard, Niceforo, entre autres.

une personne sur la seule description fournie, et cela dès 1895 – cours et opuscules décrivant les traits du visage repris par Reiss en 1905 jusqu'à une des dernières rééditions en 1949 par Locard.

Si le portrait parlé a été oublié, et n'a fait l'objet d'aucune reprise, les enquêteurs lui préfèrent le « portrait-robot » à partir de descriptions basées sur des choix d'images multiples des différentes parties du visage. En conséquence, fort des caractéristiques intrinsèques d'immuabilité de l'oreille et de ses formes qui semblent offrir une individualité, les traces d'oreilles ont retrouvé un regain d'intérêt.

En effet, allant plus loin dans l'approche criminalistique, il n'était et il n'est toujours pas rare de retrouver une trace d'oreille sur la porte ou la fenêtre d'un appartement ou d'une maison. Cette trace trouve son origine dans le comportement de certains cambrioleurs cherchant à s'assurer de l'absence de toute personne dans la demeure, en écoutant après avoir collé l'oreille sur l'une des ouvertures. Les différentes formes, tailles et détails physiques entre les oreilles semblent ainsi offrir une trace dont l'intérêt ne doit pas être négligé. Locard, dans une étude, a lui aussi exposé leur variabilité et le fait qu'elles puissent laisser des traces exploitables[4]. À ce propos, plusieurs décennies après les publications des grands noms de la criminalistique, de nouvelles études et analyses concernant les traces d'oreilles relevées, semblent donner aujourd'hui un nouvel élan à cet indice. C'est ainsi que leur révélation physico-chimique, puis leur prélèvement par transfert ou photographie étalonnée, s'effectuent selon les mêmes méthodes que celles employées pour les empreintes digitales. Cela permet, dans un second temps, de comparer la trace

4. Locard Ed., *Traité de criminalistique, les preuves de l'identité*, Vol. 3, Joannès Desvignes & Fils, Lyon, 1932.

ainsi révélée avec les empreintes recueillies par apposition des oreilles du ou des suspects sur un support.

On effectue plusieurs relevés de comparaison afin d'avoir la représentation la plus large possible des empreintes, car la fragilité du cartilage entraîne certaines variations dans le dessin du fait des différentes pressions exercées. Cette approche technico-scientifique est de nature à montrer la maîtrise de procédés éprouvés, donc d'une certaine manière à rassurer les enquêteurs comme les magistrats sur la robustesse d'un indice ainsi relevé. La méthode semble donc limpide et la trace, « oubliée » un temps, demeure prometteuse pour l'avenir. S'agissant de la partie comparaison et interprétation, l'expert se doit également de prendre en compte les variations et déformations de son dessin dues à la pression exercée sur l'oreille lors de son application sur le support ayant recueilli la trace.

Dans la suite des écrits de Locard, en 1959, Iannarelli publie ses travaux sur la standardisation photographique et métrique de l'oreille, qu'il complète par un ouvrage qui fait référence en ce domaine en 1989[5], relançant la recherche de ce type de traces sur les scènes de cambriolage plus particulièrement. C'est ainsi qu'en 1996, aux USA, lors d'un procès pénal pour meurtre, les échanges scientifiques et juridiques qui ont animé les débats avaient pour sujet principal la fiabilité des résultats d'expertise sur le seul élément matériel relevé qui était une trace d'oreille que les experts ont comparée au suspect, le confondant d'ailleurs avec succès. Par cet arrêt devenu une référence aux États-Unis (« arrêt Frey »), le juge a reconnu la fiabilité de la technique de comparaison des empreintes d'oreille, et il a donc confirmé qu'elle pouvaient être utilisées comme moyen de preuve lors d'une affaire judiciaire.

---

5. Iannarelli A., *Ear Identification*, Paramont Publishing Compagny, 1989.

Mais ce nouvel engouement ne doit pas occulter les raisonnements qui doivent rester ceux d'une évaluation de la force probante au regard de la démarche scientifique, que la recherche d'individualisation doit porter.

Les travaux concernant la valeur des points caractéristiques (fréquences, formes, nombres retenus, etc.), et les différences de mesures pour une même oreille ne sont cependant pas encore assez poussés. D'autant plus que nous observons des déformations dues aux différentes pressions exercées par l'individu qui écoute. Et ces éléments doivent encore être confrontés aux travaux qui montrent la variabilité qui existent entre les oreilles de chaque personne.

Cependant la difficulté qu'il convient de relever est la question de l'unicité de l'empreinte d'une oreille. Est-elle propre à un seul individu ou y-a-t-il la possibilité d'avoir plusieurs individus présentant des empreintes similaires? Cette question centrale en criminalistique est dans ce domaine d'une importance capitale en vue de l'identification. Mais elle est aussi importante surtout pour la question de l'individualisation de la trace d'oreille en l'associant à une source unique. Les publications montrent qu'un nombre suffisant de dessins papillaires sont présents pour arriver à discriminer entre les traces d'oreilles.

Toutefois, comme pour les empreintes digitales, la netteté de la trace et son entièreté sont déterminantes pour réaliser une comparaison permettant une individualisation. D'autant plus que la valeur des points dits caractéristiques n'a pas encore été suffisamment évaluée pour en déterminer le nombre nécessaire et leur nature, indispensables à une individualisation.

Il manque encore trop de données, ainsi qu'un certain recul, sur la notion de valeur indiciaire des points retenus.

Dans cette discipline, malgré les travaux cités, il n'existe en effet pas d'étude sur le taux d'erreurs propre aux traces d'oreilles, incluant les faux positifs comme les faux négatifs.

De plus, le défaut d'une collection d'empreintes d'oreilles représentative ne permet pas d'étayer les comparaisons qui pourraient être faites[6]. Ce qui laisse mesurer tout le travail encore nécessaire pour confirmer et assurer un avenir scientifique à ces traces.

Les experts sont face à une difficulté majeure. Lorsque la trace est de très bonne qualité, les comparaisons ne poseront pas de problème, mais si elles sont de moindre qualité, malgré le potentiel prometteur de ce domaine, travailler avec un empirisme plein de bonne volonté est alors une prise de risque susceptible de générer des résultats scientifiques erronés porteurs d'erreurs judiciaires.

En effet, les dessins d'une telle empreinte ne montrent pas un nombre de détails comparable à celui laissé par une trace papillaire. Dès lors que la trace n'est pas de bonne qualité et manque de détails, il arrive parfois que l'expert se laisse emporter par le biais cognitif de la figure d'autorité. Ils sont porteurs de l'autorité reconnue de leur savoir (puisqu'ils sont experts) et dès lors ont tendance à affirmer leur analyse sans discussion, ni recul. Comme dans la plupart des domaines de la science forensique, c'est toute la difficulté de l'interprétation des résultats, que rencontrent tous les experts. C'est un des biais cognitifs qui menacent les spécialistes, de vouloir aller plus loin dans leurs conclusions que ne le permettraient objectivement la trace étudiée et les résultats obtenus.

---

6. Champod C., Evett I.W. & Kuchler B., « Earmarks as Evidence: A Critical Review », *Journal of Forensic Sciences*, Vol. 46, Issue 6, 2001, p. 1275-1284.

L'AFFAIRE DALLAGHER

À titre d'exemple, nous pouvons citer un meurtre en Angleterre, l'affaire Mark Dallagher, du nom de ce délinquant condamné plusieurs fois pour cambriolage. Il était suspecté du meurtre de Dorothy Wood (94 ans) étouffée avec un coussin dans son lit le 7 mai 1996, sur la base de plusieurs empreintes d'oreille relevées sur la face extérieure de la vitre de la fenêtre par laquelle l'auteur a pénétré dans l'appartement de la victime. La police scientifique détecte, par saupoudrage lors de la recherche d'empreintes digitales, quatre traces superposées de l'oreille gauche et une de l'oreille droite. Deux experts ont considéré que les empreintes sur la fenêtre et celles de comparaison, réalisées à partir des oreilles de Dallagher, étaient indifférenciables, donc similaires.

Condamné sur ces éléments, il fait appel en 1998 sur la base de l'inadmissibilité de la preuve apportée par ce domaine forensique dont les publications scientifiques (notamment celle de Champod) expliquaient le manque de connaissance en cette matière. En cause, l'absence de méthodologie d'analyse suffisamment rigoureuse, le défaut d'appréciation dans l'interprétation et l'évaluation des caractéristiques retenues attendues par une cour de justice[7]. Sur les arguments exposés par Champod, qui fut appelé à témoigner comme expert de la défense, le juge accepta l'appel, mais la suite de la procédure n'est pas allée jusqu'à un nouveau procès, car, avant le renvoi de l'affaire, la démocratisation de l'ADN a conduit, en 2002, à faire procéder à des analyses sur des prélèvements réalisés sur les traces d'oreilles relevées sur la fenêtre, dont les résultats ont révélé un ADN différent de Dallagher, ce qui permis d'obtenir son acquittement.

---

7. R v Dallagher (Mark Anthony), Case Law, VLEX 792829565, 25 juillet 2002 – https://vlex.co.uk/vid/r-v-dallagher-mark-792829565

Il peut paraître alors étonnant que nous mettions en exergue ce type de trace oubliée sur le devant de la scène, si ces dernières n'apportent pas la réponse tant attendue que serait un élément matériel incontestable. Il ne faut toutefois pas ignorer ce type de traces, car elles restent, dans une certaine mesure, exploitables selon les caractéristiques relevées. Les publications, dont celle de Iannarelli, montrent qu'un nombre suffisant de dessins papillaires sont présents pour arriver à discriminer entre les traces d'oreilles[8]. Ensuite, ce serait ignorer qu'en science forensique aucune trace n'est fondamentalement sûre à 100 %, qu'elle n'est pas forcément liée à l'action criminelle, et que toute interprétation doit faire l'objet d'un raisonnement rigoureux et prudent dans ses conclusions. De plus, les conserver pour effectuer seulement des prélèvements ADN dans la trace d'oreille, c'est aussi prendre le risque de se priver d'une comparaison potentielle, d'autant plus que tous les prélèvements ne garantissent pas la présence d'un ADN exploitable. Pouvoir procéder aux deux types d'analyse vient ainsi accroître les potentialités d'identification.

Est-ce à dire que finalement ce retour en force ne serait pas aussi intéressant que les spécialistes de la science forensique l'espéraient ? Que la modernité supposée ou attendue de ces traces ne serait en réalité qu'une incertitude de plus, portant en elle le risque d'une erreur judiciaire ?

En réalité, le futur de ces traces dites « oubliées » passe par les prochains travaux scientifiques qui viendront démontrer la pertinence de points caractéristiques dans le dessin digital de l'oreille et permettront ainsi d'apporter les arguments en vue de l'identification de la trace, c'est-à-dire d'en trouver la

8. Iannarelli A. « L'identification par les oreilles », *Revue internationale de police criminelle*, Vol. 23, N° 221, 1968, p. 227-230.

source, ou autrement dit, l'individualisation de la personne qui l'aurait déposée. Sans oublier les contraintes existantes dues à l'action criminelle dépendant du lieu, de la qualité du support (lisse, poreux, rugueux, etc.), de la pression exercée sur le support, des déformations lors de l'apposition avec des glissements, des superpositions, et bien sûr la qualité des prélèvements...

Mais la modernité, comme le proche avenir dans l'exploitation de ce type de traces, réside d'abord dans l'analyse de l'information intrinsèque qu'elles portent et cela selon deux axes. Le premier étant comme nous l'avons vu celui de la recherche d'ADN déposé lors de l'application de l'oreille sur le support de la trace. Ce qui permet à défaut, de pouvoir s'appuyer sur un nombre de caractéristiques physiques suffisant, d'identifier l'individu à l'origine du dépôt par son haut pouvoir discriminant, à condition bien sûr qu'il ait laissé de l'ADN, ce qui n'est pas automatique. Le second concerne les développements biométriques autour des formes : soit par l'évolution des systèmes de reconnaissance automatique, soit, pour une identification de personne, par captation d'images vidéo, soit par la création d'un outil informatique de reconnaissance automatisé tel qu'il existe déjà pour les empreintes digitales.

À noter que sur ce thème des traces directes laissant des empreintes issues de parties du corps, les traces de lèvres présentent également les mêmes caractéristiques et incertitudes que les traces d'oreilles, c'est pourquoi, afin d'éviter une redite quasi similaire de la démonstration précédente, nous ne les développerons pas plus avant[9].

---

9. Il est loisible de consulter les ouvrages généraux présentant tous les domaines criminalistiques pour avoir la définition exacte de l'empreinte de lèvres (que l'on trouve généralement sur un support de type verre), des méthodes de révélation

Cependant, pour les traces de lèvres, il est un domaine qui peut apporter des réponses plus probantes que la seule comparaison, c'est l'analyse chimique du dépôt. Si la personne était porteuse d'un stick à lèvres (rouge à lèvres pour le maquillage, ou crème de protection par exemple), l'identification du produit peut permettre aux enquêteurs de différencier entre plusieurs suspects ou suspectes. C'est ce qu'avait réalisé, il y a quelques années déjà, le laboratoire de police scientifique de Paris grâce à un prélèvement de l'Identité judiciaire sur une scène de crime.

Les traces plantaires

Peu connues du public, et souvent malheureusement négligées par les techniciens ou les enquêteurs, les traces des dessins digitaux plantaires sont pourtant des traces dont l'intérêt criminalistique ne devrait pas être négligé.

Comme les mains, les pieds présentent des dermatoglyphes et à ce titre, leurs empreintes doivent permettre de déterminer la source d'une telle trace lorsqu'elle est retrouvée sur une scène. Il est évident pour chacun d'entre nous que ce type de traces digitales, provenant d'une marche pieds nus sur un support suffisamment lisse pour en tirer des éléments suffisants en nombre et en qualité, est de prime abord assez

---

et de prélèvement (similaires aux empreintes digitales et d'oreilles). Et comme les traces d'oreilles, la plus grande difficulté reste la comparaison en vue d'une individualisation, c'est-à-dire l'identification de la personne à l'origine de cette trace. Et là aussi, à défaut de collections, de statistiques des caractéristiques rares, immuables, etc., l'individualisation reste particulièrement difficile et sujette à débats, Fonseca G. M., « Lip print identification : People v. Davis or the convenient citation », *Journal of Forensic and Legal Medicine*, Vol. 25, 2014, p. 6-7.

rare. Il est aussi possible que l'ignorance conduise à passer à côté de la recherche de telles traces. Où peut-on trouver ce type de traces ? Quel intérêt en science forensique et pour une enquête ? Et d'abord, est-ce si important que cela ? Les criminalistes devraient-ils y consacrer des travaux de recherche plus importants ? S'agit-il vraiment d'une trace d'avenir ?

La logique du rendement et du moindre coût pourrait conduire à ignorer ce type de trace. Car enfin, combien de fois dans les enquêtes, ces dernières ont-elles été relevées ? À quoi ont-elles pu être comparées ? Bien qu'il existe un fichier des empreintes digitales et palmaires, la loi comme les pratiques n'ont pas prévu que soient enregistrés des relevés et des traces digitales des orteils et plantaires. Le recueil de telles traces se retrouve généralement dans les salles de bains, exceptionnellement sur les sols des autres pièces d'un appartement ou d'une maison. Et là encore, cette trace est généralement laissée par les résidents habituels, ce qui offre une valeur informationnelle assez limitée. Il est en effet assez rare qu'un intrus, auteur d'une action criminelle, soit pieds nus lors de la commission de son forfait. Encore une fois, la science forensique ne se limite pas qu'à des constatations et des prélèvements d'éléments indiciels. Elle est également une science qui vient alimenter le renseignement d'enquête et cela bien en amont de tout procès pénal. Cette notion de renseignement est souvent mal comprise, ou pour le moins rarement exploitée. Pourtant, l'école de Lausanne avec ses travaux de recherche en la matière[10] en montre toute la pertinence. À titre d'illustration, nous pouvons citer la traque de la bande à Baader-Meinhof dans les années 1970.

10. Ribaux O., *Police scientifique. Le renseignement par la trace*, Presses polytechniques et universitaires romandes, 2014.

La traque par la trace de pieds

La bande à Baader-Meinhof était un groupe terroriste d'extrême gauche. À plusieurs reprises ses membres furent arrêtés, incarcérés, libérés ou s'évadèrent au fur et à mesure de leur périple criminel. La difficulté pour la police allemande fut de suivre les différents membres et de reconstituer leurs itinéraires afin de pouvoir analyser si les différents lieux de séjour n'étaient que temporaires ou au contraire des lieux de repli régulier. La première étape dans cette démarche fut de déterminer si c'étaient bien les membres de la bande qui avaient occupé certaines résidences. Comme généralement ils faisaient en sorte d'effacer les traces digitales, peu d'éléments matériels permettaient de confirmer leur passage. Mais au cours des opérations de police technique, on trouvait toujours des empreintes plantaires dans les salles de bains. Les comparaisons de ces empreintes relevées, présentaient des similitudes qui ont pu, après analyse, être attribuées à plusieurs individus distincts. Afin d'aller plus loin dans la détermination de la source, donc des personnes à l'origine des différentes séries de traces plantaires (orteils et plantes des pieds), le BKA (Bundeskriminalamt – Office fédéral de la police criminelle allemande incluant le laboratoire fédéral de criminalistique), qui était à la manœuvre pour les expertises en la matière, avait suggéré que lors de toute interpellation les prises de mesures signalétiques (empreintes digitales, photographie anthropométrique) pour la prise de taille, soient exécutées pieds nus, au prétexte de la recherche de la mesure exacte. Les individus ainsi mesurés laissaient, sur un support préparé à l'avance, leurs empreintes plantaires, ce qui permit aux enquêteurs et criminalistes de constituer une base d'intérêt regroupant les empreintes et surtout leur individualisation. Ce travail basé sur le renseignement offrit aux enquêteurs la possibilité de reconstituer l'itinéraire des

> membres du groupe, de déterminer les lieux de passage réguliers ou occasionnels et de pouvoir mettre en place les surveillances nécessaires afin de procéder aux interpellations.

Cet exemple illustre parfaitement deux pistes de progression pour l'avenir de ces traces. La première est de considérer toute trace comme porteuse d'informations utiles à l'enquête, voire au procès pénal, dès lors que leur analyse met en évidence un élément indiciel pouvant constituer un élément matériel nécessaire à la preuve ou participant de manière démonstrative à la construction de ladite preuve. La seconde est d'apprécier toutes traces comme des renseignements favorisant l'orientation d'une enquête, sans qu'au final elle soit nécessairement retenue comme un élément probant au procès pénal.

Mais – car, bien sûr, il y a un mais – intégrer ce type de traces dans l'arsenal du criminaliste suppose que la démonstration soit basée sur des données et études scientifiques robustes. C'est-à-dire que les travaux de recherche dans le domaine concerné apportent des résultats dont l'incertitude scientifique est limitée, donc acceptable, et ne soient pas basés sur une approche encore empirique. En effet, comme l'a démontré le colonel Nicolas Thiburce de l'IRCGN confronté à une affaire criminelle étonnante, les empreintes plantaires ne sont pas des empreintes digitales.

> **Trahi par son orteil**
>
> En 2008, Nicolas Thiburce (expert en empreintes papillaires à l'IRCGN) est requis pour travailler sur un sac plastique ayant contenu un morceau de corps, afin de trouver justement des empreintes digitales qui pourraient orienter vers l'individu qui

avait manipulé ces emballages macabres. Sa première surprise fut de constater que les dessins relevés ne correspondaient pas à des dessins digitaux aux formes référencées, mais plutôt à une zone correspondant à celle placée sous le gros orteil d'un pied !
Comme le souligne cet expert, il pouvait y avoir une explication simple puisque les enquêteurs signalaient que le sac plastique avait contenu une jambe. Obtenant des techniciens du terrain un encrage réalisé sur la plante du pied qui était dans le sac, il procéda avec son équipe à la comparaison avec la trace relevée dans le sac. Apparemment les dessins et minuties présentes tant sur la trace que sur l'encrage du pied ne montraient aucune correspondance, ce qui orientait vers une trace plantaire laissée par un autre individu. Donc c'est vers le (ou les) mis en cause que les comparaisons suivantes devaient être réalisées. Un suspect est donc prélevé et l'expertise se heurta alors à plusieurs difficultés. La première vint confirmer les premières interrogations sur la nature des formes et dessins des crêtes papillaires trouvées. Car outre le fait que ces derniers ne correspondent pas à des standards ou références connues, il n'y a pratiquement aucuns travaux scientifiques permettant d'évaluer si la diversité de la nature et la qualité des dessins papillaires et plantaires sont suffisamment discriminantes entre elles pour aider à réaliser une comparaison pertinente ! Et la seconde découle de sa prémisse, car si par convention 12 points sont reconnus comme permettant l'identification d'une empreintes digitale, le nombre des minuties nécessaires pour une identification *dans le cas d'une empreinte plantaire* n'a jamais été étudié !
Les deux difficultés ont finalement conduit les experts à travailler sur la recherche et la comparaison d'un plus grand nombre de minuties correspondantes entre la trace et le relevé encré du suspect, sans qu'il y ait de discordances. C'est ainsi que ces experts, avant de prononcer une identification de la source, ont retenu pas moins de 25 points et se sont appuyés sur une approche globale

> prenant en compte la rareté du dessin jusque dans des détails microscopiques (nécessitant de forts grossissements) pour arriver à obtenir un résultat étayé.
> Et pour la fin de l'histoire, oui, c'était bien la trace plantaire du suspect qui avait été retrouvée sur le sac plastique.

Clôturer ce chapitre des traces oubliées, n'est pas clore le débat sur l'opportunité de développer et engager des recherches scientifiques dans ces domaines. En effet, la rareté du besoin ne doit pas dispenser de se donner les moyens qui pourraient permettre d'avoir un outil fiable et utile. La recherche de la vérité ne doit pas laisser de zone d'ombre ni négliger de tels indices, l'avenir nous le confirmera.

Chapitre 3
Le renouveau des empreintes digitales

La découverte des empreintes digitales demeure un élément essentiel de la science forensique, et représente une véritable révolution dans son histoire. Il ne faut pas en déduire pour autant que la recherche concernant les traces papillaires n'apportera plus à l'avenir d'évolution significative. En effet, la science avance, ses théories évoluent et des procédés techniques toujours en développement apportent de nouvelles possibilités d'exploitation de ces traces emblématiques, les imposant comme des traces d'avenir !

De la poudre aux procédés physicochimiques

Mais que pourraient donc apporter de nouvelles évolutions dans un domaine qui, notamment en France, est considéré encore comme infaillible, tant par la majorité de ceux qui l'exploitent que par les magistrats qui homologuent les résultats présentés ?

Depuis que Vucetich, Galton et Henry ont réalisé, à la fin du XIXe siècle, des systèmes de classification permettant de créer des fichiers à partir des empreintes digitales, elles sont devenues le moyen d'identification des individus le plus efficace pendant des décennies. Remplaçant, d'une manière plus rapide et efficiente, le système d'anthropologie judiciaire de Bertillon, les classifications des empreintes digitales relevées sur les mis en cause et les condamnés apportent immédiatement des résultats, à la fois dans l'identification des récidivistes, mais aussi, et surtout, dans l'apport d'une réponse scientifique aux traces digitales retrouvées sur les scènes d'infraction. Tous les travaux réalisés, et précédemment exposés par Galton dès 1892, montrent que la dactyloscopie présente trois bases scientifiques d'intérêt : l'unicité, l'invariabilité et la possibilité de classification.

- *L'unicité* est cette propriété qui permet de constater que toutes les lignes, et différents dessins digitaux qui composent la couche extérieure de la peau de nos doigts et paumes des mains sur leur face intérieure, sont uniques entre elles et entre les individus, y compris entre deux jumeaux. Les études médicales, sur la formation intra-utérine des dermatoglyphes (autre nom savant des dessins digitaux, palmaires, orteils et plantaires) et sur les facteurs génétiques, apportent autant d'arguments scientifiques permettant l'acceptation de cette qualité qu'est l'unicité, qualité indispensable pour que ces traces soient exploitables et comparables entre elles.
- *L'invariabilité* est la propriété qui vient renforcer la précédente, à savoir que si les dessins digitaux sont uniques, ils conservent leurs formes et particularités depuis notre vie intra-utérine jusqu'à notre mort. Seules quelques blessures profondes et des brûlures peuvent en altérer le dessin en laissant, au milieu des motifs digitaux, les cicatrices de ces accidents. Cette permanence physique

confère une force probante très importante à ce type de traces.

- *Les dessins digitaux*, bien qu'ils soient uniques et invariables, il en existe des formes générales dans le centre de figure du doigt (les arcs, les verticilles, les boucles, le delta…) qui offrent la possibilité – grâce à l'analyse de détails des dessins (les minuties) – de construire des classifications permettant de les retrouver parmi des centaines de milliers, bien avant l'introduction des moyens informatiques.

Types de minuties			
Arrêt		Transversal	
Bifurcation		Retour	
Crochet		Double bifurcation	
Déviation		Trifurcation	
Pont		Ligne angulaire	
Lac		Delta	
Point		Occurrences multiples	
Croisement		Absence de minuties	

À ces dessins classiques sur lesquels se fondent la plupart des techniciens, nous avons des détails beaucoup plus fins et tout aussi discriminants comme identifiants, qui sont les successions de crêtes, leur largeur, mais également la position des pores sur ces mêmes crêtes avec leur nombre et leur distance entre eux et enfin les petits accidents ou anomalies (remontées de derme, formes de crêtes particulières, etc.). C'est ainsi que selon la connaissance et la compétence du spécialiste, sont introduits dans les éléments de comparaison plusieurs niveaux de détails.

- Le premier se réfère au dessin général formé par les crêtes papillaires observé à partir du centre de figure. Le nombre de crêtes successives rentre également dans ce premier niveau.
- Le deuxième niveau est représenté par l'ensemble des minuties ou points particuliers d'identification tels que la figure précédente les montre. Rentrent également dans ce niveau les cicatrices et particularités existant sur la peau. On peut y ajouter les mesures de longueur des crêtes, ainsi que les distances les séparant les unes des autres.
- Enfin, le troisième niveau se concentre sur la forme de chaque crête, des artéfacts pouvant exister entre elles dans les sillons, et sur la forme comme la position des pores avec les distances les séparant.

Ces observations et mesures sont d'autant plus pertinentes qu'elles sont réalisées sous fort grossissement.

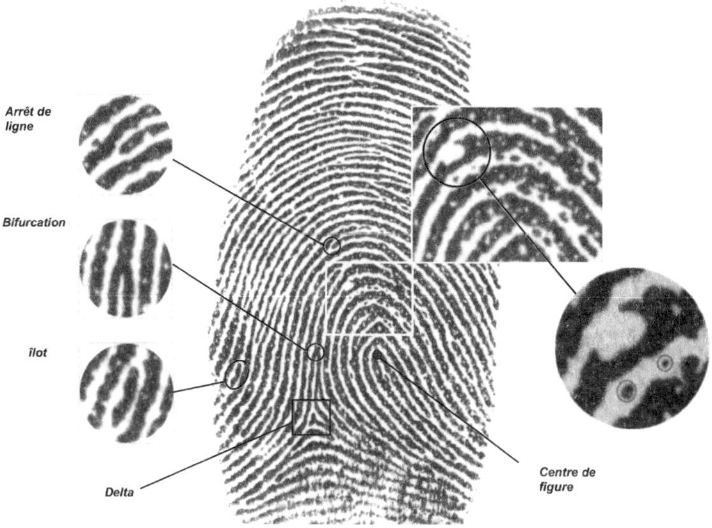

Aperçu des différents niveaux de détails observables sur un relevé d'une empreinte digitale (Extrait du cours du colonel Nicolas Thiburce pour la formation des TIC, Technicien en investigation criminelle).

Nota : les points blancs visibles sur les lignes de crête (noires) sont les pores de la peau.

Les progrès se sont portés vers la composition chimique des fluides éliminés par les pores. La respiration permanente de la peau par les pores qui sont présents sur toute sa surface, permet l'évacuation de différents liquides issus des glandes sudoripares, des glandes eccrines et des glandes apocrines. À ces sécrétions naturelles s'ajoutent des produits que nous collectons avec nos doigts lorsque nous touchons différentes matières ou objets souillés. Cette sorte de soupe chimique vient ainsi accroître les dépôts de matières lors des gestes de préhension sur les scènes d'infraction, permettant de laisser des traces riches et exploitables après révélation, que ces dernières soient visibles ou non au premier coup d'œil.

Ces propriétés, alliées aux développements technico-scientifiques en matière de révélations et de prélèvements des traces digitales sur une scène de crime, permettent de les comparer avec les empreintes papillaires des mis en cause, ou celles précédemment collectées et que l'on conserve dans un fichier dédié. Comme nous l'avons évoqué, cette perception de l'importance des empreintes digitales sur la scène de crime est apparue très tôt dans son histoire, en 1892. Les empreintes ne seraient pas seulement cantonnées à l'identification des récidivistes, mais les développements techniques de révélation, qui n'ont pas cessé et qui continuent encore, offrent aux spécialistes des capacités de mise en évidence sans précédent.

L'empreinte digitale : une trace d'avenir

En juillet 1892, un rapport d'enquête arrive au commissariat chef-lieu qui se situe dans la ville de La Plata en Argentine. Il est fait état d'un crime qui a eu lieu à Necochea, une bourgade côtière le long de l'Atlantique, dans la province de Buenos Aires. Les faits sont violents et décrivent la découverte le 19 juin 1892 du meurtre de deux enfants, un petit garçon de 6 ans et une petite fille de 4 ans. Ces frère et sœur ont été trouvés couchés dans leur lit dans une pièce d'une cabane dans une zone pauvre, correspondant à nos bidonvilles. La description fait froid dans le dos, les crânes des enfants ont été fracassés.

Leur mère, Francisca Rojas, une célibataire de 26 ans, a découvert la scène. Elle désigne à la police comme suspect un garçon de ferme nommé Velasquez, un homme qui l'avait poursuivie de ses assiduités et essayé de la convaincre de se marier avec lui. Dans ses déclarations, elle précise qu'alors qu'elle s'est approchée de la cabane. La porte était ouverte et Velasquez s'est enfui, passant près

d'elle sans prononcer un mot. Et elle ajoute qu'en la frôlant, il l'avait blessée à la gorge. C'est en entrant dans la maison qu'elle avait découvert le sort de ses enfants.
Velasquez est arrêté et interrogé par l'inspecteur Alvarez qui a été envoyé depuis La Plata le 8 juillet pour enquêter sur l'affaire. Pendant la garde à vue (ou ce qui en approchait dans la procédure argentine de l'époque), l'inspecteur découvre que Velasquez avait violemment menacé Francisca Rojas quand il avait appris qu'elle avait une histoire d'amour avec quelqu'un d'autre. Toutefois, il nie avec la plus grande énergie avoir commis ce crime affreux.
Frustré par cette absence d'aveux, l'inspecteur Alvarez propose au suspect de plaider la mort des enfants au troisième degré, ce qui en termes juridiques est une quasi-défaite pour l'enquêteur, les peines étant particulièrement clémentes selon cette incrimination. Mais ce dernier refuse et continue à nier.
Après cet échec, ce sont des techniques d'un autre âge qui vont être mises en œuvre afin d'obtenir les aveux de ce suspect particulièrement buté. C'est ainsi que Velasquez est attaché et suspendu toute une nuit au-dessus du corps des petites victimes. Malgré cela, il s'obstine à nier et, après une semaine de pressions voire de tortures physiques, Velasquez, épuisé, mais toujours déterminé, continue à proclamer son innocence. Face à cette détermination, l'inspecteur Alvarez commence à croire que Velasquez a peut-être dit la vérité.
À ce stade de l'enquête, Alvarez s'engage dans une démarche plus contemporaine, qui est d'envisager les hypothèses alternatives possibles. Sans en négliger une seule. Allant plus loin dans le recueil d'éléments, il apprend que le nouvel amoureux de Francisca Rojas ne souhaitait pas se marier avec une mère de deux enfants. L'homme est intéressant, mais rapidement il apparaît sans ambiguïté qu'il était ailleurs pendant le crime. Partant sur une autre hypothèse, il envisage alors la possibilité que la mère puisse être impliquée et, avant de mettre en œuvre les méthodes policières

classiques, il commence par appliquer des pratiques d'un autre temps, telles qu'elles existaient au Moyen Âge. Il menace de lancer des imprécations et des incantations, tel un esprit vengeur contre la mère pendant son sommeil, mais sa ruse échoue lamentablement. Tenace et accrocheur, l'inspecteur Alvarez retourne sur la scène de crime pendant que Francisca Rojas est au travail. Il espère trouver des éléments tangibles. Les ruses médiévales sont loin derrière et c'est avec un esprit rationnel qu'il inspecte la cabane. Pendant sa recherche et ses observations, il aperçoit, sur la porte de la chambre, une tache brune, mise en évidence par les rayons du soleil qui l'éclairent, augmentant le contraste. Se concentrant sur cette tache, il arrive à déterminer qu'elle correspond à une empreinte digitale. Il découpe le morceau de bois et l'emporte au poste de police.
Il convoque Francisca Rojas et prélève ses empreintes digitales avec un tampon encré. Dans un second temps, il examine l'empreinte de la tache et celles de la mère, et trouve des similitudes de taille, de forme et de détails papillaires. Comme tout bon enquêteur, il ne dévoile pas les éléments qu'il a réunis et demande à Francisca Rojas le déroulement de ses actes quand elle est rentrée dans la cabane et la chambre où elle a découvert le corps des enfants. Allant dans les moindres détails, il insiste sur ses actions et gestes auprès des enfants, et notamment si elle les avait touchés. Affirmant haut et fort qu'elle n'avait pas pu se résigner à toucher les corps sans vie de ses enfants, l'inspecteur Alvarez la confronte à ses contradictions, puisque c'est son empreinte pleine de sang qui est sur la porte. Ne pouvant plus nier ou arranger sa version de l'histoire, elle confesse ses crimes, expliquant qu'elle les a tués avec une pierre dont elle s'est débarrassée en la jetant dans un puits. Enfin, pour donner du crédit à son histoire, elle s'est infligée elle-même une blessure en se coupant légèrement à la gorge.
À l'issue de son procès, elle est condamnée à la prison à vie, l'Argentine ayant supprimé la peine capitale pour les femmes.

Ce qu'il y a de particulièrement intéressant dans cette histoire, c'est son contexte. Alors que Vucetich avait mis en place un système de classification particulièrement performant en 1891, afin de lutter contre la récidive, le gouvernement argentin lui enjoint de le mettre de côté au profit de l'anthropométrie judiciaire de Bertillon. Il ne l'abandonne pas et le maintient en parallèle, s'employant à développer cet autre aspect de la dactyloscopie que démontra l'affaire Francisca Rojas : la comparaison des empreintes papillaires à partir des traces prélevées sur une scène de crime.

En France, il faut attendre l'affaire Scheffer en 1902 pour que soit réalisée la première identification permettant de confondre le meurtrier. Cette réussite est d'autant plus emblématique que c'est le grand Bertillon qui a relevé cette empreinte. La puissance de ces résultats donna, au-delà d'une force probante qui fut considérée comme incontestable, une telle aura à ce domaine qui était pour tous les acteurs du procès pénal l'exemple de la certitude de l'apport d'une preuve matérielle au poids scientifique ne souffrant aucune remise en question. Et dès 1910, pour les tribunaux en France, les seules empreintes sont même retenues comme preuves matérielles suffisantes pour condamner des accusés même sans leurs aveux.

Il est certain que l'évolution scientifique du domaine a permis au fur et à mesure des décennies de révéler des traces sur des supports de plus en plus nombreux par des moyens physico-chimiques toujours plus élaborés, y compris si ces derniers ont été ou sont mouillés.

L'affaire du *Rainbow Warrior*

Le 10 juillet 1985, le vaisseau amiral de l'association internationale Greenpeace, ancré au port d'Aukland en Nouvelle-Zélande, fait l'objet d'un sabotage à l'explosif (causant la mort d'une personne) par les services secrets français. Les auteurs (les faux époux Turenge) sont définitivement identifiés par leurs empreintes digitales correspondant aux traces papillaires retrouvées sur le canot pneumatique ayant servi à aller poser les explosifs. Ces traces digitales, bien qu'ayant séjourné dans l'eau, ont pu être révélées grâce à une technique physico-chimique naissante permettant de travailler sur certaines sécrétions de la peau résistant aux milieux aqueux et laissant ainsi subsister le dessin digital sur une surface mouillée. C'est grâce à la présence fortuite d'experts internationaux présents en Australie que cette nouvelle technique a pu être mise en œuvre. Les examens ont été rehaussés par des techniques optiques novatrices avec l'utilisation d'une nouvelle lampe multispectrale, balayant plusieurs longueurs d'onde, et permettant de visualiser des traces invisibles à l'œil nu par des révélations directes ou indirectes grâce à des filtres optiques. C'était l'époque de la création du Polylight, nouvel instrument qui s'est naturellement imposé et qui est indispensable pour la recherche de traces invisibles sur les scènes de crime, dont les traces ne se réduisent pas aux seules empreintes digitales.

Tant sur les méthodes optiques que physico-chimiques, la révélation de ces traces s'est ainsi poursuivie et fait toujours l'objet de recherches.

Ainsi l'histoire des empreintes digitales pourrait laisser accroire que finalement elles ont atteint leur limite informationnelle. Retenue pendant des décennies comme les traces de référence, à la force probante inattaquable, leur niveau d'intérêt a cependant été supplanté par de nouvelles traces qui ont largement pris l'ascendant sur elles. En effet, un phénomène étonnant a été observé avec la démocratisation des analyses ADN, et les résultats qu'elles apportent. C'est ainsi que bon nombre d'enquêteurs, de magistrats et même de techniciens ne cherchaient plus qu'à faire des prélèvements par écouvillons en vue d'une recherche analytique afin d'obtenir un profil génétique qui était supposé donner la solution à l'affaire criminelle en cours. Pendant quelque temps, sur les scènes d'infraction, ont été négligées bien des traces pour se consacrer exclusivement à la recherche du nouveau graal que semblait être l'ADN. Il a été nécessaire de rappeler dans les programmes de formation des écoles de police et de gendarmerie que toutes les traces étaient d'intérêt, et qu'attendre un résultat sur une seule analyse comporte le risque réel de perdre définitivement à la fois des éléments indiciels et des éléments d'enquête (absence de recherche de témoignages immédiats, enquêtes de voisinage négligées, etc.).

Parallèlement à cette fascination pour la modernité biologique, ce désamour a été renforcé par deux éléments propres au comportement psychologique des acteurs au procès pénal.

- *Le premier tient à la nature humaine, qui privilégie la recherche des gestes les plus simples à réaliser sur le terrain.* Rechercher des traces digitales nécessite une observation précise, avec des moyens optiques particuliers (lampes à longueurs d'onde différentes, etc.) pour essayer de distinguer des traces latentes et, selon les surfaces, mettre en œuvre des moyens physico-chimiques (dépendant du support, du milieu, etc.) pour les révéler avant d'assurer leur prélèvement. Alors que les prélèvements en vue de la recherche ADN se font simplement au moyen d'écouvillons que le technicien frotte sur les surfaces qu'il estime être porteuses de ce dépôt biologique. Invisibles par essence, la recherche de ce type de traces se résume donc à une application d'écouvillons sans déploiement de moyens techniques supplémentaires plus difficiles à mettre en œuvre. Peu importe que la grande majorité des analyses ne donnent aucun résultat, le travail de prélèvement ayant été fait. Mais la négligence des autres traces génère une perte d'information pour la réussite de l'enquête. Cet appauvrissement des travaux de techniciens sur de telles scènes a été accentué par une situation particulière aux multiples facettes. D'abord, a été observée une demande d'actes techniques croissante en PTS. Certes, c'est une véritable reconnaissance de l'importance de la réponse scientifique pour les enquêtes, mais cette attente d'engagement pour l'ensemble des scènes montre que de nombreux actes sont sollicités, alors qu'in fine la réponse pénale est quasi inexistante. La facilité des prélèvements ADN a ainsi multiplié de façon presque exponentielle les demandes d'analyse, faisant exploser les coûts pour des résultats presque indigents. La réponse des laboratoires publics ne pouvant satisfaire à cette surcharge de demandes d'analyse, et le recours aux laboratoires privés entraînant également un accroissement des charges, plusieurs décisions ont été prises par les forces de l'ordre et entérinées par la justice. *La première fut de faire une partition entre les actes de délinquance. Bien que cela soit contraire aux principes et textes de loi, il a été décidé que certains actes de délinquance ne méritaient pas un investissement important en matière de criminalistique.* C'est ainsi que la catégorie dite de délinquance de masse a été créée administrativement, intégrant les cambriolages, les vols de véhicules, de téléphones portables, etc., qu'a été maintenu un investissement des actes de police scientifiques pour les autres infractions, comportant les crimes et certains délits plus importants. Parallèlement, il était conseillé aux techniciens de reprendre la recherche de traces digitales dont les coûts sont moindres. Cette approche économique de la délinquance a des conséquences également dans l'appréciation et le traitement des affaires judiciaires. Elle a d'abord dissocié les affaires entre elles, et rares sont les rapprochements mettant en exergue des bandes organisées agissant sans vergogne ni risque d'être identifiées comme telles dans l'Hexagone. Par exemple, les vols de véhicules (plus 150 000 en moyenne par an) ne sont pas tous des actes isolés, et bon nombre d'entre eux alimentent des réseaux internationaux, mais la limitation des actes de PTS, sur les véhicules retrouvés avant leur exportation, n'est pas de nature à mettre en exergue les renseignements d'enquête permettant d'apprécier l'existence de tels phénomènes, de pouvoir en déceler les signaux faibles trop souvent négligés et enfin d'apporter une réponse policière et judiciaire. Donc cette parcellisation de la PTS, la négligence du prélèvement de toutes les traces d'intérêt (dont les traces digitales) au prétexte d'une délinquance de masse qui ne serait que le fait d'individus isolés, est loin d'être une participation efficiente à un travail d'enquête efficace et productif de sécurité. La science forensique c'est aussi l'exploitation des renseignements matériels et scientifiques, comme des éléments d'enquête qui viennent aider les enquêteurs dans la résolution de ce type d'affaires (trafic de drogue, de documents, de véhicules, etc.) par la détection des signaux faibles et le recoupement d'indices matériels tels que les traces papillaires.

- *Le second élément tient à la perte de confiance aveugle dans le domaine des empreintes digitales, ce qui est une tendance plus récente.* Depuis leur avènement et leur reconnaissance comme une preuve matérielle dont la solidité n'est pas contestée, la communauté scientifique internationale tend à apporter un *moderato* à ces croyances encore prises comme une doxa par la majorité des acteurs au procès pénal en France.

Petite histoire et avenir de la valeur de l'identification des empreintes

Très rapidement, il est apparu nécessaire de proposer une méthodologie permettant d'identifier par comparaison une empreinte digitale. Si l'Académie des sciences en 1907 a bien validé toute la force identificatrice que permet l'empreinte digitale, les grands noms de la criminalistique ne pouvaient se satisfaire de cette seule caution. En effet, la complexité d'une trace papillaire peut se résumer à deux observations : d'abord, très souvent, nous sommes face à une trace dégradée, et ensuite, il faut définir les critères qu'il convient de retenir pour considérer avoir une identification par comparaison.

La comparaison de traces avec des relevés d'empreintes de suspects a été encadrée afin de limiter les effets induits pouvant conduire à des identifications erronées. Et après les articles de Balthazard, en 1911[11], proposant un calcul statistique pour retenir une quinzaine

11. Balthazard V., « De l'identification par les empreintes digitales », Académie des sciences, comptes rendus hebdomadaires des séances de l'Académie des

de points (ou minuties) caractéristiques ; de Bertillon en 1912[12], démontrant qu'il est nécessaire d'avoir au moins 17 points pour conclure à l'identification ; nous avons celui de Locard en 1914[13], qui retient comme possibilité d'identification l'empreinte qui présente 8 à 12 points en commun à condition qu'il n'y ait pas de discordances inexplicables. C'était la limite que définissait Locard pour laquelle la consultation de plusieurs experts était nécessaire. Mais par une lecture un peu rapide, c'est l'étude de Locard qui a été retenue comme règle pour considérer l'identification comme valable et effective sur 12 points.

La communauté scientifique internationale via l'IAI (International Association for Identification) a rejeté dès 1995 la règle dite du « nombre d'or » avec un minimum de 12 points à retenir en vue d'une individualisation, car après analyse de la proposition de Locard, la démonstration scientifique apparaît insuffisante. L'année suivante, en 1996, le congrès international de dactyloscopie à NE'URIM, réunissant onze nations (dont la France, qui était représentée par l'IRCGN) ont repris les conclusions de l'IAI et les ont précisées pour retenir le principe suivant : « Aucune base scientifique n'existe pour exiger qu'un nombre prédéterminé de particularités de crête papillaire minimum soit présent dans deux empreintes pour établir une identification positive[14]. »

Les travaux des années 2000 ont permis de constater que les principes d'identification étaient basés sur une approche *empirique* jamais remise en question, ce qui devait conduire certains spécialistes à repenser les protocoles de comparaison des empreintes

sciences publiés par MM. les secrétaires perpétuels, séance du 26 juin 1911, p. 1862-1864.

12. Bertillon A., « Les empreintes digitales », *in Archives d'anthropologie criminelle*, n°217, 1912, p. 36-49.

13. Locard Ed., « La preuve judiciaire par les empreintes digitales », *in Archives d'anthropologie criminelle*, n°245, 1914, p. 321-348.

14. Champod C. & Margot P., *L'identification dactyloscopique, op. cit.*, p. 43.

digitales avec les traces. Non plus sur une seule comptabilité de minuties présentes, mais sur la nature des minuties, de leur rareté et de leur place sur le doigt dont elles sont issues.

Ainsi la nature réelle de l'interprétation d'une trace papillaire en vue de l'identification est probabiliste et non pas déterministe comme l'usage empirique (d'une simple comptabilité) qui existe encore en France le laisserait supposer. Les travaux sur les probabilités de la présence des différentes minuties existantes, que Champod a réalisés et présentés dans sa thèse, montrent que pour une configuration de 6 minuties, une valeur de probabilité supérieure à un sur un milliard est très vite atteinte selon la rareté et les combinaisons rencontrées. Valeur qui peut encore augmenter avec la prise en compte de détails comme les pores par exemple. L'avancée des recherches et des connaissances en matière d'empreintes digitales est telle que les positions des organismes internationaux considèrent aujourd'hui que l'identification par ce procédé ne peut être basée que sur un modèle statistique[15], tel que celui qui est accepté et utilisé pour l'identification à partir des profils génétiques[16]. Cet élan des travaux de recherche est d'autant plus fort que le NAS Forensic Science Report de 2009[17], dans son chapitre consacré aux empreintes digitales, mettait à mal l'absolutisme des résultats présentés lors des expertises en ce domaine.

L'avenir d'une valeur scientifique enfin avérée pour les empreintes digitales passera par cette appréciation probabilistique à l'instar de ce qui a été retenu pour l'identification des profils ADN.

---

15. « Position of the European Fingerprint Working Group (EFPWG) of the European Network of Forensic Science Institutes (ENFSI) regarding the NRC Report », *Journal of Forensic Identification*, 61 (6), 2011, p. 677-679.
16. IAI Resolution 2010-18, International Association for Identification – www.theiai.org
17. *Strengthening Forensic Science in the United States. A Path Forward*, National Research Council of the National Academies of Sciences, National Academic Press, Washington D. C., 2009.

Empirisme, absence de démonstration scientifique et présentation du domaine par la majorité des spécialistes comme exempt d'un quelconque taux d'erreur conduisant à la certitude des résultats (ce qui en science n'existe pas), ont entraîné une remise en question de bon nombre d'experts du domaine. Et ce d'autant plus que la volonté d'accréditation des laboratoires obligeait à passer par des tests de compétence effectués par des organismes extérieur. Les résultats des contrôles n'ont pas été à la hauteur des prétentions des spécialistes et ces derniers ont montré de trop nombreux faux positifs (identifications erronées, attribuant à une personne la trace alors que ce n'est pas son empreinte), ainsi que des faux négatifs (excluant l'identification d'une personne alors que la trace provenait bien de l'empreinte de l'un de ses doigts), comme le montre l'exemple qui suit.

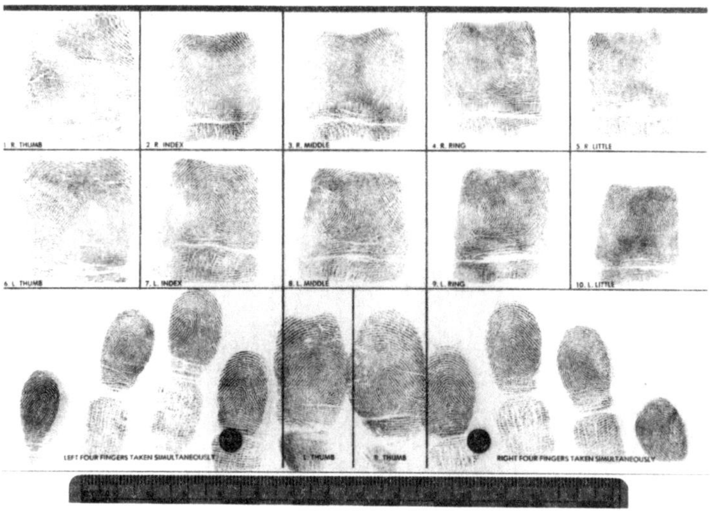

Exemple du Test du CTS Forensic Testing Test de 1995 qui a été envoyé aux laboratoires.

En l'espèce, avaient été envoyées 7 traces digitales dans le sang et 4 relevés décadactylaires de 4 personnes différentes pour comparaison. Une trace particulière devait permettre l'individualisation de la source à partir d'un des 4 relevés. Parmi les résultats, outre les faux négatifs (les 4 suspects ne sont pas à l'origine de la trace), qui représentent tout de même 46 laboratoires, et les réponses précisant qu'il n'a pas été possible de se prononcer, 29 laboratoires sur les 156 testés ont attribué la trace à la mauvaise personne, soit un taux de 19 % de faux positifs !

Les résultats des tests sont consultables pour chaque année sur le site du CTS – http://cts-forensics.com

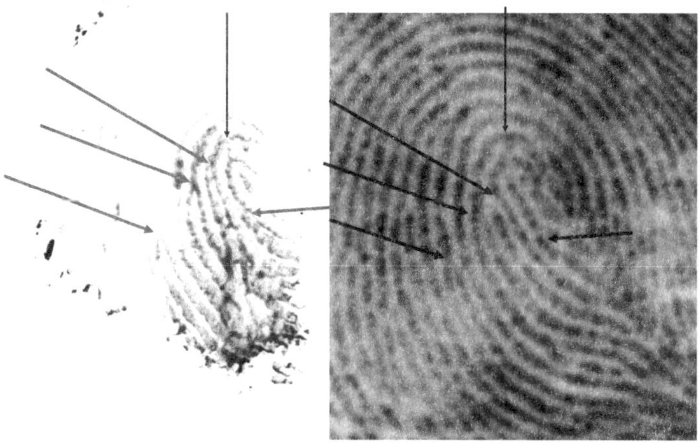

Résultat montrant que l'identification était possible sur un doigt d'un des quatre relevés.

De même, parmi les travaux de recherche, il avait été observé une variabilité des conclusions entre les experts pour une même comparaison. Plus étonnant encore, une variabilité desdites conclusions pour les mêmes experts qui avaient étudié les cas quelques mois auparavant. En ce sens, au niveau même de la trace, de nombreuses variabilités d'appréciation quant à la possibilité de son exploitation existent, et nous retrouvons les mêmes travers que pour la comparaison elle-même. C'est-à-dire que dès le départ avant même toute comparaison, le spécialiste va apprécier la qualité de la trace digitale à exploiter estimant que, bien que dégradée, elle est suffisamment porteuse d'informations pour procéder à une comparaison, ou au contraire que sa qualité ne permet pas de la comparer utilement. Les travaux d'Ulery ont montré qu'entre les experts pour une même trace, l'appréciation de son exploitabilité est différente, et comme pour les comparaisons, quelque temps plus tard, devant les mêmes traces, les mêmes spécialistes ont pris des positions différentes de celles qu'ils avaient prises précédemment. Nous voyons bien que ce domaine, longtemps considéré comme le plus sûr, porte dans son exploitation les mêmes incertitudes que tout domaine scientifique.

Il convient de relever que la majorité de ces travaux se sont multipliés à la suite de deux affaires particulièrement emblématiques qui ont été révélatrices des biais entourant les procédures d'expertise de ce domaine, démontrant finalement que les empreintes digitales n'étaient qu'un domaine scientifique comme les autres, avec ses incertitudes. Mais cette faillibilité a conduit à mesurer avec circonspection les résultats fournis par les experts.

C'est ainsi que deux affaires judiciaires emblématiques et médiatiques sont venues conforter les travaux scientifiques montrant que les erreurs d'identification par plusieurs experts successifs sont possibles. Il s'agit de l'affaire McKie qui débuta en 1997 et de l'affaire Mayfield qui commença en 2004.

Erreurs d'identification 1 – L'affaire McKie

En janvier 1997 en Écosse, Mme Ross, la victime, alors âgée de 51 ans, est retrouvée sans vie par la police à son domicile de Kilmarnock, gisant sur le sol de sa salle de bains. Selon les constatations du médecin légiste, la victime est décédée à la suite de blessures multiples à la tête et au cou.

L'investigation sur la scène du crime permet de détecter plusieurs traces, dont une trace digitale sur le cadre d'une porte à l'intérieur de la maison de la victime, qui est révélée en utilisant de la poudre noire. La trace, référencée Y7, est une trace partielle qui correspond à l'extrémité d'un doigt. Sur la scène du crime, il y a toute une équipe, dont la détective Shirley McKie. Elle se trouvait sur les lieux afin d'enquêter sur le meurtre, mais elle a toujours affirmé n'avoir jamais été à l'intérieur de la maison. L'enquête suit son cours, et quelques jours plus tard, la police interpelle M. David Asbury qui avait effectué quelques menus travaux dans la maison de la victime. Dans les minutes, presque, qui suivent l'interpellation, les experts en empreintes digitales du Scottish Criminal Record Office, SCRO, comparent toutes les traces retrouvées sur la scène du crime à celles de M. Asbury. Une trace présente sur l'étiquette d'un cadeau retrouvé dans la maison de la victime lui est associée. Au domicile de M. Asbury, on trouve une boîte de biscuits de chez Marks & Spencer contenant 1 400 livres sterling. Les enquêteurs pensent que cette boîte appartenait à la victime. Sur cette boîte métallique, la police révèle une trace en utilisant du cyanoacrylate et des colorants fluorescents afin d'obtenir un meilleur contraste de la trace. Les experts du SCRO comparent cette trace au doigt gauche de la victime et concluent à une identification, ce serait donc le doigt gauche de la victime qui aurait laissé la trace sur la boîte de biscuits. La documentation fournie par les experts du SCRO veut démontrer qu'il y a une correspondance de 16 points, ce qui prouverait l'identification. À relever qu'à cette époque, le standard minimum pour une identification en Écosse était précisément de 16 points (ou minuties). Comme dans la majorité des services de police à travers le monde, une des opérations de routine consiste à comparer les traces révélées sur les lieux aux empreintes des personnes intervenues sur place professionnellement. Cela permet d'exclure des traces parasites dues à la pollution générée par la maladresse ou l'inattention des intervenants.

C'est dans ce cadre que Shirley McKie fournit ses empreintes à des fins d'exclusion. Les experts identifient alors la trace Y7 révélée sur le cadre de la porte comme provenant du pouce gauche de Shirley McKie. L'identification est d'abord simplement indiquée par les initiales des examinateurs de l'office écossais. Bien plus tard, face aux développements de l'affaire et la mise en cause de leur méthode et compétence, ils prépareront une documentation complète montrant 17 points de concordance, ce qui n'avait pas été fait initialement. Malgré ce qui aurait pu paraître comme une preuve matérielle irréfutable, Shirley McKie s'obstine à nier avoir été à l'intérieur de la maison.

À la suite des identifications sur le cadeau et la boîte, David Asbury est inculpé pour le meurtre de Marion Ross. Lors de son procès, la défense souhaite que Shirley McKie témoigne. Sachant qu'elle niait être à l'origine de la trace Y7, la défense voulait s'appuyer sur son témoignage pour mettre en doute les identifications de David Asbury d'un côté et de Marion Ross de l'autre. À noter que peu de temps avant le procès, une enquête disciplinaire était diligentée par la police contre Shirley McKie. Malgré cette pression psychologique, elle témoigne au procès Asbury, et maintient qu'elle n'a jamais pénétré à l'intérieur de la maison de Marion Ross et que cette trace ne pouvait pas être la sienne.

Malgré ce témoignage et les interrogations qu'il pouvait susciter lors de ce procès, la défense ne remit pas en cause l'identification ni l'infaillibilité de la preuve dactyloscopique généralement admise. La défense proposa une hypothèse plus alambiquée, en suggérant que la trace associée à Mme Ross retrouvée sur la boîte métallique pouvait être une fausse trace laissée par exemple par le doigt mort de Mme Ross. *Entre la réputation d'infaillibilité des résultats d'identification par empreintes et une théorie un peu trop hasardeuse d'une trace fabriquée, David Asbury fut déclaré coupable et condamné à la prison à vie.*

Mais si, pour David Asbury, la cause semble entendue, il est une chose que Shirley McKie va apprendre de son ancienne

administration, c'est que l'on ne met pas en cause impunément les services de police.
C'est ainsi qu'à la suite de son témoignage au procès Asbury, la police la poursuit pour parjure. Les autorités étaient convaincues de la solidité absolue de l'identification faite par le service écossais. Cette identification avait d'ailleurs été confirmée par quatre membres dudit service lors du procès Asbury. Le 6 mars 1997, la policière est arrêtée, soumise à fouille complète, traitée comme une criminelle, et officiellement inculpée. Elle apprend en même temps qu'elle est suspendue de ses fonctions. Bien qu'humiliée, isolée et marginalisée par ses anciens collègues, Shirley McKie ne cesse de clamer son innocence, ne comprenant pas non plus cet abandon par la police, et sombre dans une grave dépression. Shirley et son père, Lain McKie, décident de se battre et de défier la sacrosainte et intouchable identification dactyloscopique. C'est là qu'il est intéressant de relever encore une fois que pour les McKie, une telle contestation ne pouvait se faire que sur un terrain annexe, celui encore une fois de la fausse trace, tant il leur paraissait inconcevable qu'une erreur d'identification puisse avoir été commise. La cause qui leur paraissait la plus probable était celle d'une fausse trace produite à l'aide d'une reproduction de son doigt, laissée sur la scène pour nuire à Shirley.
Pat Wertheim, un spécialiste dans les fausses empreintes, est alors consulté. *Sa conclusion fut sans ambiguïté : la trace n'était pas une fausse trace digitale, mais il s'agissait là d'une fausse identification, une erreur évidente, qui aurait dû immédiatement être détectée par les autorités écossaises !*
Wertheim est rejoint par un second expert américain de renom, David Grieve, qui lui aussi confirma la fausse identification. Les experts du bureau écossais ne dévièrent jamais de leur conclusion initiale, par ailleurs confirmée par quatre spécialistes de l'office ! Au procès de Shirley McKie en avril 1999, les experts des deux parties

témoignèrent. Un des experts écossais affirma l'identification en montrant 16 points caractéristiques concordants entre la trace et l'empreinte de Shirley McKie.

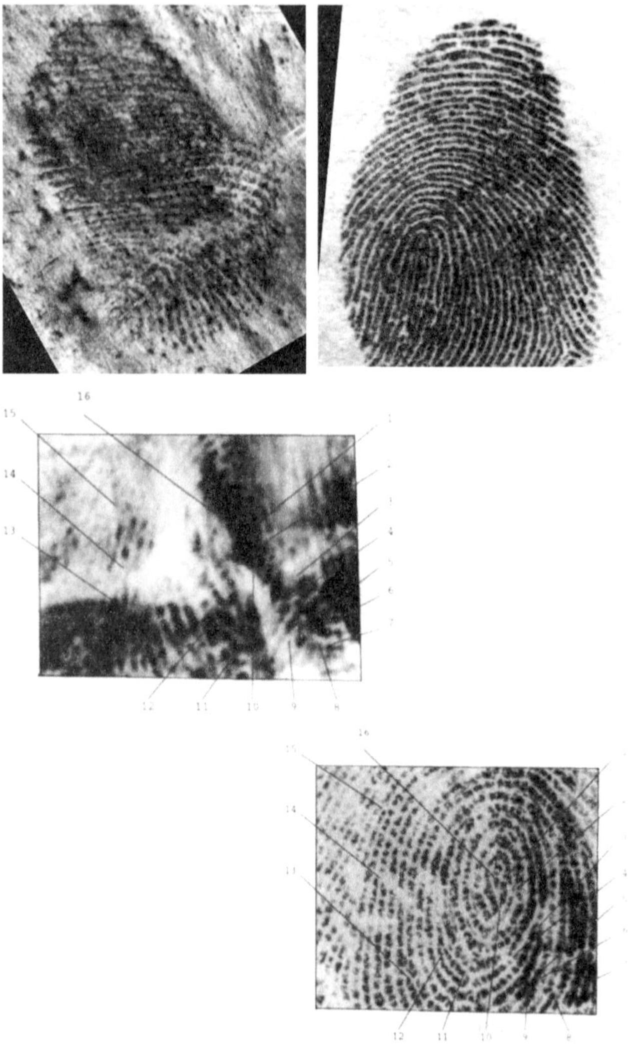

Il affirma que la chance d'une telle coïncidence était de l'ordre de 1 sur 10 à la puissance 16 (sans prendre en compte les discordances ni présenter les références scientifiques des probabilités qu'il avançait). Lorsqu'au tribunal il fut indiqué que personne dans la salle ne pouvait voir les fameux 16 points que les quatre experts écossais avançaient, sans sourciller, les experts ont simplement affirmé qu'au regard de leurs années d'expérience en la matière, ils pouvaient attester de leur existence sans qu'aucune autre personne ne puisse les voir ! Un peu comme si l'expérience permettait le développement d'une acuité visuelle supérieure au commun des mortels. Les experts de la défense, Wertheim et Grieve, indiquèrent tous les deux, documentation et démonstration à l'appui, qu'il y avait des différences significatives entre la trace et l'empreinte du pouce gauche de Shirley McKie. Ces différences étaient telles, selon eux, qu'il était exclu que la trace ait pu être laissée par son doigt. Le 14 mai 1999, Shirley McKie fut déclarée non coupable des charges retenues contre elle.

Mais ce cas ne s'arrêtera pas là. Malgré son innocence reconnue par la justice, une procédure administrative au sein de la police conduisit à l'exclusion de Shirley McKie du service actif ! Face à cette nouvelle épreuve qui continuait à jeter le discrédit sur elle, la policière continua à se battre, avec le soutien de sa famille, pour faire reconnaître l'erreur du SCRO.

C'est d'ailleurs grâce aux médias que l'affaire va rebondir. La BBC proposa trois reportages sur l'affaire, dans lesquels l'expert Wertheim et un autre expert de Scotland Yard, Allan Bayle, témoigneront. Dans ce contexte, ils examinent et analysent également les éléments matériels et les expertises ayant conduit à l'identification présentée contre David Asbury, ainsi que la trace associée à Mme Ross retrouvée sur la boîte métallique. David Asbury, à ce moment, est toujours en prison où il purge sa peine d'emprisonnement à perpétuité. Avec méthode et clairement, les deux experts conclurent face caméra qu'il s'agissait là aussi d'une fausse identification. Face au retentissement médiatique engendré par l'émission, plusieurs politiciens écossais se saisirent de l'affaire et demandèrent des explications aux autorités. Profitant du fait que les affaires étaient jugées, les images des traces des deux cas, Asbury et McKie, et les empreintes des deux personnes furent publiées sur Internet. En retour, plus de cent experts s'engagèrent et signèrent une pétition qui déclarait que les experts écossais avaient commis une erreur.

Face à cette remontée médiatique, à la pétition et à l'implication de représentants politiques, la Couronne requit l'inspecteur en chef de sa Majesté pour investiguer le cas. Deux nouveaux experts sont mandatés, le Néerlandais Arie Zeelenberg et le Norvégien Torger Rudrud. Tous les deux concluent que la trace Y7 n'a pas été laissée par Shirley McKie. Ils établissent également que de fausses identifications ont été commises pour les autre traces dans le cas Asbury. Sur la base de ces rapports, David Asbury est libéré après deux ans de prison. En 2002, il sera officiellement innocenté du meurtre de Marion Ross. Durant toutes ces années, les quatre experts de l'office écossais n'ont jamais reconnu la moindre erreur. Ils maintinrent et maintiennent encore aujourd'hui leurs conclusions, ce qui correspond à un travers psychologique qui est connu comme étant le syndrome de l'omniscience de l'expert ou syndrome de Bertillon[18] !

À l'appui de ces positions, ils préparèrent des démonstrations complémentaires montrant des correspondances, avérées selon eux, au niveau des caractéristiques des détails des crêtes. Les experts du côté de Shirley Mckie n'ont eu de cesse de pointer sur les différences évidentes entre la trace Y7 et l'empreinte du

18. Alphonse Bertillon qui avait, par sa démonstration erronée, conduit à la condamnation de Dreyfus (dans un domaine qui n'était pourtant pas de sa compétence : la comparaison d'écriture), refusa de revenir sur ses conclusions, y compris sur son lit de mort, malgré les démonstrations scientifiques des mathématiciens Poincaré, Appel et Darboux qui mirent Dreyfus hors de cause lors du procès de 1904.

pouce gauche de Shirley McKie. Ces différences, pour eux, constituent la preuve matérielle de l'exclusion. Bien qu'acculés dans leurs explications, les experts écossais ont toujours estimé que les différences s'expliquaient par la malléabilité de la peau et les impondérables liés à la déposition d'une trace sur une surface. Face à l'ampleur du débat dans les médias, dans les cercles d'initiés et au niveau politique, plusieurs politiciens et responsables de la police en vinrent à suggérer qu'il s'agissait là d'une « erreur honnête » (*sic*) ! Quant aux experts écossais, ils refusèrent de reconnaître la moindre erreur et continuèrent à travailler dans le domaine.

En 2006, le parlement écossais nomma une commission d'enquête parlementaire sur ses offices écossais afin de faire la lumière sur l'affaire et rétablir la crédibilité de l'institution. L'ensemble des parties sera à nouveau entendu. Le rapport de la commission de février 2007 se cantonne à une bataille d'opinions entre experts. La commission se refuse de prendre position sur le fond. Après une année de campagne médiatique à la faveur d'un changement de gouvernement, la famille McKie obtient enfin qu'une enquête judiciaire soit diligentée. En 2008, l'enquête est confiée à un juge indépendant d'Irlande du Nord, Sir Anthony Campbell. Après trois ans d'enquête, le rapport Campbell est finalement publié en décembre 2011. Le rapport fait 86 recommandations dans un texte de 752 pages. Plusieurs recommandations apportent les fondements d'une approche scientifique de la discipline. L'une d'entre elles indique que « *les experts en dactyloscopie ne doivent plus conclure sur l'identification ou l'exclusion en indiquant une certitude à 100 % ou sous une forme suggérant que la preuve dactyloscopique est infaillible* ». La conclusion de Sir Campbell sur la trace Y7 retrouvée sur le montant de la porte est que l'office écossais a commis une erreur en identifiant Y7 comme ayant été laissée par madame McKie, et précisa qu'il n'y avait pas suffisamment d'informations pour l'identifier (ne retenant au mieux que six points caractéristiques mis en avant par l'office écossais). Dans ses recommandations, il rappelait que la preuve dactyloscopique, comme pour toute preuve, devait être évaluée dans le contexte de l'ensemble des indices et preuves à disposition. L'absence d'indications faisant état de la présence de madame McKie à l'intérieur de la maison devait donc être prise en considération. Observation compatible avec la conclusion que la trace n'a pas été laissée par elle. Après avoir revu l'ensemble des éléments et les différentes démonstrations réalisées lors des comparaisons, le tout à l'aune des éléments de contexte, on peut retenir que « *la trace Y7 a été faussement identifiée et n'a pas été laissée par madame McKie* ».

Inutile de préciser que depuis cette affaire, les méthodes de comparaison et d'identification ont grandement évolué en Écosse. D'ailleurs, c'est grâce à cette transformation que la police écossaise a pu prononcer la non-identification par les empreintes de l'individu signalé comme étant Xavier Dupont de Ligonnès par la police française, et cela malgré les fortes attentes et la pression médiatique.

L'affaire suivante se situe dans un contexte d'attentats, avec une tension internationale dans la lutte contre les extrémismes religieux.

ERREURS D'IDENTIFICATION 2 – L'AFFAIRE MAYFIELD[19]

Sept ans après le début de l'affaire McKie, un autre cas venait faire écho à la fragilité des expertises en matière de comparaison d'empreintes digitales. C'est ainsi qu'en 2004 commençait l'affaire Mayfield, elle aussi révélatrice d'une succession de nombreux

19. L'ensemble des éléments évoqués sont issus du rapport officiel réalisé par le FBI. May 24, 2004 – www.fbi.gov/pressrel/pressrel04/mayfield052404.html

biais qui viennent perturber le technicien : celui d'ignorer la déformation initiale de l'empreinte de référence introduite dans le système, mais aussi celui des propositions données par le système informatique. Pour beaucoup d'entre eux, dès lors que le système propose un certain nombre de candidats possibles, l'agent a une tendance naturelle à considérer a priori que l'auteur de la trace fait partie de ces propositions. Son interprétation de la trace va alors dans le sens de ne retenir que les caractéristiques convergentes en écartant les divergentes, au motif de la dynamique de l'action du dépôt, les considérant comme une partie glissée, ou pour une empreinte partielle ne faisant pas cas du peu d'éléments de comparaison ou négligeant les superpositions, etc. Nous retrouvons là encore les biais qui étaient constatés dans l'affaire McKie. À cette interprétation, il est loisible de trouver ce qui est appelé dans la littérature scientifique, *le biais de confirmation* par lequel un premier technicien fait contrôler son travail par un autre, mais ce dernier ayant eu connaissance du résultat, aura alors tendance à confirmer l'interprétation du premier, entraînant un raisonnement circulaire, le travail de l'un influençant celui de l'autre. C'est aussi ce qui a été constaté dans l'affaire Brandon Mayfield.

Les faits

Après les attaques terroristes du 11 mars 2004 commises dans des trains à Madrid (193 morts et plus de 1 800 blessés), les relevés de deux traces d'empreintes digitales partielles, prélevées sur des sacs plastiques qui contenaient les détonateurs, furent soumis par les autorités espagnoles au FBI pour analyses. Les images numériques de ces relevés furent transmises en l'état et intégrées au système automatisé du FBI (IAFIS, Integrated Automated Fingerprint Identification System), où elles ont été comparées aux millions d'empreintes enregistrées (suspects, condamnés, mais également toute personne voyageant, sortant et entrant aux USA). Le résultat de la recherche proposa une courte liste de candidats potentiels. Un spécialiste qualifié en empreintes digitales étudie les traces partielles afin de déterminer si la qualité des traces peut faire l'objet d'une comparaison valable avec la liste portant les empreintes potentielles fournies par le système automatisé. En suivant les protocoles standardisés et les méthodologies scientifiques arrêtées en la matière, il détermina que la trace digitale latente était de qualité et de valeur suffisantes pour faire l'objet d'une comparaison et permettre une identification. Après analyse et comparaison avec les empreintes des candidats proposées par le système, elle fut liée à Brandon Mayfield. Cet ancien militaire américain, devenu avocat, s'était à un moment de sa vie converti à l'islam, ce qui en faisait dans ce contexte lors de l'enquête d'environnement un suspect idéal.

Ce rapprochement avait ainsi été analysé indépendamment du premier spécialiste par un expert renommé en empreintes digitales, et, à sa suite, par deux autres, qui confirmèrent. Peu après ce rapprochement, les autorités espagnoles émirent des doutes sur ce résultat. Le FBI envoya deux experts à Madrid pour comparer directement la trace partielle relevée (et non l'image transmise) avec les empreintes de Brandon Mayfield, confirmant leurs travaux précédents, montrant chaque fois plus de 15 points caractéristiques correspondants et expliquant les discordances par la nature dégradée de la trace. Après de nombreux échanges et discussions techniques, les Espagnols déterminèrent *in fine* que les traces digitales avaient été laissées par un nommé Ouhnane Daoud. Et Brandon Mayfield, qui avait été incarcéré, fut remis en liberté.

Cette affaire révéla plusieurs biais et erreurs dans le protocole de comparaison et d'identification. D'abord, ne pas bénéficier d'un format d'image de la trace de haute définition permettant de voir tous les détails. Ensuite, croire que les propositions d'un système automatique préparent l'identification (en l'espèce l'algorithme avait positionné 20 points caractéristiques possibles). Ensuite, ne pas prendre du recul pour échapper au biais de confirmation qui agit à deux niveaux : en premier lieu sur les experts en empreintes digitales qui, connaissant la position de leur prédécesseur qui avait retenu 15 points, firent de même (à noter qu'ils ne retinrent pas les mêmes 15 points !), et en second lieu sur les enquêteurs du FBI, qui ne cherchèrent pas les preuves qui allaient contre leur théorie et évitaient de les utiliser pour étudier une théorie alternative quand ils en trouvaient une, pour simplifier la perception, retenant à charge plutôt que d'être ouverts à toutes les possibilités.

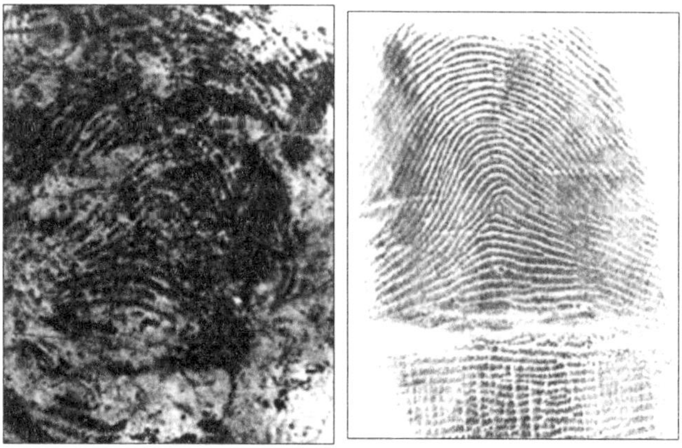

Comparaison entre la trace du sac et le relevé d'empreinte de Mayfield par les experts du FBI.

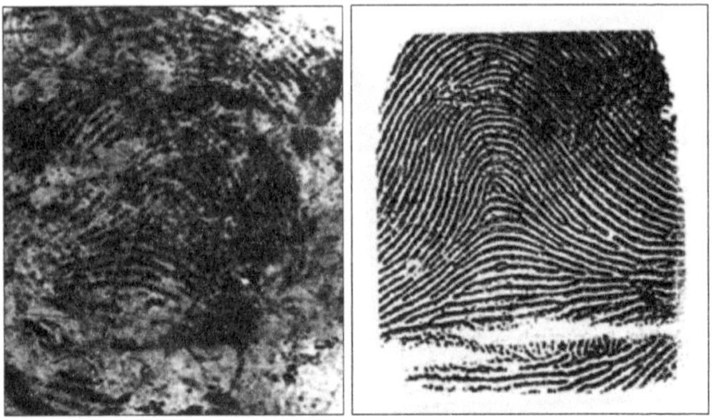

Comparaison de cette même trace par les spécialistes espagnols avec les empreintes de Daoud et qui ont déterminé qu'il était bien la source du dépôt

Cete affaire entraîna une inspection générale des services[20] ainsi qu'une évaluation des méthodes de prélèvement et d'identification des empreintes digitales aux USA, ce qui a eu pour conséquence une étude des procédures scientifiques dans le domaine, suscitant par la suite de nombreux travaux[21] pour les remettre à niveau ainsi que la réforme de l'enseignement des spécialistes[22] qui officient dans ce domaine.

---

20. *A Review of the FBI's Handling of the Brandon Mayfield Case*, U.S. Department of Justice Office of the Inspector General, 2006 – https://oig.justice.gov/reports/review-fbis-handling-brandon-mayfield-case-unclassified-and-redacted
21. Stacey R.B., *Report on the Erroneous Fingerprint Individualization in the Bombing Case*, 2005 – https://gaiai.org/wp-content/uploads/2017/02/February 2005.pdf
22. « A Model policy for Friction Ridge Examiner Professional Conduct (Latent/Tenprint) », SWGFAST (Scientific Working Group on Friction Ridge Analysis, Study and Technology) de l'IAI (International Association for Identification), 2012 – https://www.nist.gov/organization-scientific-area-committees-forensic-science/friction-ridge-subcommittee

Quels enseignements pour l'avenir ?

Plus surprenant encore, les travaux de Dror et Charlton[23] ont également montré que selon les circonstances de l'examen d'identification, un même expert n'est pas toujours d'accord avec ses propres conclusions quand l'analyse est présentée dans un contexte différent quelque temps plus tard !

Il est regrettable que ces travaux ne soient pas développés plus avant au sein des centres de formation à l'identification des empreintes digitales en France, à une ou deux exceptions près. Mais surtout, il est encore plus étonnant qu'ils soient complètement ignorés des acteurs au procès pénal pour leur permettre d'apprécier la pertinence des résultats qui leur sont présentés pour toute trace digitale ayant fait l'objet d'une analyse et d'une identification. *D'autant plus que si l'unicité des empreintes digitales peut être acceptée, elle ne garantit pas que deux empreintes issues de deux personnes différentes soient suffisamment distinctes et ne puissent pas être confondues.* En effet, les différences de pression, de support, de netteté et d'entièreté, etc., font que des empreintes partielles peuvent conduire à une attribution erronée. *De même, il est loisible de constater qu'une même personne dans des conditions différentes n'imprimera pas forcément le même dessin papillaire, laissant ainsi supposer aux spécialistes que plusieurs individus en sont à l'origine.* Ces éléments, méconnus ou trop rarement pris en compte, montrent toute la difficulté d'un domaine beaucoup plus complexe que l'histoire et l'usage ne le laissèrent supposer.

Enfin, il est toujours surprenant que ne soit jamais abordé le taux d'erreur en la matière. En France, dans la droite ligne

23. Dror & Charlton, SWGFAST (Scientific Working Group on Friction Ridge Analysis, Study and Technology) "Document #8" – https://www.nist.gov/document/swgfaststandard-documentation-ace-v20121124pdf

de Bertillon, la majorité des services spécialisés, magistrats, enquêteurs, considèrent, sans la moindre réflexion scientifique, que les empreintes digitales offrent une identification simple, claire, incontestable, porteuse d'infaillibilité puisque la croyance voudrait qu'il ne puisse y avoir d'erreur en la matière. Pourtant il est indéniable que des erreurs existent, comme nous avons pu le constater avec les affaires McKie et Mayfield et que plusieurs rapports officiels (et reconnus par la communauté scientifique internationale) en décrivent d'autres jusqu'à donner un taux de réponses erronées[24]. À ce titre plusieurs auteurs ont fait un récapitulatif des erreurs avérées, de la cécité courante face à cette possibilité et des biais de croyance ou de certitude encore attachés à l'identification par les empreintes digitales, rappelant que « l'IAI s'est éloignée du concept de la certitude de l'identification (et de l'infaillibilité) et a dû faire face à la nécessité d'une évaluation probabiliste et d'une interprétation de l'identification[25] ».

Pourtant, en sus des affaires que nous avons citées, il suffit de revenir sur les résultats des tests de compétence auxquels sont soumis les laboratoires accrédités dans le monde pour découvrir un nombre d'erreurs loin d'être négligeable.

Cet ensemble de constats pourrait laisser accroire que finalement les empreintes digitales seraient donc un domaine du passé, dont l'avenir serait grandement compromis au regard des sommes d'approximations et d'empirisme qui en constituent la mise en œuvre et entachent les résultats. La force probante et l'infaillibilité de ce domaine semblent ainsi lui faire perdre la puissance et la robustesse dont il est, malgré

24. NAS Report 2009 – PCAST Report 2016.

25. Champod C., Lennard C., Margot P. & Stoilovic M., *Traces et empreintes digitales. Traité de dactyloscopie*, Presses polytechniques et universitaires romandes, 2017.

tout, paré. Pourtant dans une véritable démarche scientifique, reconnaître l'existence de taux d'erreurs, définir les biais de raisonnement, intégrer des protocoles plus complets (ACE-V, GYRO, réseaux bayésiens, etc.), tenir compte de la rareté de certaines minuties donnant plus de poids que d'autres plus communes, intégrer des points caractéristiques de troisième niveau, tels que la poroscopie (analyse des pores de la peau, de leur dispersion et mesures entre eux), dont l'observation ne peut se faire que sous grossissement, tout cela apporte aux protocoles de comparaison des éléments bien plus forts que la seule comptabilité d'un nombre prédéterminé de points.

Que sont les protocoles ACE-V et GYRO ?

La méthode ACE-V est l'acronyme d'Analysis Comparison Evaluation Verification (Analyse-Comparaison-Évaluation-Vérification). Comme M. Jourdain faisait de la prose sans le savoir, les pionniers de la science forensique, tel Locard, mettaient en œuvre un protocole assimilable à cette méthodologie. Depuis les années 2000, ce processus a été repris, décrit, amélioré, détaillé, afin de proposer un standard reconnu par la communauté scientifique internationale.

Le processus ACE-V se décompose en plusieurs étapes successives et détaille les observations afin de faciliter le travail de comparaison. La méthodologie est décrite par l'association internationale SWGFAST[26] (Scientific Working Group on Friction Ridge Analysis, Study and Technology) dans son « Document #8 ». À relever que cette méthode, qui s'est développée et consolidée

26. Dror & Charlton, SWGFAST (Scientific Working Group on Friction Ridge Analysis, Study and Technology) "Document #8" – http://www.swgfast.org/Documents.html

depuis des années, ne saurait être à elle seule la solution à un travail de comparaison aux fins d'identification. C'est pourquoi, les recherches et travaux universitaires la complètent par des processus tels que le système GYRO.
Le système GYRO[27] est l'acronyme de Green, Yellow, Red, Orange. L'expert marque les minuties à forte valeur de confiance par un point vert, celles à valeur moyenne d'un point jaune et celles de faible valeur d'un point rouge ; le point orange marque les particularités, détails, minuties, etc., qui n'ont pas été observées dans la phase d'analyse et qui sont relevées dans la phase de comparaison. Il est notamment expliqué que l'expert peut être aidé dans sa mise en œuvre du système GYRO, appliqué à la méthode ACE-V, par l'utilisation d'un logiciel spécifique PiAnoS (Picture Annotation System), permettant d'annoter, intégrer les comparaisons, et de constituer le dossier descriptif complet des observations, de la méthode mise en œuvre, le tout mis à la disposition des parties pour plus de transparence. À noter qu'en France, un tel dossier n'est pratiquement jamais réalisé, le résultat basé sur une simple comptabilité de points et qui est donné par le technicien semble suffire aux magistrats pour le considérer comme probant. Pourtant, le nombre de traces papillaires partielles ou de qualité médiocre mériterait un travail et une présentation de niveau expertal.

Il est certainement frustrant de lire que l'avenir de ces traces doit d'abord passer par une remise en question, non pas du domaine lui-même ni de ses protocoles physico-chimiques de révélation, mais des méthodes de travail de comparaison

27. Langenburg G. & Champod C., « GYRO System-A Recommended Approach to More Transparent Documentation », *Journal of Forensic Identification*, Vol. 61, Issue 4, 2011, p. 373-384.

en vue de l'identification de l'individu qui les a laissées et de la formation des experts. En effet, le domaine, par les erreurs relevées, a montré qu'il était bien scientifique et donc soumis aux incertitudes de mesure et à la faillibilité des hommes qui exercent leur savoir en dactyloscopie.

Il y a cependant des évolutions techniques qui sont encore possibles et d'autres qui sont peut-être illusoires, mais qui apporteraient beaucoup si la recherche parvenait à y apporter des réponses. De l'introduction de programme de reconstitution et de reconnaissance à la datation des traces papillaires comme la composition chimique des dépôts, ce sont autant de développements prochains donnant aux empreintes digitales un nouvel avenir.

Des programmes informatiques d'avenir

Les premiers travaux que nous citerons concernent la capacité de reconstitution des dessins papillaires après leur révélation sur différents supports permettant d'aller plus loin dans les détails et les possibilités de révéler des traces digitales. Si actuellement les empreintes papillaires peuvent être révélées par des procédés physico-chimiques sur de très nombreux supports (pierre, bois, papier, certains tissus, cuir, etc.), ce qui est encore grandement perfectible est la capacité de reconstituer le dessin papillaire. En effet, sur certains supports, l'empreinte peut être de qualité médiocre, n'offrant qu'une discontinuité des dessins digitaux, ou encore apparaître comme floue, diminuant voire empêchant toute identification.

L'université de Lausanne développe la mise en œuvre de réseaux bayésiens (basés sur les probabilités calculées selon le théorème de Bayes) afin de conforter les résultats obtenus lors des observations, voire d'aider à déterminer le doigt de la main à l'origine d'une trace. Mais, allant plus loin dans la force des calculs probabilistiques croisés (ou réseaux bayésiens), cette méthode dite « prédictive » offre un avenir aux traces parcellaires et de mauvaise qualité. La force de ces calculs, alliés aux programmes basés sur l'algorithmie de l'IA, pourrait parfaitement proposer les formes des crêtes les plus probables afin de reconstituer le dessin d'une empreinte, qui dès lors serait identifiable. Ce sont des milliers de traces non exploitables relevées quotidiennement qui pourraient de ce fait rentrer dans le champ de l'identification.

Complémentaire à cet axe de recherche est celui de la modernisation du fichier des empreintes digitales avec des algorithmes plus performants, permettant de rapprocher les empreintes digitales d'individus condamnés ou mis en cause, avec des traces papillaires relevées sur les scènes d'infraction. Ce développement sera très certainement le point focal des prochaines évolutions. Bien que nous ayons vu que jusqu'à présent les choix de la machine sont perfectibles et ne font que des propositions à partir d'un certain nombre de correspondances, seul le technicien ou le spécialiste fait le choix de retenir ou d'écarter la ou les propositions de match. Cependant, nous pouvons constater que les développements en cours, dans le domaine de la performance numérique, feront sans aucun doute évoluer les choses. Les travaux actuels, toujours plus structurés, porteurs des programmations plus robustes et fortes des algorithmes, sont de nature à proposer tout un ensemble de tâches plus complexes (deep learning, machine learning, intelligence artificielle, etc.), qui permettront de bénéficier d'une véritable assistance à l'expertise. D'abord dans l'appréciation des concordances et discordances, ce qui aidera à la présentation d'une démonstration claire et lisible de tous. Ensuite dans l'évaluation (statistiques et probabilités) du poids des caractéristiques relevées sur une trace, aidant à la décision.

Sans tomber dans le travers d'une expertise qui serait automatique et aveugle, les prochains développements informatiques seront de véritables assistants techniques. Ils permettront aux spécialistes en dactyloscopie de présenter des rapports complets, étayés, aux démonstrations basées sur des principes scientifiques et de probabilité sans incompréhension de ceux qui doivent, à partir de ces résultats, construire la preuve et prononcer l'identification de l'auteur.

Enfin, dans le domaine de l'évolution numérique, nous avons également une autre avancée qui se profile à l'horizon d'un futur beaucoup plus proche, celle de l'évolution technique de l'alimentation du FAED (fichier automatisé des empreintes digitales).

C'est l'aspect du recueil des empreintes relevées lors des signalements que nous abordons ici. Actuellement, si un peu moins de 40 % des prélèvements sur les individus mis en cause, se font directement sur des terminaux (ou bornes T1 et T75), plus de 60 % des prélèvements se font encore sur papier. Plus de 2 millions de gardes à vue génèrent systématiquement la prise d'empreintes, ce qui correspond à 1,2 million de traitements, de vérification de la qualité de la prise d'empreintes, puis d'une intégration manuelle dans le système, etc. Ces prélèvements difficiles à réaliser montrent régulièrement que le déroulé des doigts et l'application de la paume de la main ne sont pas nets, qu'ils portent des déformations dues à la pression inégalement exercée entraînant des relevés d'apparence acceptable, mais dont la réalité fait que parfois, confrontés à des traces dont l'origine est la même, la comparaison reste négative. Les recherches s'orientent vers des relevés basés sur une prise d'empreintes sans pression, de type optique. Rapide, d'une qualité de prélèvement inégalée jusqu'à présent, ce genre de progrès technique aurait l'avantage de ne pas être chronophage et de libérer de nombreux techniciens qui ne sont là que pour vérifier visuellement si les relevés papier présentent une qualité suffisante pour leur introduction définitive dans le système[28]. Le système de relevé optique aurait aussi l'avantage d'une intégration immédiate dans le fichier donc de permettre des vérifications rapides dans la foulée de son enregistrement.

Monsieur l'expert, à quelle date a été déposée cette empreinte ?

Au même titre que la datation de la mort est un élément absolument essentiel pour l'enquête, découvrir les données scientifiques qui permettraient de dater les traces digitales relevées sur une scène d'infraction seront tout aussi prégnantes. Cette question hante depuis des décennies les enquêteurs comme les forensiciens. Pouvoir dire scientifiquement quand a été déposé une empreinte digitale sur une scène de crime, c'est la lier directement ou non à la présence du donneur au moment de l'action criminelle. Apporter cette capacité scientifique, c'est offrir aux enquêteurs des réponses face à certains alibis de circonstances et passe-partout se cachant derrière l'inconnue du moment du dépôt de

28. Le colonel Nicolas Thiburce, spécialiste en empreintes digitales, docteur en science forensique de l'université de Lausanne et en droit pénal de l'université de Poitiers, travaille actuellement sur la conception d'un tel système qui sera une véritable révolution technique en la matière.

l'empreinte. Les travaux de recherche réalisés, aux fins de dater de telles traces papillaires, montrent encore de grandes incertitudes en fonction du milieu (extérieur, intérieur, chaud, humide, sec, etc.), de la richesse de la trace (quantité de matière laissée), du support sur lequel elle est déposée. Quelques résultats sont certes encourageants, mais il existe encore beaucoup de difficultés pour trouver et référencer les constantes de dégradations dans le temps selon l'environnement. Cependant, comme dans beaucoup de domaines scientifiques, une grande partie de l'avenir de l'exploitation des empreintes digitales sera dans cette datation, qui offrira enfin aux enquêteurs la réponse sur la concomitance du moment du dépôt de la trace papillaire avec l'instant de l'action criminelle. C'est pourquoi nous restons optimistes et surtout patients envers ce futur qui offrirait de telles possibilités avec ces résultats, ô combien précieux ! pour de nombreuses affaires judiciaires.

Aller plus loin dans l'analyse chimique de l'empreinte digitale

Les études de la composition des dépôts d'une empreinte ont depuis longtemps déjà permis de développer les traitements physico-chimiques permettant leur révélation. Mais ici, il ne s'agit pas de relever la composition naturelle de toute empreinte papillaire, mais celle de la présence de matière hexogène due à un contact préalable. C'est-à-dire que toute personne qui touche une matière physique, chimique ou biologique, porte sur sa peau les reliquats de ce contact. Déterminer la nature chimique précise de ce dépôt est porteur de renseignements indiciels intéressant les enquêtes judiciaires.

En effet, nous avons vu que les procédés de révélation des traces digitales sont basés sur les réactions physico-chimiques entre les produits de révélation et les sécrétions mêmes de notre corps par les pores de la peau, mais également par la matière résiduelle qui est présente sur les doigts et la paume des mains à la suite des différents touchers précédant le dépôt de la trace. Le développement d'une capacité d'analyse qui irait au-delà de la seule révélation du dessin de l'empreinte, et qui permettrait de déterminer le contenu des résidus (plante, animal, fluides corporels d'une victime, produits de ménage, de bricolage liés aux véhicules, ou même à la personne qui a laissé la trace), offrirait alors une véritable palette d'indices pour les enquêteurs. De tels éléments pourraient aider à la détermination de liens avec la victime, l'action criminelle, ou tout autre renseignement facilitant l'identification de l'auteur et de son environnement.

Dans cette exploration d'un futur qui verra des développements plus importants en ce domaine, nous avons vu que de nombreuses pistes sont encore à explorer. Que, contrairement à la croyance générale et encore admise des acteurs au procès pénal, la comparaison des empreintes digitales n'est pas infaillible et demeure loin d'être une science exacte incontestable. À la lecture de tous les aléas et de l'incertitude qui existent, notre intuition pourrait nous incliner à reconnaître que finalement ce domaine régresse et n'offrirait au mieux qu'un renseignement dont on ne tirerait plus systématiquement une preuve matérielle.

En réalité, ces constats sont de nature à porter enfin l'expertise dactyloscopique au niveau de toutes les matières scientifiques, donc à renforcer la compétence des experts et la puissance des réponses apportées, car elles le seront à l'aune de savoirs et de méthodes intégrant l'incertitude scientifique et l'ensemble des biais entourant ce domaine. Certes, cela conduit à des discussions, démonstrations, interprétations et argumentations, mais cela reste le lot de tout domaine scientifique. Paradoxalement, il est plus rassurant de se reposer sur une matière scientifique, qui par essence est imparfaite, que sur un domaine qui ne porterait aucune erreur et serait donc indiscutable, en un mot pour lequel *croire serait suffisant pour établir la preuve, ce qui n'est pas le fondement d'une science, mais celui d'une religion.*

Ainsi, une partie de l'avenir de ce domaine est bien son ancrage dans les sciences, obligeant dans un premier temps les spécialistes à utiliser des méthodes moins empiriques, et à accroître leur formation dans l'observation, la construction de démonstrations compréhensibles par tous et porteuses d'une véritable base scientifique et d'un usage des probabilités parfaitement maîtrisé. Le tout grandement complété par les développements de la recherche dans les différents domaines que nous avons abordés, de la reconstitution des empreintes de mauvaise qualité à leur datation, comme également l'assistance numérique à l'interprétation, etc., autant de perspectives prometteuses.

Comme toute transformation, l'avenir se construit sur les bases d'un passé, des erreurs comme des réussites, et porte ainsi les germes d'une véritable évolution. Les empreintes digitales en sont un exemple frappant.

Addendum : pour ceux qui souhaiteraient aller plus loin

– ULERY & al., « Accuracy and Reliability of Forensic Latent Fingerprint Decisions », Proceedings of the National Academy of Sciences of the United States of America, 108, p. 7733-7738, 2011.

– ULERY & al., « Repeatability and Reproducibility of Decisions by Latent Fingerprint Examiners », PLoS ONE, 7, e32800, 2012.

– DROR I.E. & al., « When Emotions get the Better of Us : The Effect of Contextual Top-Down Processing on Matching Fingerprints », *Applied Cognitive Psychology*, Vol. 19, Issue 6, 2005, p. 799-809.

– DROR I.E. & al., « Contextual Information Renders Experts Vulnerable to Making Erroneous Identifications », *Forensic Science International*, Vol. 156, 2006, p. 74-78.

– DROR I.E. & CHARLTON D., « Why Experts Make Errors », *Journal of Forensic Identification*, Vol. 56, Issue 4, 2006, p. 600-616.

- HABER L. & HABER R.N., « Error Rates for Human Fingerprint Examiners », *in Automatic Fingerprint Recognition System*, N. K. Ratha, & R. Bolle Editors, Springer-Verlag New York, 2004, p. 339-360.

Chapitre 4
L'ADN, une révolution toujours en marche

Dans l'actualité des affaires criminelles tant sur les plateaux de télévision que dans les journaux, mais également dans les prétoires, la présence d'un ADN apparaît souvent comme le Saint-Graal, sa présence contribuant à la résolution du cas pour les uns, son absence laissant espérer l'innocence pour les autres. La réalité bien sûr est plus complexe, et si au cours des premières années de son exploitation, tous les acteurs paraient l'ADN de l'aura de la reine des preuves, comme les empreintes digitales en leur temps, la gestion des éléments matériels sur la scène de crime, leur volatilité, les contaminations, la difficulté de dater le dépôt par rapport à l'action criminelle, etc., sont venus limiter les effets espérés et remettre l'ADN au rang de n'importe quelle preuve, discutée et discutable.

Imaginer et construire l'avenir, c'est d'abord connaître l'histoire et comprendre le domaine que l'on souhaite voir encore évoluer. L'ADN en est la parfaite illustration.

Nous avons pu voir que les empreintes digitales règnent en maître dans l'individualisation et l'identification depuis la fin des années 1880 et cela va durer sans partage (au sens de la force probante qu'elles apportent) jusqu'au début des années 1990. Pourtant la science avançait et c'est ainsi que, le 25 avril 1953, Francis Crick et James Watson publiaient leurs travaux sur la structure de l'ADN dans la revue *Nature*. La révolution était en marche à plus d'un titre, d'abord en biologie médicale, puis selon la démarche devenue classique de la sérendipité, en science forensique. Ils obtiennent le prix Nobel de médecine en 1962 qu'ils partagent avec Maurice Wilkins[1]. C'est grâce aux clichés réalisés par Rosalind Franklin et Maurice Wilkins que Watson et Crick ont pu finaliser leurs travaux. Hélas ! le décès de Rosalind Franklin en 1958 ne lui permit pas de partager le prix Nobel, et plus triste encore, lors de l'attribution de la prestigieuse récompense, aucun des lauréats ne lui rendit hommage, n'évoquant même pas sa contribution déterminante.

Si nous sommes dans le lancement de la génétique moderne par la compréhension de l'ADN, de sa structure et de son code qui va permettre de comprendre l'expression des gènes comme les maladies qui y sont liées, la science forensique a investi par un autre biais le domaine de la génétique. En effet, s'appuyant sur la découverte des groupes sanguins A, B, O de Landsteiner en 1901, les laboratoires de criminalistique développent, à la fin des années 1960 et au début des années 1970, l'analyse de ces marqueurs génétiques pour discriminer les traces de sang retrouvées dans les affaires criminelles.

Et c'est Alec Jeffreys qui va apporter cette avancée majeure. Mettant en évidence les polymorphismes dans la structure de l'ADN – polymorphismes qui sont de petites différences d'agencement et de répétition de séquences de nucléotides d'un individu à un autre avec quelques constantes ou partage

1. En 1946, Maurice Wilkins avait mis au point avec Rosalind Franklin une technique basée sur la diffraction par rayons X, permettant la visualisation de nombreuses structures moléculaires dont celle de l'ADN.

de séquences dans les lignages familiaux –, il comprend la portée qu'offre cette découverte et son application possible dans la recherche d'éléments matériels identifiants pour les affaires judiciaires. Dans ses publications, il explique qu'après avoir regardé une image radiographique d'une expérience sur l'ADN, le 10 septembre 1984, qui révèle à la fois des similitudes et des différences entre l'ADN de différents membres de la famille de sa technicienne de laboratoire (elle-même, son père et sa mère), il avait compris la dimension de sa découverte qui, basée sur les variations de l'ADN, doit permettre l'identification de chaque personne, ce qu'il appelle l'empreinte génétique. Il met au service de la justice sa méthode et elle est utilisée pour la première fois dans l'enquête sur les viols suivis de meurtres en novembre 1983 et juillet 1986 de deux jeunes filles dans la province du Leicestershire. Ses premiers tests permirent d'innocenter un suspect, et de confondre l'auteur en 1987, grâce aux analyses pratiquées sur les prélèvements réalisés sur près de 4 500 hommes de la région.

Première entrée en scène de l'ADN

L'affaire Colin Pitchfork

Cette première enquête résolue grâce à la découverte de l'empreinte génétique a permis non seulement de résoudre une énigme criminelle, mais elle a aussi mis hors de cause un premier suspect accusé à tort !

L'histoire remonte à 1984. Elle est racontée par Matt Ridley dans son livre *Génome* publié en français par les éditions Robert Laffont en 2001 :

« Cette année-là, le chercheur généticien Alec Jeffreys et le technicien qui l'assiste découvrent presque par hasard les *minisatellites*, ces zones d'ADN répétitif, en comparant le fonctionnement du gène humain de la myoglobine, la protéine du muscle, avec son équivalent chez le phoque ! Par hasard, ils remarquent un fragment d'ADN répétitif. Chaque minisatellite comprend la même séquence centrale de 12 lettres, mais le nombre de répétitions peut varier énormément. De cette variation des répétitions, il est donc simple de recueillir la collection complète de minisatellites et d'en comparer la taille selon les individus. Ils constatent que le nombre de répétitions est si variable sur chaque chromosome que chaque individu dispose d'une empreinte génétique unique. » Ridley raconte ensuite comment le scientifique britannique, conscient de l'importance de sa découverte abandonne ses autres recherches en cours, pour se consacrer à trouver une application pratique de cette possibilité nouvelle d'identification humaine.

Or, Jeffreys avait également remarqué que les empreintes génétiques de deux personnes n'ayant aucun lien de parenté, étaient plus éloignées que celles de deux personnes d'une même famille qui partageaient certaines répétitions.

La publication de sa découverte attira l'attention des services britanniques de l'immigration qui y trouvèrent une nouvelle possibilité de vérifier immédiatement la véracité des déclarations des immigrants qui disaient vouloir rejoindre au Royaume-Uni des membres de leur famille (regroupement familial). La police britannique put constater à cette occasion que la plupart des candidats à l'immigration disaient en général la vérité !

Mais c'est un terrible fait-divers, survenu deux ans plus tard, qui allait donner à l'ADN ses lettres de noblesse en matière d'identification humaine et, surtout, permettre à la police d'innocenter un jeune homme qui avait avoué en garde à vue un crime qu'il n'avait pas commis !

1986 : l'ADN permet de résoudre pour la première fois une affaire criminelle complexe.

Nous sommes le 2 août 1986. Ce jour-là, le corps sans vie d'une jeune fille de 15 ans, Dawn Ashworth, qui travaillait comme vendeuse de journaux dans la région, est découvert à la lisière d'un bois proche de la petite commune de Narborough, dans le comté de Leicestershire. Sa disparition mystérieuse avait été signalée par ses proches deux jours plus tôt. Son corps, grossièrement dissimulé sous des feuillages, avait été abandonné au bord du chemin qu'elle empruntait pour rentrer chez elle. Les constatations des policiers et du médecin légiste ayant pratiqué l'autopsie montrent qu'elle a été étranglée et violée. Une petite quantité de sperme de l'agresseur a été prélevée. Immédiatement, la police locale fait le lien avec un précédent meurtre non résolu, survenu trois ans plus tôt dans le même secteur. En novembre 1983, Lynda Mann, également âgée de 15 ans, avait disparu sur le chemin de son domicile, après avoir passé l'après-midi avec une de ses amies habitant Narborough. Son corps avait été découvert le lendemain de sa disparition, non loin d'un hôpital psychiatrique de la région. L'autopsie avait révélé qu'elle avait été violée et étranglée. Les policiers de l'époque avaient prélevé sur son corps et sur ses vêtements un peu de sperme qui avait été soigneusement conservé, même si l'enquête n'avait pas permis de résoudre l'affaire.

Les policiers pensent que les deux jeunes filles ont certainement été assassinées par le même agresseur. Une semaine plus tard, à la mi-août 1986, un suspect est arrêté. Il a 17 ans. Il s'appelle Richard Buckland. Il travaille à l'hôpital local. Il connaissait la victime. Après quelques heures d'interrogatoire, il avoue le meurtre de Dawn Ashworth, mais il nie farouchement avoir tué en 1983 la petite Lynda. Certes, il avait à peine 14 ans à l'époque, mais les policiers sont persuadé de sa culpabilité.

C'est alors que l'un des enquêteurs se souvient avoir lu dans la presse locale un article racontant la récente découverte du Pr Jeffreys concernant l'identification par l'ADN. Il décide alors d'envoyer au scientifique des échantillons de sperme prélevés sur les deux cadavres et un prélèvement sanguin effectué sur Richard Buckland. La demande faite à l'expert par les policiers est de comparer l'ADN de Buckland avec l'empreinte génétique du meurtrier de Lynda Mann. Jeffreys accepte. Au laboratoire, il n'a aucun mal à repérer les minisatellites de chacun des échantillons. Au bout d'une semaine, il rend ses conclusions à la police : le sperme retrouvé sur le corps de la jeune fille assassinée en 1983 est bien le même que celui du violeur assassin de Dawn Ashworth... Mais il a constaté avec étonnement, leur dit-il, que l'ADN de Buckland était différent. Buckland n'est pas l'auteur des meurtres ! Il est ainsi le premier suspect à être innocenté grâce à une analyse ADN.

Dans un premier temps, les enquêteurs sont incrédules. Alec Jeffreys recommence ses analyses, le laboratoire de médecine légale du ministère de l'Intérieur également : même résultat ! Richard Buckland est définitivement innocenté, et rendu à la liberté à l'automne.

Mais alors, se disent les policiers, qui a tué deux fois en trois ans dans cette région tranquille ? Ils veulent identifier l'auteur des crimes le plus vite possible afin d'éviter une récidive. Cinq mois après la mort de Dawn Ashworth, la police décide – et c'est encore une première – de soumettre à un test sanguin les 5 500 habitants mâles de Narborough et des environs. Sans succès. Aucun échantillon ne correspond au profil du tueur.

Et c'est alors que la chance va sourire, enfin, aux enquêteurs, par l'intermédiaire d'un témoignage spontané. Nous sommes en 1987. Un témoin, qui a ruminé plusieurs mois avant de résoudre son problème de conscience, vient dénoncer à la police un boulanger de la région, Ian Kelly. Celui-ci, dit le témoin, a raconté en sa présence dans un pub, à l'heure de l'apéritif, une étrange histoire... L'une de ses connaissances, un certain Colin Pitchfork, lui aurait offert 200 livres sterling pour se présenter à sa place au test sanguin organisé l'année précédente par la police ! Pitchfork, lui-même boulanger à Narborough, ayant eu « des problèmes » judiciaires dans le passé, aurait demandé à Ian Kelly de coller sa propre photo sur son passeport afin de se faire passer pour lui !

Les enquêteurs constatent que l'homme en question a bien été interpellé et condamné par le passé dans des affaires de mœurs. Le 19 septembre 1987, Colin Pitchfork est interpellé à son domicile dans le village de Littlethorpe. Rapidement prélevé, le scellé est envoyé pour analyse et le résultat tombe sans doute possible : c'est bien le même profil ADN que celui retrouvé sur les deux jeunes victimes. Confondu par son ADN, il avoue rapidement les deux meurtres.

Cette affaire est extraordinaire à plus d'un titre, car les policiers retrouveront trace d'un interrogatoire du boulanger en 1983, après le meurtre de Lynda Mann. Il avait été mis hors de cause, car, à l'époque, il venait d'avoir son premier enfant et, le jour du meurtre, sa femme lui avait demandé de garder l'enfant, ce qui lui avait donné, aux yeux des policiers un alibi suffisant. Personne ne pouvait imaginer ce qui s'était pourtant passé : il avait laissé son bébé dans sa voiture, pendant qu'il violait et assassinait la pauvre adolescente !

Pitchfork a été condamné à la prison à vie en 1988.

L'ADN vient de rentrer sur la scène criminelle par la grande porte et de double manière. D'abord en permettant de montrer l'innocence d'un mis en cause qui avait pourtant avoué un des meurtres, et ensuite en permettant l'identification de l'auteur, via ce qui deviendra la norme dans l'avenir, à savoir une comparaison avec une collection d'ADN déjà existante (ce que deviendront les fichiers judiciaires génétiques) ou par sondage sur un l'ensemble d'une population plus ou moins élargie. Quand l'enquête n'a plus de piste, dès lors que nous avons des prélèvements, la recherche d'ADN correspondant dans des prélèvements de masse est susceptible d'aider à la résolution de l'affaire.

Les méthodes d'analyse commencent à se commercialiser et se développer à travers le monde à partir de 1987. Nous ne rentrerons pas dans le détail des méthodes qui se sont succédé[2], pour retenir celle dont l'efficacité et la rapidité font qu'elle est la plus utilisée actuellement : la PCR (Polymerase Chain Reaction) mise au point par Kary Mullis en 1984 (prix Nobel en 1993), qui permet par amplification d'analyser des microéchantillons.

Parallèlement à ces nouvelles capacités d'analyse, le Royaume-Uni va créer des bases de données de profils génétiques afin de rendre plus efficiente la recherche des individus ayant laissé leur trace génétique sur une scène de crime. En France, alors que dès le début des années 1990, la recherche d'un profil ADN commence à rentrer dans le spectre des méthodes analytiques et permettre d'identifier la personne à l'origine de la trace, les résultats obtenus butent rapidement sur une impasse dans de nombreux cas. En effet, l'absence de base de données regroupant des profils ADN laisse de nombreuses affaires sans réponse.

2. Pour découvrir les différentes méthodes analytiques de l'ADN, nous conseillons le livre de Raphaël Coquoz & al, *Preuve par l'ADN. La génétique au service de la justice*, Presses polytechniques et universitaires romandes, Lausanne, 2013.

Affaire Sophie Narme

Fin 1991, Sophie Narme, âgée de 23 ans, employée dans une agence immobilière parisienne, est retrouvée morte, dénudée, face contre la moquette d'un appartement qu'elle devait faire visiter à un client. L'autopsie démontre que la jeune femme a été violée avant de recevoir comme un ou plusieurs coups de poinçon et d'être étranglée par une ceinture abandonnée autour de son cou. Les premiers éléments de l'enquête montrent que Sophie est tombée dans ce qui ressemble à un véritable guet-apens. En effet, le faux client a donné un nom inspiré de celui exposé sur un panneau du chantier en face de l'appartement. De même, il a fourni comme référence le numéro de fax de l'entreprise du petit ami de la victime.

Parmi les expertises réalisées, une recherche ADN donne un profil exploitable, mais hélas ! aucun suspect à ce stade de l'enquête à qui le comparer, et surtout il n'existe pas encore de base de données.

En 1999, à Villeparisis, une jeune femme travaillant également dans une agence immobilière est agressée lors de la visite d'un bien immobilier par un individu qui tente de la violer et la menace avec un cutter. Elle réussit à s'échapper. Bien qu'à huit ans de distance, le modus operandi permet aux enquêteurs de rapprocher les deux cas, mais ils n'ont toujours pas de piste particulière, ni d'ADN exploitable.

Cette affaire parmi d'autres illustre les impasses dans lesquelles sont les enquêteurs alors que les techniques et les progrès scientifiques permettraient d'apporter des réponses, mais nos législateurs n'étaient pas encore prêts à constituer un fichier ADN, qu'ils considéraient comme attentatoire aux libertés individuelles.

À partir des traces prélevées, le profil révélé était comparé à celui des personnes mises en cause, et si aucune correspondance n'était trouvée, le résultat était à la fois consigné dans le laboratoire ayant réalisé l'analyse et retranscrit dans la procédure. Seule l'évolution de l'enquête ouvrant vers d'autres individus entraînait une comparaison entre le profil de la trace et les nouveaux mis en cause. Ce n'était qu'exceptionnellement que la curiosité des enquêteurs ou des magistrats les poussait à faire vérifier si l'ADN trouvé et révélé dans une nouvelle affaire criminelle pouvait être lié à une affaire précédente. C'est ainsi que de nombreux *cold cases* ou « affaires non résolues » existent actuellement, nous y reviendrons. Mais au-delà du *cold case*, ce sont les affaires en cours qui pâtissent de l'absence de fichier.

L'affaire Guy Georges, déclencheur de la création d'un fichier

Dans la triste histoire des affaires criminelles, le cas Guy Georges tient une place particulière. D'abord par le nombre de victimes, ensuite par les conséquences qu'elle a entraînées sur le système judicaire.

Dans la nuit du 24 au 25 janvier 1991, une jeune femme de 19 ans, Pascale Escarfail, est prise en filature par un homme qui l'a vue passer alors qu'il était à la terrasse d'un café. Il profite de la lenteur de la fermeture de la porte de l'immeuble pour rentrer à sa suite. Puis il la force à rentrer dans son petit appartement, il la viole et lui porte trois coups de couteau à la gorge. Une recherche d'empreintes qui ne donne rien est effectuée, de même des prélèvements biologiques sont réalisés sur la victime lors de l'autopsie, mais faute de fichier, ils sont stockés temporairement afin de les comparer ultérieurement en cas de confrontation avec un suspect.

Le 22 avril 1992, Éléonore D., une étudiante de 22 ans, est violemment agressée dans un hall d'immeuble. Elle parvient à s'échapper, et réussit à prévenir les forces de l'ordre qui arrêtent un homme de 30 ans du nom de Guy Georges. Placé en détention provisoire, il est finalement condamné à cinq ans de prison dont trois avec sursis. Après un an et demi de détention, il retrouve la liberté le 5 novembre 1993. Les enquêteurs ne font pas de rapprochement avec le crime de l'année précédente et il ne fait donc l'objet d'aucun prélèvement en vue d'une éventuelle comparaison d'ADN.

Le 7 janvier 1994, Catherine Rocher, une jeune assistante en marketing de 27 ans, est violée et tuée dans un parking souterrain. Aucun élément matériel ni aucun témoignage ne viennent mettre les enquêteurs sur une piste quelconque, seuls des prélèvements d'autopsie sont effectués à titre conservatoire.

Le 13 janvier 1994, seulement six jours après ce crime, Annie Le Fléouter, animatrice radio de 28 ans sur Radio Nostalgie, est agressée au couteau sous le porche de son immeuble parisien par un homme qu'elle décrit comme jeune.

Le 8 novembre 1994, Elsa Benady une jeune attachée de presse de 22 ans, est assassinée dans le parking souterrain de sa résidence.

Dans la nuit du 9 au 10 décembre 1994, c'est une architecte néerlandaise, Agnès Nijkamp, 33 ans, qui est retrouvée par son compagnon, égorgée à son domicile. L'autopsie montre qu'elle a été violée.

Le 16 juin 1995, soit quelque six mois plus tard, une jeune psychomotricienne de 23 ans, Élisabeth Ortega, alors qu'elle est maintenue sur son lit par un homme qui essaye de la violer, réussit à s'enfuir de son appartement, échappant de peu à une tentative de meurtre de celui qui commence à être décrit comme « le tueur de l'Est parisien ». Malheureusement pour l'avancement de l'enquête, dans un portrait-robot, elle décrit son agresseur comme ressemblant à un maghrébin et non au métis qu'est Guy Georges. Ce qui fait que les photographies qui lui sont présentées ne contiennent pas celle de Guy Georges. Du fait de cette erreur, l'enquête piétine.

Le 8 juillet 1995, c'est Hélène Frinking, une femme de 27 ans, qui est violée et tuée dans son appartement en rentrant d'une soirée. Cette année-là, l'affaire du « tueur de l'Est parisien » commence à faire la une des médias, la multiplication de faits dont la presse se fait l'écho vient conforter les enquêteurs sur une unicité d'auteur pour différents crimes. Mais matériellement, ils n'ont que peu d'éléments : une trace de pied grec est relevée au domicile d'Hélène Frinking, un portrait-robot peu ressemblant, et plusieurs traces ADN du même auteur.

Le 25 août 1995, dans le quartier du Marais, l'agression de Mélanie Bacou tourne court, et les témoignages recueillis permettent d'interpeler Guy Georges qui est placé en détention provisoire pour agression sexuelle. Basé sur ses antécédents dont fait état son casier judiciaire (trois viols et tentatives de meurtre entre 1981 et 1984, pour lesquels il est condamné chaque fois à des peines relativement clémentes), le profil de Guy Georges intéresse particulièrement les enquêteurs pour lesquels il semble bien correspondre aux faits et mode opératoire constatés.

En septembre 1995, Guy Georges est extrait de sa prison et est placé en garde à vue pour les crimes du « tueur de l'Est parisien ». Il n'est pas reconnu par une de ses victimes, Élisabeth Ortega. De ce seul fait, et de manière incompréhensible, le prélèvement dont il a fait l'objet n'est pas envoyé en analyse et de fait aucune comparaison ADN n'est réalisée. Il est ainsi mis hors de cause pour l'ensemble des viols suivis de meurtre. Guy Georges est finalement seulement poursuivi pour l'agression sexuelle commise à l'encontre de Mélanie Bacou. Il est condamné à trente mois de prison ferme pour ces faits et bénéficie d'une libération vingt et un mois plus tard, le 5 juin 1997. Et dès sa sortie tout semble s'accélérer.

Le 2 juillet 1997, moins d'un mois après sa sortie de prison, Guy Georges s'introduit chez Estelle Fouque, tente de la violer, mais la victime crie et le fait fuir.

Le 23 septembre 1997, Magali Sirotti, une étudiante de 19 ans, est violée puis poignardée dans son appartement.

Le 28 octobre 1997, Valérie Lauzanne, une jeune assistante commerciale de 25 ans, est agressée dans son escalier. L'auteur réussit à prendre la fuite, laissant sa victime en vie. Cette dernière survit à ses blessures.

Dans la nuit du 15 au 16 novembre 1997, Guy Georges s'attaque à Estelle Magd, 25 ans, secrétaire. Elle est violée et égorgée sur son lit à son domicile.

À la fin de 1997, le juge d'instruction, Gilbert Thiel, prend les choses en main et rassemble les éléments de toutes les affaires que possédaient quatre groupes d'enquêteurs appartenant à différents services. Il va engager une véritable investigation forensique en rassemblant, faisant analyser et comparer tous les prélèvements ADN des affaires en cours, mais également d'un certain nombre d'autres affaires sur le territoire national. Et enfin, les recoupements et comparaisons vont mettre en évidence l'ADN de Guy Georges comme unique auteur.

Interpellé le 26 mars 1998 au métro Blanche, incarcéré, il passe en cour d'assises en mars 2001 et, à l'issue d'un procès fleuve, il est condamné à la réclusion criminelle à perpétuité assortie d'une mesure de sureté de vingt-deux ans.

Alors que les débats politiques et idéologiques font rage entre les députés et les partis politiques autour de la création ou non d'un fichier judiciaire national des profils génétiques, l'affaire Guy Georges, va mettre chacun face à ses responsabilités. La loi très restrictive qui existait à l'époque, et surtout l'absence de fichier, ont contribué à cette succession de victimes.

Conséquence directe de l'affaire Guy Georges, le Fichier national automatisé des empreintes génétiques (FNAEG) est créé par la loi du 17 juin 1998 relative à la répression des infractions de nature sexuelle et à la protection des mineurs. Cependant, seule une partie du chemin est réalisée, car son alimentation est strictement réservée aux crimes sexuels graves, à la différence des Anglais, qui intègrent dès la première infraction l'ADN de la personne interpellée. Dans le cas Guy Georges, au regard de la loi actuelle, dès sa première infraction (quatre tentatives de meurtres de 14 à 17 ans, et son premier viol suivi de tentative de meurtre en 1981 alors qu'il a 19 ans), il aurait été prélevé et son ADN enregistré, ce qui aurait permis d'épargner bon nombre de ses victimes.

L'autre volet qu'a mis en exergue cette affaire hors norme, est la manière de procéder à une enquête, d'élargir rapidement les investigations à un plus grand nombre de faits, limiter pour une même affaire le nombre de services intervenants, et surtout rassembler les éléments indiciaires afin de pouvoir réaliser toutes les opérations de science forensique sur un ensemble complet afin de pouvoir les comparer entre eux.

Il faut donc attendre la loi du 17 juin 1998 pour que soit officiellement créé le Fichier national automatisé des empreintes génétiques. Mais là encore, seule une petite partie du chemin est réalisé, car il faut attendre le décret d'application qui sortira en 2000 et, de plus, ce fichier ne concerne que certaines infractions sexuelles. Et ce n'est qu'en 2003 après des débats houleux, que le fichier est enfin ouvert à la majorité des infractions prévues et réprimées par le code pénal. À partir de là, l'accroissement du fichier alimenté par les mis en cause et les condamnés d'une part, et des traces relevées sur les scènes d'infraction comme sur les victimes d'autre part, vont enfin apporter de nombreuses réponses, mettant en lumière des délinquants d'habitude dont on retrouve l'ADN sur de nombreuses scènes de cambriolage, de vols de véhicules, etc.

Mais cette efficacité grandissante de l'ADN grâce à l'exploitation du FNAEG, constituera paradoxalement pendant quelques années un frein à la réussite des enquêtes judiciaires ! En effet, l'attente, dans l'illusion, que l'empreinte génétique donnera à coup sûr une réponse scientifique incontestable, aura pour conséquence un comportement attentiste des enquêteurs. Leur confiance aveugle en la science les conduira à négliger les premiers interrogatoires « à chaud » des témoins potentiels dès la découverte du crime !

L'attente des résultats d'ADN, supposés offrir le profil de l'auteur, joue contre les enquêteurs qui, en cas d'absence de résultat ou avec un résultat non-pertinent, doivent essayer 24 ou 48 heures après les faits, de retrouver les témoins, procéder à l'étude de l'environnement, etc. Les forces de police et de gendarmerie ont ainsi dû adapter la formation des directeurs d'enquête en revenant aux fondamentaux.

Parallèlement à la mise en œuvre du FNAEG, en 2000 une extension va également être créée, le SCPPB (Service central de préservation des prélèvements biologiques) qui est la continuité physique du fichier. C'est-à-dire que l'enregistrement des profils obtenus est géré directement par la Police nationale, et la partie physique (les scellés et prélèvements biologiques), gérée par la Gendarmerie nationale qui a la charge de leur conservation pendant quarante ans après leur première analyse, sera directement rattachée à celle-ci.

La création de ce service spécialisé dans la conservation des scellés biologiques (intervenue en 2000) était une vision d'un avenir possible en matière de progrès scientifique dans le domaine de l'ADN. La conservation pendant quarante ans de scellés susceptibles d'avoir de l'ADN, portait l'espoir de progrès techniques et scientifiques qui offriraient la capacité de révéler des profils génétiques.

En effet, la fragilité des prélèvements, les conditions drastiques de leur conservation – soit -96 °C, soit par dessiccation dans un environnement sans humidité nécessitant un taux d'hygrométrie quasi nul –, obligent à bénéficier d'un établissement dédié. Installé à Pontoise au sein de l'IRCGN, il remplit la fonction essentielle d'un greffe biologique, évitant le pourrissement ou la perte des scellés dans les greffes des tribunaux sur l'ensemble du territoire national et qui ne sont pas équipés en termes de conservation.

Cette vision de l'avenir a tenu à la volonté des concepteurs de se projeter dans un futur où les analyses génétiques pourraient être plus performantes. L'obligation de conserver chaque scellé quarante ans permet et a permis de faire expertiser à nouveau de nombreux prélèvements et apporter des réponses scientifiques que les premières expertises n'avaient pas pu donner. L'abaissement des seuils de détection de la présence d'ADN dans une trace, la sensibilité permettant de travailler et extraire l'ADN théoriquement à partir d'une seule cellule, la capacité de travailler grâce aux algorithmes sur des probabilités bayésiennes dans le cas de mélanges d'ADN en vue de leur individualisation, ont depuis une dizaine d'années offerts des résultats participant à la reprise d'enquêtes judiciaires en manque d'éléments matériels.

La difficulté de conservation des prélèvements ADN, afin qu'ils ne soient pas détruits par des développements bactériens ou fongiques, a nécessité la création de cet établissement. Mais la machinerie nécessaire reste particulièrement lourde et ne permet pas d'être installée dans n'importe quel bâtiment. C'est dans cette recherche de la simplification et de la conservation optimale, sans que le temps ait une influence néfaste, qu'un expert de l'IRCGN a réussi à créer, avec Nucléicap, une solution offrant la possibilité de conserver des centaines de milliers d'échantillons ADN à température ambiante. On imagine facilement la capacité que cela offre sur le terrain pour une meilleure préservation des prélèvements sans altération. Un avenir protégeant les échantillons dont certains seront analysés ou réanalysés bien des années après lorsque des améliorations techniques permettront d'obtenir des résultats sur des éléments qui n'avaient pas pu fournir de résultats exploitables. C'est ce que les développements techniques de l'ADN nous montrent tous les jours depuis plus d'une vingtaine d'années.

Cela peut paraître paradoxal, mais les progrès scientifiques et cette vision de leur développement dans l'avenir ont fait que cette projection dans un futur proche participe maintenant activement à la résolution d'affaires bloquées dans le passé. Cette anticipation d'une conservation longue, alors que rien ne le nécessitait ou qui semblait négligeable et accessoire, est devenue la collection matérielle la plus importante pour aider à la résolution des *cold cases* !

La conséquence n'a pas été seulement scientifique mais également juridique avec l'introduction par une loi, en 2021, de nouveaux articles de procédure pénale donnant les règles à suivre en cas de crimes sériels ou non élucidés. Allant plus loin dans la démarche, le ministre de la Justice a porté la création, au 1er mars 2022, d'un pôle judicaire dédié aux crimes sériels ou non élucidés, rattaché au tribunal judicaire de Nanterre, que les médias ont déjà baptisé du nom de pôle *Cold Cases*. Ce pôle, dont la compétence est nationale, a vocation à recevoir plus particulièrement les affaires non élucidées encore bloquées dans les tribunaux. Fort des nouvelles méthodes d'analyse comportementale, tout en s'appuyant grandement sur les progrès de la science, il permet de reprendre complètement les enquêtes et expertises si cela est encore possible.

Le septuagénaire pervers et le rebondissement de l'affaire Sophie Narme

Lors d'une affaire judiciaire hors norme, en 2020, un septuagénaire est interpellé alors qu'il prenait des photographies sous les jupes des femmes.

À l'occasion de la perquisition pour retrouver d'autres photographies dans son ordinateur, les enquêteurs découvrent également des films montrant son épouse violée par des hommes pendant son sommeil. La lourdeur du sommeil de l'épouse et la pharmacie personnelle de cet individu confirment qu'il la droguait et la donnait en pâture aux violeurs recrutés sur des sites particuliers. Le tout était systématiquement filmé pour son plaisir personnel. Il a été mis en détention provisoire et son ADN, prélevé et intégré au FNAEG…

Parallèlement, deux *cold cases* datant de 1991 et de 1999 étaient retenus pour une nouvelle instruction par le nouveau Pôle de Nanterre en charge des affaires non résolues, créé en mars 2022.

Le 4 décembre 1991, le corps de Sophie Narme, négociatrice immobilière, est retrouvé sans vie dans un appartement qu'elle avait fait visiter rue Manin, dans le 19e arrondissement de la capitale. L'autopsie révèle qu'elle a été droguée à l'éther, violée, puis étranglée et poignardée. Un homme avait pris rendez-vous avec la jeune femme le soir de son meurtre pour visiter le bien, en utilisant un pseudonyme. Des traces de sperme sont relevées et mises sous scellés confirmant, si cela était nécessaire, l'agression sexuelle subie par Sophie. Vingt ans plus tard, l'affaire était toujours non élucidée. L'absence de fichier, à l'époque des faits, venant une fois encore empêcher toute avancée de l'enquête.

En mai 1999, une autre femme travaillant dans l'immobilier avait été violemment agressée à Villeparisis (Seine-et-Marne). Ce jour-là, elle faisait visiter un appartement à un homme, qui une fois la porte refermée, s'est jeté sur elle, a tenté de l'étrangler et de lui appliquer sur la bouche une compresse d'un produit anesthésiant. L'agente immobilière se débat, réussit à s'enfermer dans un placard, et l'homme prend la fuite. Du sperme de l'agresseur avait permis de dresser son profil génétique. Mais l'introduction de ce profil dans le FNAEG (dont la constitution en était à ses débuts) n'avait rien donné à l'époque, l'agresseur n'étant pas précédemment inscrit au fichier.

Cependant, quelques années plus tard, à cause de troublantes similitudes, le logiciel d'analyse Salvac avait permis de confirmer le rapprochement du viol et meurtre de Sophie en 1991 avec l'agression de 1999, dont la victime avait survécu.

En octobre 2022, lors de la réouverture des deux dossiers par le Pôle de Nanterre, on a découvert avec stupéfaction que les scellés contenant le sperme de l'agresseur de Sophie Narme avaient été perdus quelques années plus tard ! Mais on retrouve le profil génétique de l'agresseur de 1999. Le FNAEG est consulté et l'ADN de Dominique P., notre pervers septuagénaire, ajouté au fichier lors de son arrestation en 2020, correspond à celui retrouvé en 1999 lors de la tentative de viol. Dominique P., avoue lors de son troisième interrogatoire avoir agressé en 1999 la jeune agente immobilière. Mais pour le meurtre de Sophie Narme, il nie en bloc.

> Compte tenu notamment du mode opératoire des agressions et du contexte des faits, qui semblent correspondre à la personnalité de Dominique P., le pôle de Nanterre décide de sa mise en examen le 14 octobre 2022 pour viol et assassinat en 1991 de Sophie Narme et des chefs de tentative de viol pour l'affaire de 1999 à Villeparisis.

Ces affaires criminelles non élucidées, dont les résolutions sont de plus en plus nombreuses, montrent toute la pertinence de construire la science forensique en imaginant l'avenir, mais également en intégrant dans le raisonnement la conservation des scellés, leur préservation comme leur traçabilité, et cela de la scène de crime jusqu'au procès pénal.

Cette préservation des scellés défraye encore la chronique. Dans des affaires devenues quasi historiques comme l'affaire Seznec, ou encore plus proche de nous l'affaire dite du petit Grégory dont les images d'archives permettent de voir comment la scène de découverte du corps est piétinée par les curieux, les journalistes, dans le sillage des gendarmes et des magistrats. Nous sommes en 1984, et cette affaire retentissante est bien à l'origine de la construction de la police technique et scientifique moderne, tant dans la police que dans la gendarmerie. Tout au long de cette affaire, sans protection particulière, les scellés sont manipulés par la plupart des protagonistes, rendant vaine la recherche de tout ADN pertinent. À la décharge des acteurs de l'époque, nous étions encore sous l'empire des empreintes digitales et Alec Jeffreys n'en était qu'à ses premières études et essais.

Dans l'affaire Omar Raddad, ce qui a marqué le cas, c'est la porte sur laquelle sont retrouvés les derniers mots attribués à la victime et écrits en lettre de sang : « OMAR

M'A TUER ». Nous sommes en 1991, les premières analyses confirment l'origine du sang de la victime, l'enquête suit son cours et nous connaissons l'issue du procès qui se termine par la condamnation d'Omar Raddad. Les recours, les demandes d'actes, comme de nouvelles expertises, aboutiront en 2004 à des résultats en ADN montrant la présence de plusieurs profils génétiques masculins, mais la Cour de cassation rejette la pertinence des résultats au regard de la façon dont la porte était conservée au greffe du tribunal de grande instance de Nice. Déménagée régulièrement, portée par les magasiniers sans protection, ou même parfois offerte à la curiosité de visiteurs, cette porte pouvait avoir été polluée par plusieurs ADN de contamination. C'est l'explication retenue par les magistrats. Il ne s'agit pas ici de refaire le procès! De nombreux auteurs, ceux qui sont pour comme ceux qui sont contre, l'ont fait et ont écrit à de multiples reprises. Nous avons simplement cité cet exemple pour montrer toute l'importance de la préservation de la scène de crime et du conditionnement réalisé, afin d'assurer l'intégrité du scellé et garantir qu'il n'a fait l'objet d'aucune contamination.

Avançons dans le temps, et appuyons-nous sur les progrès rapides qui caractérisent les travaux sur l'ADN.

Si les premiers prélèvements nécessitaient la présence d'une quantité importante de matière afin que le profil génétique puisse être révélé et exploitable, la technique et la sensibilité des outils d'analyse permettent progressivement de travailler sur des traces de moins en moins chargées et d'atteindre théoriquement le seuil d'une seule cellule. Les traces dégradées, ne révélant que des parties de profil, furent longtemps considérées comme inexploitables, ou plus exactement, comme ininterprétables. Mais grâce aux probabilités et à l'analyse complémentaire de l'ADN mitochondrial, ces profils partiels sont interprétables et apportent maintenant des réponses pertinentes dans l'identification de la source à l'origine du dépôt.

Pour bien comprendre ces évolutions, revenons à l'analyse initiale qui part de l'extraction de l'ADN du noyau de la cellule (ADN nucléaire porteur de tout notre code génétique, soit une combinaison de 3,3 milliards de paires de nucléotides). Les cellules restent fragiles et sensibles à des agressions extérieures telles que le soleil, l'humidité, les moisissures, les bactéries, pour ne citer que les principales. Ces attaques naturelles (quand ce n'est pas l'usage par le délinquant de produits chimiques afin de détruire ses traces génétiques) dégradent tout ou partie de la molécule d'ADN donnant un résultat d'analyse soit négatif soit partiel. Quelques allèles[3] révélés, au lieu de la séquence complète, ne permettent pas une identification formelle. Mais les progrès ont permis de travailler sur de petits corpuscules présents en grands nombre dans les cellules et qui en sont les petites usines motrices : les mitochondries. Particulièrement résistantes, elles possèdent chacune une dizaine de copies de brins d'ADN spécifiques, dit ADN mitochondrial, ce qui au regard de la molécule ADN du noyau de la cellule assez fragile, offre une possibilité de réponse très intéressante. En effet, la résistance des mitochondries au temps et aux agressions naturelles, permet d'isoler leur ADN sur des prélèvements anciens ou très dégradés. Deux défauts existent cependant. Le premier tient au nombre de paires de nucléotides, soit 16 569 paires constituant le brin d'ADN mitochondrial, ce qui, à côté des

3. Un allèle est une variante d'un gène, résultant d'une mutation et héréditaire, assurant la même fonction que le gène initial, mais selon ses modalités propres. (Tout gène peut avoir plusieurs allèles, qui déterminent souvent l'apparition de caractères héréditaires différents.)

3,3 milliards fourni par l'ADN nucléaire, reste modeste. Malgré cela, le pouvoir informationnel demeure d'intérêt. Le second est plus gênant dans le cadre de crimes intrafamiliaux, même ceux impliquant de lointains cousins, car cet ADN mitochondrial est un héritage de la lignée maternelle dont la similitude de la combinaison remonte à un ancêtre féminin commun jusqu'à ce qu'une mutation intervienne, changeant pour les générations futures la combinaison des nucléotides constituant l'ADN mitochondrial. Dès lors, trouver de l'ADN mitochondrial confirme l'agression intrafamiliale, mais ne permet pas l'identification de l'auteur.

Allant plus loin encore dans le détail, les progrès se sont portés sur le chromosome Y et plus particulièrement sur les microsatellites (les fameuses séquences répétitives en tandem). Elles aussi ont un défaut majeur. Ici, en cas de mélanges lorsque nous avons la présence d'un ADN masculin, le travail sur les microsatellites du chromosome Y participe à l'identification, mais attention, tous les hommes de la même lignée paternelle possèdent le même chromosome Y. Et nous retombons dans le problème de l'identification de l'auteur en cas d'affaire judiciaire intrafamiliale.

La trace ADN porteuse d'informations génétiques élargies : le portrait-robot génétique

Jusqu'au 25 juin 2014, la notion de trace restait de peu d'intérêt, et ne surchargeait de questions ni les cours d'appel, ni la Cour de cassation – les recours portant essentiellement sur le champ d'exercice et de compétence de tel ou tel acteur au procès pénal plus que sur une définition intrinsèque de la trace. Cette quiétude juridique a pourtant fait l'objet d'une véritable petite révolution à la suite d'une décision de la chambre criminelle de la Cour de cassation, dans son arrêt rendu le 25 juin 2014, introduisant la notion de trace dans une acception proche de celle présentée par les criminalistes, et ouvrant beaucoup plus largement les possibilités analytiques que ce que la loi semblait offrir jusqu'à présent.

L'AFFAIRE DES VIOLS DU CAMPUS UNIVERSITAIRE DE LYON : LA RECONNAISSANCE OFFICIELLE DU PORTRAIT-ROBOT

Dans le cadre d'une information contre X du chef de viols aggravés sur le campus universitaire de Lyon où de nombreuses étudiantes ont été victimes de ces crimes entre 2012 et 2013, des traces et prélèvements ont fait l'objet d'analyses et, le profil génétique obtenu, montre un unique agresseur, lequel a été intégré au FNAEG (Fichier national automatisé des empreintes génétiques) aux fins de recherche de correspondance avec le profil d'un individu enregistré.

Aucun résultat n'a ainsi été obtenu, laissant supposer que la personne à l'origine de la trace n'est pas connue ou, pour le moins, ne fait pas l'objet d'un enregistrement au FNAEG. Le même profil génétique ayant été retrouvé dans plusieurs traces, lors de différents viols, le magistrat instructeur a décidé d'étendre la recherche analytique en demandant une expertise, plus large, ne se contraignant plus aux seules portions non codantes de l'ADN[4],

4. Les régions non codantes de l'ADN sont celles qui ne portent pas sur un gène déterminant une particularité physique ou physiologique. L'art. 706-54 du CPP a prévu que ce n'était que sur les parties non codantes que peuvent porter les analyses génétiques pour réaliser le profil génétique. Le détail des zones est défini à l'article A.38 du CPP. À noter que la loi et l'article cité autorisent par exception l'analyse sur une seule partie codante qui est celle correspondant au sexe.

telles que prévues par la loi[5], mais sur des segments codants. *C'est-à-dire sur des parties de l'ADN qui permettent de fournir des informations sur les caractères physiques apparents de la personne à l'origine de la trace.* Avant tout commencement d'exécution de l'expertise, et afin de ne pas encourir les sanctions prévues par l'article 226-26 du Code pénal qui punit tout laboratoire qui effectuerait des analyses sur les parties codantes[6], le même juge d'instruction a fait une requête en annulation contre sa propre décision auprès de la chambre de l'instruction. Cette dernière a considéré que la demande d'expertise n'entrait pas dans le champ de la loi et pouvait être ordonnée. Afin d'avoir la position de la Cour de cassation, le procureur général, près la cour d'appel de Lyon, a formé un pourvoi contre l'arrêt de la chambre de l'instruction du 18 octobre 2013.

Ce déroulement procédural est sans nul doute complexe pour les non-spécialistes, mais il est nécessaire de l'évoquer pour comprendre que le cheminement recherché est l'obtention d'une décision de la Cour de cassation qui va dire le droit, préciser ce qui est interdit, ou autoriser, offrir une jurisprudence, donc une ligne de conduite, là où les textes officiels demandent une interprétation. Cet arrêt de la chambre criminelle de la Cour de cassation est intéressant à plus d'un titre. D'abord dans la démarche judiciaire et juridique entreprise entre le juge d'instruction, la chambre de l'instruction et le procureur général de la cour d'appel. Devant une aporie (contradiction ou impasse) judiciaire et juridique, seul un

5. Article 706-54 du CPP, avant-dernier alinéa : « Les empreintes génétiques conservées dans ce fichier ne peuvent être réalisées qu'à partir des segments d'acide désoxyribonucléique non codants, à l'exception du segment correspondant au marqueur du sexe. »

6. Article 226-26 du CP : « Le fait de détourner de leurs finalités médicales ou de recherche scientifique les informations recueillies sur une personne au moyen de l'examen de ses caractéristiques génétiques est puni d'un an d'emprisonnement et de 15 000 € d'amende. »

déblocage jurisprudentiel pouvait permettre de relancer l'enquête et il apparaît très clairement que la mécanique judiciaire locale a parfaitement orchestré les décisions, demandes en annulation et recours jusqu'à obtenir une position de la Cour de cassation.

Ensuite, d'une manière plus pragmatique a ainsi été obtenue une définition de la trace par la chambre criminelle, même si elle parle plus précisément d'une trace biologique. En effet, l'arrêt retient qu'il ne peut y avoir dans ce cas d'atteinte au respect et à la protection du corps humain, la trace résiduelle (même si elle est potentiellement biologique) n'ayant pas été prélevée sur la personne (du fait d'une décision d'autorité), mais, ayant été abandonnée ou s'étant naturellement détachée du corps humain, son analyse, en vue d'en retirer les caractères morphologiques apparents de l'auteur de la trace, ne rentre pas dans le champ de la loi. Les notions d'abandon, ou de détachement naturel, correspondent parfaitement au champ de la définition de toutes traces, telles que nous les avons abordées lors de la présentation des grands principes de la criminalistique (transfert, unicité et divisibilité de la matière). Cette notion de trace telle que définie va ainsi donner toute latitude aux magistrats pour travailler sur les parties codantes.

De plus, alors que l'article 427 du CPP affirme le principe de la liberté de la preuve, de nombreux textes en limitent le champ, et plus particulièrement ceux touchant aux analyses génétiques. L'arrêt de la Cour de cassation écarte donc une partie de ces limites, et ouvre ainsi la voie à un ensemble d'analyses génétiques qui doit permettre l'établissement d'un portrait-robot de la personne à l'origine de la trace, puisqu'elle autorise, sous couvert d'une instruction, que le juge puisse commettre un expert afin d'en réaliser le traitement. À ce titre, il est intéressant de constater que la Cour de cassation parle des *caractères morphologiques apparents*, ce qui permet aux experts de rechercher l'expression de

gènes tels que la couleur des yeux, de la peau, des cheveux, de leur morphologie (frisés, raides, etc.), de la forme des oreilles, voire de certains nez et mentons, de la calvitie, etc. *Mais elle ne retient pas les caractères liés à des maladies par exemple. En soi, cette exclusion est tout aussi dommageable, car connaître les maladies dont pourrait être atteint l'auteur permettrait aussi à l'enquête d'avancer via le suivi des traitements médicaux.* Par ce choix la Cour s'approche du descriptif d'un portrait-robot tel qu'il est réalisé par témoignage. Et, finalement, le portrait-robot par analyse génétique se veut apporter un complément dans la constitution de la preuve ou pour le moins dans le déroulement de l'enquête.
Ainsi autorisé, l'analyse sur les parties codantes a donné un portrait-robot que les services de police ont exploité, mais sur ce cas, il n'a pas permis de confondre l'auteur.

Le développement du portrait-robot génétique est donc en devenir et dans un futur proche pourra apporter des précisions riches de descriptifs qui devraient être beaucoup plus précises et fiables, car encore actuellement un tel descriptif n'est pas toujours la réalité de l'expression des gènes observés et une importante notion de probabilité existe. De même, les conditions environnementales peuvent inhiber certains gènes, voire les transformer dans le temps, comme la couleur des cheveux par exemple, ou encore leur persistance. Ainsi, l'analyse génétique peut donner comme résultat une couleur châtain que l'individu ciblé ne possède plus, cette dernière couleur n'ayant duré que le temps de l'enfance. En ce sens, certains auteurs ont montré que les maladies (et plus particulièrement les cancers de la peau) pouvaient avoir une influence sur la détermination de la pigmentation des traits, que cela soit la peau, les cheveux et les yeux.

Et cela sans oublier le comportement de l'auteur, qui peut à l'envi transformer artificiellement un certain nombre de ses caractéristiques apparentes (couleur de cheveux, longueur, port de lentilles, etc.).

De plus, ce type de renseignements nécessite obligatoirement une interprétation des résultats et reste encore largement dépendant de calculs probabilistiques, définissant les résultats en termes de pourcentage de fiabilité, tels que la couleur des yeux à 94 %, la forme du menton à 60 %, etc. Nous en sommes au début et les recherches actuelles sont de nature à renforcer les résultats et diminuer l'incertitude de mesure. On peut espérer que, dans les années à venir, le portrait-robot proposé sera aussi fiable que la comparaison d'ADN, soit une valeur de 99,9999 % de fiabilité.

À ces développements nous pouvons ajouter ceux qui pourraient apporter des réponses complémentaires et tout aussi importantes pour l'enquête : ce sont les liens possibles avec des caractères ethno-géographiques. C'est-à-dire que chacun d'entre nous est porteur d'un certain nombre d'allèles dont la concentration ou la rareté sont caractéristiques d'une région particulière ou d'une origine de population. On mesure tout ce que cela apporterait au portrait-robot en termes de renseignements pour les enquêteurs. Mais nous savons tous que développer et mettre en application dans l'avenir cette capacité entraînerait de nombreuses réactions indignées. Sans prendre le recul de la réflexion, certains y verront le risque d'un fichage génétique (même si ces éléments n'ont pas vocation à être introduits dans le FNAEG, car déjà interdits par la loi), d'autres dénonceront la stigmatisation de certaines populations selon leur origine, etc., oubliant que le but recherché n'est autre que la mise hors d'état de nuire d'un criminel qui dans son sillage a fait une ou plusieurs victimes.

L'affaire Guy Georges n'a décidément pas apporté toutes les leçons nécessaires.

Pourtant l'emploi de probabilités donne une possibilité d'orientation d'enquête sans cibler une communauté ; d'autant plus que le brassage des populations de nos sociétés modernes facilite la distribution allélique en dehors du groupe ethnique d'origine, sans forcément que les traits caractéristiques soient dominants. Bien qu'actuellement exploitée, la technique nécessite néanmoins de plus amples indicateurs afin de se révéler pleinement pertinente en termes de plus-value informative, car le problème demeure de l'appropriation d'un résultat scientifique par le non-scientifique, en quête d'une solution « miracle » lui livrant un coupable « désigné » par la science.

La trace porteuse d'informations génétiques partagées : la recherche en parentèle

Le principe de l'analyse d'un prélèvement ADN issu d'une scène de crime est d'obtenir un profil et de le comparer à ceux contenus dans le FNAEG (Fichier national automatisé des empreintes génétiques). Le but de cette comparaison est bien sûr d'avoir une correspondance avec un des profils enregistrés. Ces derniers proviennent des individus condamnés, mais également de ceux qui ont été interpellés dans le cadre d'affaires judiciaires. Le système se base donc sur l'hypothèse principale que le profil appartient à une personne qui a déjà eu affaire avec la justice. Il est alors loisible de comprendre que si l'individu qui a laissé la trace biologique sur la scène ou la victime n'est pas dans le fichier, aucun résultat n'est obtenu. Bien sûr, lors de l'enquête, les protagonistes, les familiers, l'entourage, ou encore les personnes soupçonnées font aussi l'objet de prélèvements et les profils révélés sont confrontés à celui provenant de la trace. Cependant, il n'est pas rare que dans certaines affaires criminelles, ni l'environnement, ni le fichier n'apportent la moindre correspondance. Dans ces cas-là, et selon l'affaire, la méthode généralement employée est le prélèvement de masse dans une population sélectionnée et sur un territoire donné. Hélas ! même ces tests tous azimuts ne donnent pas toujours les résultats espérés, et l'enquête n'a pas la réponse attendue concernant le profil ADN inconnu.

C'est pour sortir de telles impasses qu'en 2011 une expérimentation novatrice a été menée en France, dans le cadre d'une affaire judiciaire. Un officier d'une unité de police judiciaire, ancien expert en génétique, proposa d'utiliser les informations détenues dans le fichier différemment. Bien que n'ayant pas de correspondance, une partie de l'information peut parfaitement exister, il suffit de savoir la chercher et c'est cette méthode de travail qui a été mise en œuvre.

L'affaire Kulik

Élodie Kulik est une jeune femme, âgée 24 ans, qui a l'avenir devant elle. La presse locale s'en est d'ailleurs fait l'écho, la présentant comme la plus jeune directrice de banque de France. Elle est effectivement à la tête d'une agence bancaire à Péronne, dans le département de la Somme.

Dans la nuit du 10 au 11 janvier 2002, après avoir passé la soirée avec un ami dans un restaurant de Saint-Quentin dans le département voisin, elle regagne en voiture son domicile de Péronne. Une route d'une trentaine de kilomètre qu'elle connaît bien.

Vraisemblablement suivie, sa voiture est poussée hors de la route dans une zone assez désertique à seulement quelques kilomètres de sa destination. Alors qu'elle réussit à appeler les secours, elle est arrachée de sa voiture et placée dans le coffre d'un autre véhicule. Son corps est retrouvé le 12 janvier dans un endroit isolé à quelques kilomètres de son enlèvement. Elle est dénudée, le corps est en partie brûlé. L'autopsie montre qu'elle a été violée, étranglée et que les brûlures sont le fait d'un accélérant comme si l'on avait essayé d'effacer le maximum de traces.

Les constatations et investigations forensiques effectuées (lieu de découverte du corps, lieu de découverte du véhicule de la victime et le véhicule lui-même, sur le corps de la victime) par les techniciens en identification criminelle (TIC), permettent de prélever un certain nombre d'éléments indiciaires. C'est ainsi que sont retrouvés : un préservatif contenant du sperme, des fluides biologiques qui s'avèrent être un mélange de plusieurs spermes, une empreinte digitale, et l'enregistrement de 26 secondes de l'appel d'Élodie Kulik pendant lequel on entend ses cris et, en fond, deux voix masculines. Les analyses permettent d'obtenir un profil ADN complet, le mélange est inexploitable, les experts estimant que ce dernier est constitué de quatre ADN partiels. Le profil ADN complet est bien sûr passé au FNAEG, mais l'individu n'est pas connu du fichier. L'enquête ne va négliger aucune piste, y compris celle d'un tueur en série, car dans la région plusieurs meurtres ont eu lieu.

Les enquêteurs ne ménagent pas leur peine, les vérifications se multiplient, au moins 10 000 personnes entendues, 14 000 factures téléphoniques passées au crible et près de 600 hypothèses suivies. Sans succès. Entre 2002 et 2011, ils procèdent à près de 6 000 prélèvements ADN dans la population masculine locale. Sans résultat.

C'est à cette époque qu'intervient le commandant Pham-Hoï. Dans le cadre de son parcours de carrière, ce jeune officier avait été affecté au sein de la section de recherche d'Amiens. Biologiste de formation, il avait été dans son poste précédent un expert en biologie de l'IRCGN (Institut de recherche criminelle de la Gendarmerie nationale), le laboratoire de la gendarmerie. Au sein du groupe d'enquêteurs travaillant toujours sur l'affaire Kulik, et prenant connaissance de l'ensemble des expertises ADN et de leur absence de résultat, sa connaissance du domaine lui permet de proposer que soit utilisé un protocole prometteur qui a été utilisé aux USA. Puisque la consultation du fichier n'a pas donné de résultat, pourquoi ne pas l'utiliser indirectement, c'est-à-dire sur une partie du profil ? Son raisonnement est simple : notre ADN est la combinaison pour moitié d'éléments appartenant à la mère et pour l'autre moitié au père. Donc si l'on recherche un résultat partageant la moitié des allèles du profil, et qu'un ascendant ou un descendant direct a été inscrit au fichier, alors on peut remonter jusqu'à l'individu à l'origine de la trace. Cette recherche est une première dans l'histoire judiciaire française. Elle repose sur un pari : l'hypothèse qu'un parent du meurtrier aurait déjà eu affaire à la justice, sans quoi il ne figurerait pas au FNAEG.

Après quelques tergiversations juridiques, la recherche est autorisée officiellement en janvier 2012 et, par consultation sur une partie du profil ADN complet, le FNAEG sort une moitié en commun, qui est celle d'un homme d'une cinquantaine d'années emprisonné pour agression sexuelle. L'enquête s'oriente vers le fils de cet homme, Grégory Wiart, mais ce dernier s'est tué en 2003, dans un accident d'auto, un an après le viol et le meurtre d'Élodie Kulik. L'exhumation du corps permet de faire les prélèvements ADN et les analyses confirment que cet ADN est le même que celui laissé par l'agresseur sur la scène de crime.

L'enquête ainsi relancée s'oriente vers les fréquentations de Grégory Wiart à l'époque. Parmi les sept personnes initialement visées, une seule est mise en examen des chefs d'enlèvement, séquestration, suivis de viol en réunion et de meurtre. Il s'agit de Willy Bardon, originaire du même village que Grégory Wiart. Les expertises de l'enregistrement permettent de lui attribuer une des voix, qui d'ailleurs est reconnue par de nombreux témoins et familiers. Renvoyé devant la cour d'assises, son procès, du 20 novembre au 6 décembre 2019, le voit condamner à trente ans de réclusion criminelle. Willy Bardon clame son innocence et fait appel de sa condamnation. Son nouveau procès, du 14 juin au 1er juillet 2021, devant la cour d'assises du Nord confirme le premier jugement et il est condamné de nouveau à trente ans de réclusion criminelle pour viol en réunion, enlèvement, mais aussi pour le meurtre d'Élodie Kulik, ce qui n'avait pas été retenu lors du premier procès.

Cette recherche en parentèle, couronnée de succès, est une première dans l'histoire judiciaire française ! Elle a ouvert la voie à la possibilité de déterminer indirectement l'identité d'un individu non enregistré au sein du Fichier national automatisé des empreintes génétiques (FNAEG). Cette proposition de consultation du FNAEG, à travers les liens familiaux, fut acceptée par la Direction des affaires criminelles et des grâces (DACG) sur l'argumentaire que cette recherche n'était pas interdite par la loi et que conformément aux références textuelles, elle correspondait à la finalité du FNAEG, qui est de « faciliter l'identification et la recherche des auteurs des infractions » (article 706-54 du CPP).

Mais une autorisation n'est pas un texte de loi, c'est pourquoi devant l'incertitude juridique autour de cette situation, la loi du 3 juin 2016 l'a inscrite dans l'article 706-56-1-1 du CPP[7]. À noter que les progrès en cours sur l'ADN

7. Article 706-56-1-1, créé par la loi n° 2016-731 du 3 juin 2016, art. 80 : « Lorsque les nécessités d'une enquête ou d'une information concernant l'un des crimes prévus à l'article 706-55 l'exigent, le procureur de la République ou, après

de parentèle, vont maintenant au-delà des seules ascendances et descendance directes, et qu'actuellement les recherches peuvent aussi porter sur des collatéraux (fratries) avec des résultats probants[8].

L'identification des victimes de catastrophe

Parmi les progrès recherchés tant par les industriels que les laboratoires publics, l'analyse rapide a été et continue d'être un objectif important. Depuis le début de la révélation de profils ADN, les étapes analytiques ont rapidement stabilisé une phase analytique complète à 24 heures environ. Mais le nombre de demandes nécessitait une priorisation, faisant que certaines affaires attendaient plusieurs mois avant de pouvoir bénéficier d'une analyse. Et concernant les affaires criminelles d'importance, même le délai de 24 heures était présenté comme pénalisant par les enquêteurs, car les résultats arrivaient au mieux au milieu du délai de garde à vue si ce dernier avait été prolongé à 48 heures par le magistrat. Ces attentes ont eu deux conséquences.

avis de ce magistrat, le juge d'instruction, peut requérir le service gestionnaire du fichier afin qu'il procède à une comparaison entre l'empreinte génétique enregistrée au fichier établie à partir d'une trace biologique issue d'une personne inconnue et les empreintes génétiques des personnes mentionnées aux premier et deuxième alinéas de l'article 706-54 aux fins de recherche de personnes pouvant être apparentées en ligne directe à cette personne inconnue.
Le nombre et la nature des segments d'ADN non codants nécessaires pour qu'il soit procédé à cette comparaison sont fixés par arrêté du ministre de la justice et du ministre de l'intérieur. »

8. La petite martyre de l'autoroute A10, Inass Touloub, dont le corps avait été retrouvé le 11 août 1987 au bord de cette autoroute, a été identifiée trente ans plus tard grâce au même procédé. L'ADN d'un de ses frères, versé au FNAEG en 2016, a permis aux enquêteurs d'identifier ses parents dont le procès devrait avoir lieu dans le courant de l'année 2024.

La première est un plan d'investissement massif pour créer des chaînes automatisées de masse traitant, pour certaines, les échantillons des individus mis en cause et condamnés et, pour d'autres, les prélèvements de traces sur des scènes de petite et moyenne délinquance (cambriolages, vol de véhicules, etc.). Cette réorganisation a permis de répondre dans des délais plus en adéquation avec les attentes des enquêteurs, tant pour les affaires graves que pour la délinquance de masse. La principale différence tient dans le protocole des prélèvements et de la préparation des échantillons. En effet, sur les scènes d'infractions de petite délinquance, ou pour les prélèvements sur les individus, ce sont des écouvillons normés qui servent aux prélèvements et rejoignent, après une préparation simplifiée, les chaînes analytiques. Concernant les prélèvements sur les scènes de crime, dans ce cadre, ils ne sont pas standardisés, car il peut être nécessaire d'envoyer directement au laboratoire certains scellés pour que les experts procèdent eux-mêmes à ces prélèvements plus délicats et complexes.

La seconde est une course à la réduction du temps d'analyse afin de pouvoir apporter des réponses rapides dans les enquêtes. C'est ainsi que sont apparus des prototypes puis des appareils d'analyse permettant de réaliser les révélations de profil ADN dans des délais d'une heure environ, voire moins. Mais les contraintes jusque dans les années 2015 étaient encore multiples ! D'abord, cela ne pouvait concerner que les échantillons issus de prélèvements sur des individus et non des traces. Ensuite, les lots de cassettes, avec les réactifs qu'il convient de remplacer au fur et à mesure, avaient un coût excessif et difficilement supportable à l'échelle ministérielle. C'est pourquoi, sans être négligé, le développement de ces prototypes est suivi de près par les laboratoires publics qui n'hésitent pas à échanger avec les industriels.

Les développements attendus sont l'obtention d'une rapidité d'analyse pour les traces, mais les travaux réalisés étaient largement perfectibles. Parallèlement, les protocoles d'analyse en laboratoire ont permis de concentrer le processus complet sur un délai de huit heures environ, ce qui était une belle avancée. Une des solutions a été faite par l'IRCGN dans les années 2015-2018, où toute une phase analytique du processus global a été supprimée permettant de gagner plusieurs heures. C'est grâce à la création d'un écouvillon de prélèvement fait d'une matière qui permet de fixer les cellules, mais surtout de faire sortir le filament d'ADN du noyau qui est alors prêt à être dupliqué et analysé. Ce procédé a permis de réduire à deux heures l'analyse des traces ADN. Allant plus loin, comme il n'y avait besoin que d'un séquenceur pour réaliser l'analyse, un minilaboratoire ADN a été créé, en capacité d'être projeté au plus près de la scène de crime ou de catastrophe. C'est ainsi que lors des attentats de Nice, l'IRCGN a mis à disposition de la Police nationale ce laboratoire mobile ADN qui a pu sur place procéder aux identifications des victimes en moins de 24 heures.

Ce procédé a également été mis en œuvre dans le cadre de la catastrophe aérienne de la Germanwings en 2015 dans les Alpes-de-Haute-Provence et a permis, après la collecte des restes humains pendant plusieurs jours, de différencier dans la foulée les différents ADN des personnes présentes dans l'avion. Attention, la différenciation n'est pas l'individualisation. En effet, la première permet d'obtenir différents profils ADN, signatures ou empreintes génétiques de différentes personnes encore inconnues, tandis que la seconde nécessite une comparaison des différents profils ADN obtenus avec ceux des parents des disparus afin de pouvoir les rapprocher et enfin les identifier. Mais la subtilité de ces concepts, comme le suivi des identifications, échappe régulièrement à la compréhension des cabinets ministériels et de certains ministres...

Et les attentes en matière de réponses rapides, qui étaient une espérance future, sont maintenant un quotidien pour certaines unités.

Toujours en recherche d'efficience et de rapidité, depuis deux ans environ, des échanges entre l'IRCGN, le FBI et un industriel, ont conduit la gendarmerie à investir dans plusieurs appareils d'analyses rapides de dernière génération et dont la sensibilité permet maintenant de travailler sur des traces dites « riches » (somme du sang, du sperme ou de la salive). Ce système appelé RapidHIT™[9] offre la possibilité d'obtenir des résultats en une heure trente, mais surtout de pouvoir être installé dans un local sans qu'il soit nécessairement aux normes de laboratoire, le laboratoire en l'espèce étant constitué par l'appareil lui-même.

C'est ainsi que la gendarmerie déploie ce nouveau système sur les plateaux techniques d'outremer, ce qui permet aux techniciens d'identification criminelle de faire les prélèvements sur scènes de crime, et de les analyser dans la foulée, sans être obligés d'envoyer les scellés en métropole. Les avantages de ce système sont multiples. D'abord, le gain de temps en évitant les envois dans les laboratoires métropolitains ; ensuite, la conception de l'appareil permet à un technicien généraliste de lancer les analyses sans être un spécialiste en biologie ; enfin, le résultat brut obtenu est envoyé immédiatement à un expert en métropole qui les interprète avant de les intégrer au FNAEG. Finalement, entre la mise du prélèvement dans l'appareil et le retour du FNAEG, c'est un laps de temps de deux heures qui a été nécessaire, et le tout depuis des lieux situés à des milliers de kilomètres. Le futur est déjà là !

9. RapidHIT™ est un matériel développé par Applied Biosystems™.

La révolution de l'ADN est-elle terminée ?

Quels progrès pourraient être envisagés du point de vue de la criminalistique, dans un domaine où tout semble avoir été fait ? Pour répondre à cette question, il nous faut d'abord parler des faiblesses de l'ADN. Cela peut paraître paradoxal, pourtant c'est la même démarche intellectuelle qui a prévalu pour les empreintes digitales (voir chapitre 3). Ce domaine qui a révolutionné la science forensique, permettant en moyenne chaque année d'identifier 40 000 individus à partir de leurs traces sur les scènes d'infraction, aurait donc des failles ? Entrons ensemble dans un monde où tout n'est pas parfait pour mieux démontrer qu'une partie des progrès à attendre en matière d'ADN sera vraisemblablement fonction d'une meilleure maîtrise de sa mise en œuvre, et d'une compréhension optimale des résultats qu'elle pourrait encore offrir.

Reconnaître les faiblesses de sa force, c'est se prémunir contre un certain nombre d'erreurs

Dans son approche extérieure et par sa puissance à identifier la source, en l'espèce la personne, le profil ADN porte en soi la notion d'unicité donnée par sa formule biologique propre à tout être vivant et à l'homme en particulier. Certes les jumeaux homozygotes ou monozygotes partagent le même ADN au départ, mais des travaux récents montrent que des mutations épigénétiques apparaissent au cours de la vie et dès lors permettent de différencier l'ADN de chacun d'eux.

Donc, pour les acteurs du procès pénal, une sorte de panacée de la science forensique existe enfin, avec une capacité discriminante puissante et tellement plus simple à collecter que les empreintes digitales. Cette perception est d'autant plus forte que, même outre-Atlantique, la recherche de traces ADN et leurs analyses ont permis dans le cadre du Projet innocence (Innocence Project[10]) d'innocenter jusqu'à présent 240 personnes condamnées à tort à des peines criminelles telles que la perpétuité ou la mort.

Mais loin d'être l'outil parfait évitant à coup sûr toute erreur judiciaire, on a pu constater que l'usage au quotidien de cette nouvelle « reine des preuves » montrait également de nombreuses difficultés d'interprétation, de mise en œuvre, avec un nombre d'erreurs possibles non négligeable. Ainsi, depuis quelques années, il apparaît qu'un certain nombre de questions se développent autour de l'ADN, c'est pourquoi il nous a paru nécessaire d'apporter ici une vision plus objective que la simple croyance en son omnipotence.

La notion de transfert

Le transfert est une des questions les plus délicates qui existent en science forensique, ce qui, dans le cas de l'ADN, montre que plus la technologie permet de descendre la limite des analyses à seulement quelques cellules, voire théoriquement à une cellule unique (grâce à la technique de la microdissection laser), plus la pertinence que le profil obtenu provienne de l'action criminelle s'amenuise, car la présence d'ADN peut aussi provenir de bien d'autres sources de transfert ou de contamination.

---

10. Innocence Project a été créé en 1992 pour contrer le manque de fiabilité des témoins d'un crime, en ayant recours à des contre-expertises fondées sur des tests ADN invalidant ces témoignages ayant mené à des erreurs judiciaires et à de nombreuses condamnations à mort. Depuis lors, plus de 300 procès ont été révisés. On a ainsi pu constater que les faux témoignages arrivent en tête des erreurs menant à l'incarcération d'innocents aux États-Unis. https://innocenceproject.org

On a pu ainsi constater que les contaminations au sein même du laboratoire ne sont pas qu'une simple hypothèse d'école, mais une réalité dont il convient de se prémunir. En effet, il faut pouvoir garantir la traçabilité si l'on ne veut pas se retrouver à analyser des cellules qui ne sont pas celles issues de la microdissection, mais provenant de divers environnements. Et, contrairement aux affirmations souvent lapidaires des experts qui, par un raccourci dangereux pour la manifestation de la vérité, rapprochent le profil ADN relevé à l'action criminelle, il arrive qu'ils se trompent ! Ils déduisent trop souvent que l'activité qui a conduit au dépôt est liée au crime, sans prendre la réserve nécessaire que suppose toute interprétation, occultant les autres raisons pouvant expliquer la présence de cette trace génétique. Vouloir faire des présentations emphatiques conduit parfois à oublier de tenir compte des situations antérieures ou postérieures à l'action génératrice de dépôts ADN parasites. De nombreuses études et travaux de recherche montrent toute la prudence qu'il est nécessaire d'avoir dans l'interprétation de cette notion de transfert par rapport aux supports comme aux activités[11] ayant pu le générer[12]. La difficulté d'apprécier tous les transferts croisés est maintenant reconnue par la communauté scientifique, rendant l'interprétation des résultats plus complexe, mais surtout invitant à plus de prudence[13]. Ce qui devrait conduire les experts à plus

11. Van den Berge & al., « Prevalence of human cell material: DNA and RNA profiling of public and private objects and after activity scenarios », *Forensic Science International: Genetics*, Vol. 21, 2016, p. 81-89.

12. Van Oorschot R.A.H. & al., « Activities between activities of focus – Relevant when assessing DNA transfer probabilities », *Forensic Science International: Genetics Supplement Series*, Vol. 5, 2015, p. e75-e77.

13. Goray M. & al., « Evaluation of multiple transfer of DNA using mock case scenarios », *Legal Medicine*, Vol. 14, Issue 1, 2012, p. 40-46.

d'humilité, ou pour le moins, leur éviter d'extrapoler dans un champ dont ils n'ont pas tous les éléments et qui croise le domaine du juge.

Les travaux de recherche en corrélation avec la grande sensibilité des analyses en ADN, conduisent la communauté scientifique à vérifier les scénarios comme les hypothèses de transfert dans des circonstances aussi proches que possibles de la réalité, de la scène de crime[14] au laboratoire, en passant par leur conditionnement par les agents préleveurs[15] et dans le laboratoire lui-même[16]. C'est ainsi que les moyens et instruments servant à préparer les échantillons issus des prélèvements pour les analyses sont étudiés comme vecteurs possibles d'une contamination ou d'un transfert d'ADN[17], mais également lors des opérations d'investigation, y compris lors du port de gants nitriles[18] qui, laissant croire à une protection efficace, se retrouvent in fine être les vecteurs de

14. Goray M., Van Oorschot R. A. H. & Mitchell J. R., « DNA transfer within forensic exhibit packaging: Potential for DNA loss and relocation », *Forensic Science International: Genetics*, Vol. 6, 2012, p. 158-166.

15. Fonneløp A. E., Johannessen H., Egeland T. & Gill P., « Contamination during criminal investigation: Detecting police contamination and secondary DNA transfer from evidence bags », *Forensic Science International: Genetics*, Vol. 23, 2016, p. 121-129.

16. Szkuta B., Harvey M. L. & Ballantyne K. N., & Van Oorschot R. A. H., « Residual DNA on examination tools following use », *Forensic Science International: Genetics Supplement Series*, Vol. 5, 2015, p. e495-e497.
- Taylor D., Abarno D., Rowe E. & Rask-Nielsen L., « Observations of DNA transfer within an operational Forensic Biology Laboratory », *Forensic Science International: Genetics*, Vol. 23, 2016, p. 33-49.

17. Szkuta B., Harvey M. L. & Ballantyne K. N., & Van Oorschot R. A. H., « DNA transfer by examination tools – a risk for forensic casework? », *Forensic Science International: Genetics*, Vol. 16, 2015, p. 246-254.

18. À peine moins élastiques que les gants en latex de même épaisseur, les gants en nitrile sont d'une texture fine et souple, parfaitement étanches et très agréables à porter. De plus en plus répandu pour sa performance et sa polyvalence, le nitrile est utilisé pour la conception de gants jetables et pour des gants réutilisables, la différence se faisant sur l'épaisseur et le support (l'intérieur) du gant.

transferts secondaires d'ADN d'un objet à l'autre[19], voire d'un lieu à un autre[20]. Allant plus loin dans les études, les scientifiques se sont penchés sur la nature des supports pouvant influencer les transferts d'ADN[21] ainsi que sa persistance[22]. De même, leurs travaux ont également porté sur l'ordre des personnes ayant touché successivement un objet[23], confirmant, comme les empreintes digitales, que certains individus sont d'une nature plus généreuse que d'autres[24]. C'est-à-dire qu'ils se révèlent être des « supers sécréteurs » laissant et distribuant leur ADN massivement, effaçant ou masquant leurs prédécesseurs. Encore plus gênant pour une interprétation, lorsqu'ils sont « primo-donneurs » (appréhendant en premier un objet), les personnes touchant postérieurement l'objet ne laissent pas, ou pas suffisamment de matière pour trouver une autre trace

---

19. Vogelsberg C. C. M., Latham K. E., Cale C. M. & Bush G. L., « Transfer DNA on Laboratory Gloves: A Potential Complicating Factor in the Interpretation of Forensic DNA Typing Results », *Journal of Forensic Identification*, Vol. 66, Issue 4, 2016, p. 277-286.

20. Fonneløp A. E., Egeland T. & Gill P., « Secondary and subsequent DNA transfer during criminal investigation », *Forensic Science International: Genetics*, Vol. 17, 2015, p. 155-162.
- Fonneløp A. E., Johannessen H., & Gill P., « Persistence and secondary transfer of DNA from previous users of equipment », *Forensic Science International: Genetics Supplement Series*, Vol. 5, 2015, p. e191-e192.

21. Verdon T. J., Mitchell R. J., Van Oorschot R. A. H., « The influence of substrate on DNA transfer and extraction efficiency », *Forensic Science International: Genetics*, Vol. 7, 2013, p. 167-175.

22. Fonneløp A. E., Egeland T. & Gill P., « Secondary and subsequent DNA transfer during criminal investigation », *Forensic Science International: Genetics*, Vol. 17, 2015, p. 155-162.

23. Oldoni F. Castella V. & Hall D., « Exploring the relative DNA contribution of first and second object's users on mock touch DNA mixtures », *Forensic Science International: Genetics Supplement Series*, Vol. 5, 2015, p. e300-e301.

24. Lowe A. & al., « The propensity of individuals to deposit DNA and secondary transfer of low level DNA from individuals to inert surfaces », *Forensic Science International*, Vol. 129, 2002, p. 25-34.

ADN que celle du primo-donneur[25]. Et cela d'autant plus que les doigts se révèlent être des diffuseurs naturels d'ADN[26], ce qui est confirmé par une étude récente qui a de plus montré qu'après s'être saluées en se serrant les mains, deux personnes peuvent ainsi transférer l'ADN de l'autre personne sur les surfaces ou d'autres mains qu'elles touchent à la suite[27].

Le mort était mort debout

Une trace ADN sur un verre ne signifie pas forcément que celui qui a bu est coupable. Il est parfaitement possible que la personne dont on a trouvé l'empreinte génétique sur ce verre ne soit même jamais venue physiquement sur la scène de crime ! L'histoire qui suit nous a été racontée par un ancien commissaire divisionnaire de la PJ parisienne qui désire garder l'anonymat. Elle démontre, s'il en était besoin, que l'enquête policière classique garde tout son intérêt. Et que toute « preuve », même scientifique, doit toujours être confrontée au sens critique des policiers. Autrement dit, l'expertise doit rester au service de l'enquête à visage humain

Ce jour-là, on découvre dans la cuisine d'un petit appartement du 15e arrondissement de Paris, occupé par un voyou connu de la

25. Samie L., Hicks T., Castella V. & Taroni F., « Stabbing simulations and DNA transfer », *Forensic Science International: Genetics*, Vol. 22, 216, p. 73-80. - Meakin G. E., Butcher E. V., van Oorschot R. A. H., Morgan R. M., « The deposition and persistence of indirectly-transferred DNA on regularly-used knives », *Forensic Science International: Genetics Supplement Series*, Vol. 5, 2015, p. e498-e500.
26. Oleiwi A. A., Morris M. R., Schmerer W.M. & Sutton R., « The relative DNA-shedding propensy of the palm and finger surfaces », *Science & Justice*, Vol. 55, 2015, p. 329-334.
27. Szkuta B., Ballantyne K. N. & Van Oorschot R. A. H., « Transfer and persistence of DNA on the hands and the influence of activities performed », *Forensic Science International: Genetics*, Vol. 28, 2017, p. 10-20.

police pour divers braquages et hold-up, le cadavre du propriétaire, poignardé, dont le corps, debout, est coincé entre l'évier et la porte d'un réfrigérateur. La rigidité cadavérique donne à la scène un aspect de film d'horreur. Perquisition et constatations n'apportent pas grand-chose. Sur la table de la cuisine, une bouteille de vin blanc à moitié pleine et deux verres, permettant de supposer que l'assassin et la victime se connaissaient et qu'ils ont peut-être bu un apéritif ensemble avant que la situation ne dégénère.
Aucune empreinte digitale ni ADN sur l'arme du crime, retrouvée, soigneusement nettoyée, dans l'évier. Pas d'empreintes digitales non plus, ni sur la bouteille de vin, ni sur aucun des deux verres. Des prélèvements ADN sont cependant effectués par routine, et une infime trace biologique est détectée par le laboratoire scientifique sur l'un des deux verres. Un spécialiste réussit à extraire, grâce à de nouvelles méthodes, un profil génétique de cette trace équivalente à quelques cellules ! Le profil est immédiatement introduit dans le FNAEG, le fichier automatisé des empreintes génétiques. Le résultat tombe : ça matche ! L'empreinte correspond à l'identité d'un voyou, connu également de la justice pour de petits braquages et des escroqueries diverses. Il habite lui aussi le 15e arrondissement...

Récit du chef de groupe

« Pour nous, l'affaire est pliée ! La police scientifique vient de nous donner le nom de l'assassin. Il ne reste plus qu'à aller le cueillir chez lui.
Le lendemain matin, à l'heure légale, on sonne chez l'individu en question, qui semble totalement surpris par notre arrivée. En garde à vue, il jure ses grands dieux qu'il ne connaît pas la victime, qu'il ne l'a jamais rencontrée et qu'il est donc totalement innocent ! »
Le policier poursuit : « En général quand on serre un client de ce genre, il n'a jamais rien fait, il est toujours innocent. Mais,

ajoute-t-il, ce jour-là, j'ai l'intuition que l'individu est réellement surpris et qu'il dit la vérité ! » Il est cependant présenté à un juge qui décide de l'incarcérer en attendant la suite de l'enquête. « Il y a quand même l'ADN ! »

Les constatations médico-légales sur la scène de crime, l'analyse du bol alimentaire, et l'autopsie pratiquée dans la foulée, vont permettre aux médecins de situer l'heure du crime dans un créneau horaire assez précis, en fin de matinée, le jour même de la découverte du cadavre, entre 13 et 15 heures. Or, dans ce créneau, et heureusement pour lui, l'assassin présumé se trouve dans un café du quartier où il a, comme on dit, ses habitudes. Il y est arrivé vers 10 heures, il a déjeuné sur place, et il a quitté les lieux vers 17 heures ! Alibi attesté par de nombreux témoins[28].

Restait quand même cette empreinte ADN retrouvée au domicile de la victime. Comment expliquer sa présence sur ce verre ? La suite de l'enquête allait permettre de rendre justice au prévenu, et de l'innocenter à 100 % ! Il se trouve que ce café était fréquenté par plusieurs autres petits voyous du quartier, qui venaient régulièrement, comme notre suspect, jouer aux courses, et, comme lui, tentaient de racheter aux vrais gagnants leurs tickets, en leur offrant en cash 30 à 50 % de plus que ce que le PMU leur aurait payé ! Ces voyous se connaissaient donc tous de vue, et parfois se serraient la main en arrivant. Notre suspect avait donc serré la main de l'assassin, qui avait quitté les lieux vers l'heure du déjeuner et avait déposé sans le savoir son ADN sur le verre retrouvé chez la victime, peut-être même en effaçant soigneusement les traces de ses propres empreintes digitales !

---

28. L'auteur présumé du crime se rendait presque chaque jour dans ce café-PMU, qui retransmettait les courses de chevaux et enregistrait les paris hippiques. L'homme jouait des sommes importantes et rachetait les tickets-gagnants à d'autres joueurs pour justifier de son train de vie.

Dans des simulations de strangulation, nous avons le cas du *transfert croisé de peau à peau*. Dans une étude de 2002, sur 29 tests, 7 tests montrent que l'ADN de l'agresseur pouvait être recueilli dans un délai allant jusqu'à six heures[29]. Dans 12 tests, seul l'ADN de la victime était recueilli, et dans les 10 cas restants, aucun profil n'avait même pu être révélé. De plus, dans l'analyse de ses travaux, Rutty précise que « l'étude met en lumière le problème de la contamination des mains et du cou de la victime par l'ADN d'un tiers, dont la présence pourrait avoir un résultat significatif tant pour l'autorité chargée de l'enquête que pour le tiers ». Ces résultats montrent qu'une victime dont le cou a été touché par une autre personne ou qui elle-même s'est touché le cou, a pu transférer un autre ADN issu d'un précédent contact. En ce sens, l'agresseur peut lui aussi transférer sur le cou de sa victime, l'ADN d'une autre personne qu'il avait sur ses mains.

D'autres travaux se sont penchés sur la recherche et la révélation d'ADN sous les ongles. Particulièrement important dans le cadre d'agression et de geste de défense, la recherche d'un ADN sous les ongles de la victime est primordiale, car en cas de présence, il offre la possibilité de relier la victime à l'agresseur. Mais il faut aussi tenir compte du bruit de fond sous les ongles et de la présence d'ADN résiduel provenant d'autres activités que celle liée à la défense lors de l'agression. Dans une expérience sur cent volontaires d'âges et d'activités aussi courantes que variées, 200 ongles ont été écouvillonnés[30]

29. Rutty G. N., « An investigation into transparence and survivally of human DNA following simulated manual strangulation with consideration of the problem of a third party contamination », *International legal Medicine*, Vol. 116, Issue 3, 2002, p. 170-173.
30. Cook O., Dixon L., « The prevalence of mixed DNA profiles in fingernail samples taken from individuals in the general population », *Forensic Science International: Genetics*, Vol. 1, Issue 1, 2007, p. 62-68.

et révélèrent une proportion d'ADN étrangers minoritaires à hauteur de 15 %. A contrario, cette expérience montre qu'un mélange riche sous les ongles soutient l'hypothèse d'un contact intime intense entre les deux sources.

Cette expérience fut corroborée par une autre portant sur 12 couples fournissant 144 écouvillons ; la proportion de mélanges était alors de 37 % (53/144). Sur les 53 mélanges, 24 étaient exploitables (soit 45 %) et sur ces 24 exploitables, 20 étaient un mélange donneur-conjoint, 3 étaient un mélange donneur-conjoint-personne inconnue, et 1 était un mélange donneur-personne inconnue[31].

Enfin, une autre étude portant sur 71 affaires criminelles, pour le besoin desquelles 164 prélèvements sous les ongles ont été effectués, donna 74,6 % d'ADN révélé correspondant à celui des victimes, et 13,2 % un ADN étranger, mais comme un faible contributeur, ce qui représentait presque 10 % des cas[32]. Comme l'étude le précise, ces résultats sont comparables aux dépistages réalisés sur des donneurs volontaires, ce qui est particulièrement intéressant pour le développement et la validité des recherches universitaires qui, reconnaissons-le, ne sont pas faites dans les conditions d'une action criminelle. De même, dans les travaux du Centre de science forensique au Canada, en condition de laboratoire, 33 % des échantillons prélevés sous les ongles contenaient un ADN étranger, ce qui est à mettre en perspective avec un échantillonnage de la population en général qui avait montré que 19 % des prélèvements contenaient un ADN

31. Malson S., & al., « The prevalence of mixed DNA profiles in fingernail samples taken from couples who cohabit using autosomal and Y-STRs », *Forensic Science International: Genetics*, Vol. 3, Issue 2, 2009, p. 57-62.

32. Bozzo & al., « Analysis of DNA beneath fingernail samples in criminal cases », *Forensic Science International: Genetics Supplement Series*, Vol. 5, 2015, p. e601-e602.

étranger. De plus, sur la partie expérimentale intégrant des griffures, 33 % des volontaires avaient un ADN sous leurs ongles pouvant être rapproché avec la personne griffée, mais quand le prélèvement était effectué six heures après la griffure, seulement 7 % des personnes avaient encore un ADN étranger[33].

Toutes ces expériences corroborent l'idée que la proximité favorise un transfert fortuit sous les ongles.

Malgré ces incertitudes, le transfert primaire d'ADN maintient, encore à ce jour, ce résultat analytique comme un indice qui renseigne sur la *source* de la trace et non sur l'*activité* d'origine dont elle est issue. Le haut degré de divisibilité de l'ADN montre qu'inférer sur son mode de transfert, sa persistance et son bruit de fond sur différents supports sont des points discutables, complexes comme cela a été démontré par Meakin et Jamieson. À titre expérimental, en 2015 une autre étude a été faite durant un événement social, montrant toute la complexité des transferts et leur volatilité pour lesquels « les analyses démontrent que les simples interactions quotidiennes, mineures impliquant seulement quelques items, conduisent dans certains cas à l'ADN détectable à être transféré entre les individus et les objets sans qu'ils aient été en contact les uns des autres par transfert secondaire voire supplémentaire. On a également observé que le transfert était bidirectionnel. De plus, l'ADN de source inconnue, présent sur les mains ou les objets, peut être transféré et interférer avec l'interprétation des profils générés à partir des surfaces touchées ciblées. Cette étude fournit un aperçu supplémentaire sur le transfert d'ADN qui

33. Matte M., Williams L., Frappier R. & Newman J., « Prevalence and persistence of foreign DNA beneath fingernails », *Forensic Science International: Genetics,* Vol. 6, 2012, p. 236-243.

peut être utile lorsque l'on considère la probabilité d'autres scénarios de la façon dont un échantillon d'ADN est arrivé là où il a été trouvé[34]. »

À relever que les conséquences d'un baiser ont même été étudiées afin d'évaluer les transferts d'ADN croisés possibles ou non, intéressant les scénarios d'agressions sexuelles sous toutes leurs formes, montrant quand même une persistance de l'ADN masculin dans la salive de la « partenaire » qui sur les 12 femmes embrassées, a été retrouvé 10 fois dans des prélèvements réalisés 60 minutes après le baiser[35].

Transferts et persistance de l'ADN, petit récapitulatif

De l'ensemble des types de transferts présentés, nous pouvons récapituler différents facteurs qui paraissent favoriser ou non le dépôt d'ADN sur un support :

le « shedding » qui est la capacité d'un individu à perdre de l'ADN susceptible de transfert ;

- les qualités dermatologiques des donneurs (ainsi les personnes qui par exemple ont du psoriasis déposent un ADN de plus grande qualité et en plus grande quantité que des donneurs autres);
- les activités précédant le contact et le délai entre ces activités et le contact ; c'est ainsi que le lavage de mains réduit d'autant plus la quantité déposée que le délai est court entre le lavage et le contact ; de même l'effet d'essuyage est également intéressant en matière de dépôt en quantité ou non lors de contacts répétés avec des surfaces plastiques ;

---

34. Goray M. & Van Oorschot R.
35. Kamodyová N. & al., « Prevalence and persistence of male DNA identified in mixed saliva samples after intense kissing », *Forensic Science International: Genetics,* Vol. 7, 2013, 124-128.

- le type de surface de dépôt influence, et plus cette dernière est rugueuse, plus elle est susceptible de collecter de l'ADN ;
- la nature et la durée du contact (pression, frottement, etc.) influencent également l'importance du dépôt.

De plus, différents facteurs apparaissent comme facilitant la persistance d'ADN sur un support :
- le délai entre le dépôt et le prélèvement ;
- le type de surface de dépôt. La porosité de la matière support joue un rôle ; c'est ainsi que sur du coton, la quantité décroît de 50 % en 24 heures, tandis que sur des surfaces lisses plastiques, elles conservaient les mêmes quantités entre 1 minute et 24 heures ;
- les facteurs environnants tels que l'humidité, la lumière et les hautes températures, sont particulièrement nocifs pour l'ADN.

De façon connexe, la formation des agents préleveurs infère sur la qualité du recueil de l'ADN. La connaissance du domaine conduit alors le technicien à privilégier certains supports (tels que les surfaces dures et non poreuses) pour procéder à un écouvillonnage permettant d'augmenter les chances de récupérer également une quantité d'ADN plus conséquente.

L'étude des transferts montre que l'ADN, tout en gardant sa capacité discriminante, n'est plus cet élément individualisant incontestable liant automatiquement la trace analysée au coupable. Sans conteste elle lie cette trace à une source, mais il reste à déterminer son niveau d'implication dans l'action. L'interprétation reprend toute sa dimension première, et ce d'autant plus que la simple présentation d'un résultat analytique est une interprétation et cela avant même d'aborder l'interprétation de la pertinence de ce résultat avec une source potentielle qui serait liée à l'action criminelle.

Vous l'avez compris, l'ADN, cette molécule infiniment petite, mais au pouvoir discriminant sans pareil, est victime de sa volatilité et de sa propension à se laisser contaminer... par d'autres molécules d'ADN bien sûr depuis son dépôt jusqu'à son analyse, et tous les acteurs de la chaîne y participent allègrement, même s'ils revêtent des tenus en limitant les effets.

Les erreurs inhérentes à l'environnement de travail

Nous retrouvons ici le problème des contaminations pour lequel nous allons préciser les étapes possibles présentant un tel risque.

La contamination du prélèvement et le bruit de fond de la trace

Bien que toutes les précautions soient prises pour éviter des pollutions environnantes (opérateur, matériel et environnement de travail, atmosphère), il est difficile d'obtenir un environnement présentant une absence totale d'ADN. Lorsque la PCR[36] est poussée à l'extrême, les contaminations même infimes sont détectées, y compris dans les cas où des techniques dites de quantification conduisent à considérer de prime abord une quantité nulle à analyser. Malgré ces difficultés, certains laboratoires réalisent des analyses de spécimens ne contenant que quelques cellules, qui doivent être alors appréciés avec davantage de précautions comme le

36. PCR (Polymerase Chain Reaction), méthode d'amplification de l'ADN. L'utilisation de la PCR en criminalistique décuple les capacités d'analyse, permettant d'obtenir des empreintes génétiques à partir de traces contenant peu d'ADN, ou de l'ADN dégradé.

relève le rapport de l'Académie des sciences américain : « Les erreurs peuvent avoir lieu quand les quantités d'ADN sont minimes, ce qui limite le nombre d'informations analytiques et accroît les chances d'une mauvaise interprétation. » En effet, le risque est alors de considérer ces quelques cellules comme a priori pertinentes. Cependant, la pertinence recouvre une notion précise en science forensique, celle que la trace (dite pertinente) soit un vestige de l'auteur des faits, dont le dépôt est contemporain de leur commission, voire lié aux faits. Or, une trace dépend seulement de l'action qui la génère, et celle-ci peut n'avoir pour origine ni les faits visés, ni l'auteur de l'infraction : l'ADN sera alors dit présent à titre de bruit de fond.

L'interprétation de ces résultats ne doit pas s'arrêter à l'établissement du seul profil génétique, mais bien se poursuivre en appréciant les incertitudes qui l'entourent, et en remettant le support de la trace dans la perspective globale et dynamique de la scène d'infraction. En effet, le stade actuel des connaissances scientifiques sur les phénomènes de transfert et de persistance, avec leur difficulté d'appréciation comme nous l'avons vu *supra*, reste un frein pour inférer avec précision, uniquement à partir de la trace biologique, quelle est l'action à son origine.

La contamination des prélèvements dans la chaîne biologique

Bien plus rares que les traces d'ADN présentes à titre de bruit de fond, les contaminations intervenant au cours du circuit analytique sont beaucoup plus dommageables. En effet, un a priori en faveur du laboratoire d'analyses rend cette hypothèse difficilement envisageable, tant les mesures prises pour éviter ce genre de problème sont drastiques. Leur caractère, bien qu'exceptionnel, ne les rend toutefois pas impossibles. C'est ainsi qu'une décontamination incomplète d'une partie du circuit (bouchons, de type *septa,* qui ferment les tubes d'échantillons pour permettre le passage d'aiguilles dans chaque tube) fut ainsi supposée à l'origine de l'émergence artificielle d'un profil sur un prélèvement issu d'une scène de crime en 2003 en France.

De telles contaminations entraînent comme conséquences immédiates le fait qu'un suspect est ainsi faussement désigné. Dans ce cas précis, seule la véracité de l'alibi du mis en cause a permis de rendre plausible l'hypothèse de l'erreur de laboratoire. Lors d'une autre affaire judiciaire en 2004, l'ADN d'un individu est révélé à partir d'un prélèvement réalisé sur un verre présent sur la scène d'un crime dans l'appartement d'une femme victime d'un meurtre. Le parcours pénal dudit individu en fait le coupable idéal (d'autant qu'il est déjà en détention provisoire pour une autre affaire de viol et tentative de meurtre). Mais comme le crime a eu lieu pendant qu'il était déjà en détention, le doute sur l'erreur du laboratoire prend toute sa dimension, et il apparaît qu'« il y a "probablement" eu une inversion des prélèvements. Le verre a été pris en charge par le laboratoire en même temps qu'un bonnet issu d'un autre dossier qui concernait l'homme incarcéré. Pour des raisons de coût, lorsqu'il y a peu d'analyses de scellés dans un même dossier, la pratique est de regrouper ces dernières dans un "pool" qui, en l'espèce, contenait des indices de sept dossiers différents. Il n'y a donc pas eu de contamination par l'ADN d'un laborantin, mais "probablement" une inversion de tubes[37] ».

37. Reviron P., « L'ADN : la preuve parfaite ? », *op. cit.* De plus, dans cette affaire, les rapports, d'expertises et de contre-expertises réalisées par le même laboratoire du sud de la France, font état de la destruction du scellé ayant servi à la première

Ce type d'erreurs ne peut être que très difficilement recensé, au sens où rares sont les cas dans lesquels le laboratoire se trouve mis en défaut, car seuls les éléments d'enquête parviennent finalement à mettre en évidence les incohérences des résultats d'analyse avec les éléments de contexte fournis par l'enquête.

L'influence des personnels intervenant dans le processus analytique

En amont, il convient de s'assurer que soit effectué une discrimination du ou des profils révélés sur la scène avec les profils des intervenants qui ont justement officié sur ladite scène d'infraction, mais également avec ceux agissant tout au long de la chaîne analytique, et cela du transport à la réception des scellés jusqu'à l'analyse. Chaque intervenant, y compris dans ce qui pourrait paraître accessoire comme la partie administrative, est potentiellement présent dans l'environnement de la trace, sur la scène d'infraction ou dans la chaîne analytique. C'est ainsi qu'il est nécessaire que l'identité des membres du personnel intervenant au cours de la prise en compte ou du traitement d'une scène d'infraction soit répertoriée en une liste mise à disposition des enquêteurs, du magistrat, mais également du laboratoire qui assure les analyses. Cette attitude permet de prévoir l'opportunité de demander à procéder au génotypage des acteurs de la chaîne criminalistique, à des fins de discrimination avec les profils des traces recueillies sur la scène d'infraction.

S'agissant du personnel de laboratoire qui intervient à toutes les étapes du protocole analytique, ses membres

---

analyse, et malgré cette affirmation (sous serment d'expert), le laboratoire, qui avait conservé apparemment, hors traçabilité juridique, un résidu du premier prélèvement analysé, « a, de façon surprenante, pu réaliser la seconde expertise malgré la destruction du scellé qui lui avait été confié initialement ».

doivent être préalablement enregistrés et systématiquement discriminés, à travers un processus préventif qui pour les laboratoires publics en France est prévu par un décret depuis 2013, relatif à la mise en œuvre de traitements de données à caractère personnel dénommés « outils de recherche de contamination ADN » (ORCA).

La contamination due au matériel

Deux types de contamination peuvent avoir lieu. D'abord celle liée au laboratoire, par défaut de stérilisation, générant une contamination des matériels par le bruit de fond se déposant sur les équipements analytiques, erreurs d'automates ou par transfert dû aux manipulations des techniciens et des experts. Ensuite nous pouvons avoir également celle due aux kits de prélèvements qui sont supposés être non contaminés. Mais comme ils sont également fabriqués sur une chaîne de production, sujette à diverses sources de contamination, ils ne présentent in fine qu'un taux de fiabilité de stérilité des supports livrés plus ou moins variable selon le système qualité de l'industriel. Sur ce point, il était traditionnellement admis de la part des fabricants une livraison de matériel garanti fiable à 95 % ; ce chiffre provient de la procédure d'échantillonnage que le fabricant applique pour contrôler sa propre marchandise. Cela signifie alors qu'au vu du nombre de kits testés, *au moins* 95 % du total des kits est stérile. Mais dans l'appréciation inverse, 5 % du total des kits peuvent ne pas être stériles et donc être porteur d'ADN.

Afin de vous en convaincre nous évoquerons l'affaire du fantôme de Heilbronn.

L'affaire du fantôme de Heilbronn

Pendant plus de quinze ans, les polices allemandes, autrichiennes, ainsi que la gendarmerie du Jura ont cru être confrontées à la plus grande histoire criminelle de tous les temps : celle d'une tueuse en série sans visage que la presse a surnommée le fantôme de Heilbronn.

L'enquête a mobilisé plus de cent policiers allemands et autrichiens ainsi qu'Interpol pendant seize ans. 1 400 pistes différentes ont été suivies. Plus de 2 400 vérifications ADN et une prime de 300 000 euros promise à toute personne permettant d'arrêter cette criminelle impliquée dans plusieurs affaires de meurtre et dans une multitude de braquages et de cambriolages. Point commun à toutes ces affaires : un même profil ADN, retrouvé sur les lieux de tous ses méfaits, sans exception…

La mystérieuse tueuse s'était même manifestée en France en septembre 2004. Cette année-là, un commerçant ambulant d'origine cambodgienne et son épouse vietnamienne sont agressés, saucissonnés et séquestrés à leur domicile, puis dépouillés de 3 000 euros de bijoux et d'un lingot d'or. À l'époque, les gendarmes jurassiens cherchent à établir la présence sur la scène du crime de 4 suspects interpellés : un Turc et trois Chinois. Les spécialistes de police scientifique découvrent une trace ADN sur un pistolet à billes, une réplique extrêmement réaliste d'une arme véritable, mais dont la détention est libre. L'ADN découvert sur cette arme factice est inconnu dans le fichier français des empreintes génétiques. Les enquêteurs n'ont donc aucune raison de s'intéresser plus avant à cet aspect de l'enquête. Les suspects sont confondus au cours des investigations et le dossier est classé. L'affaire va rebondir par le plus grand des hasards quelque temps plus tard, lorsque des policiers allemands et autrichiens s'aperçoivent que cette trace ADN correspond à celle d'un mystérieux criminel recherché en vain par leurs services depuis une quinzaine d'années. Comment ont-ils été amenés à opérer cette vérification ? Tout simplement dans le cadre d'accords de coopération des polices européennes qui comparent systématiquement les empreintes ADN, trouvées au cours d'affaires non élucidées, avec les fichiers des pays étrangers… L'empreinte trouvée à Arbois, disent les Allemands, est celle d'une tueuse en série dont la première manifestation remonte à 1993…

Les faits

C'était le 26 mai 1993. Ce jour-là, le cadavre d'une retraitée de 62 ans, Liselotte Schlenger, est retrouvé à son domicile dans la ville de Idar-Oberstein, en Rhénanie. Elle a été étranglée avec un fil de fer. La police relève plusieurs traces d'un ADN inconnu sur une tasse à café. Après analyse, les enquêteurs apprennent que cet ADN appartient à une femme… Huit ans plus tard, le 26 mars 2001, c'est un brocanteur de Fribourg, qui est découvert étranglé et assassiné avec une grande sauvagerie, à son domicile. Plusieurs traces d'un ADN féminin sont retrouvées dans différentes pièces de l'appartement. Cet ADN est le même que celui retrouvé en 1993 à 500 km de là…

Le 11 octobre de la même année, un enfant se blesse avec une seringue contenant des restes d'héroïne, au cours d'une balade en forêt dans la région de Gerolstein. On retrouve le même ADN féminin. Les enquêteurs imaginent que la mystérieuse tueuse qu'ils recherchent est une junkie, prête à tout pour se procurer de l'argent afin d'acheter ses doses de drogue.

Par la suite, on retrouvera encore régulièrement la signature ADN de la tueuse sans visage, en 2003 sur les lieux d'un cambriolage de bureaux, puis dans une voiture volée…

En septembre 2004, c'est l'épisode du saucissonnage d'Arbois en France.

En octobre, on retrouve encore le même ADN dans le Tyrol en Autriche...

Jusqu'en avril 2007, on retrouvera épisodiquement l'ADN du fantôme sur trente lieux différents ! La tueuse semble être d'une grande intelligence. Elle brouille les pistes à plaisir et semble particulièrement mobile.

Un groupe multidisciplinaire composé de policiers et de psychologues s'attache à dresser un profil morpho-psychologique de l'inconnue. Les spécialistes sont d'autant plus perplexes que depuis 2001, il n'y a plus eu de crimes de sang attribués à la tueuse sans visage. La plupart des cambriolages ou des braquages dans lesquels elle est impliquée n'ont rapporté que des sommes dérisoires. Aurait-elle renoncé à faire couler le sang ? La réponse ne tardera à venir. Avec fracas ! Le 25 avril 2007 dans la ville de Heilbronn, ce sera la 27e manifestation de l'inconnue. C'est à partir de cette date qu'elle sera désignée unanimement en Allemagne comme *le Fantôme de Heilbronn.*

Un meurtre de sang froid !

Ce jour-là, deux jeunes policiers en tenue, Martin, 25 ans, et Michèle, une jeune femme de 22 ans, déjeunent tranquillement dans leur voiture de patrouille sur un parking de cette ville de 120 000 habitants située dans le Bade-Wurtemberg. Ils sont découverts par des passants, effondrés sur leurs sièges. Ils ont reçu chacun une balle dans la tête, tirée vraisemblablement par surprise et sans sommation, car ils n'ont pas eu le temps de dégainer leurs armes de service. Martin s'en sortira par miracle, mais ne gardera aucun souvenir de l'attaque. Michèle, elle, est décédée sur le coup.

Les enquêteurs mettront une fois de plus en évidence la présence de l'ADN de la femme inconnue qui les nargue depuis plus de quatorze ans ! C'est cette affaire qui va déclencher une des plus importantes traques policières de l'après-guerre.

Malheureusement sans aucun succès. La trace ADN du fantôme de Heilbronn sera encore retrouvée dans une voiture utilisée par 3 Géorgiens exécutés au cours d'un règlement de compte mafieux, puis au bord de la piscine d'une maison cambriolée, dans une cabane de pêcheur isolée dans laquelle a été sauvagement agressée une sexagénaire, et aussi près du cadavre d'une infirmière de 43 ans assassinée dans un bois proche de Heilbronn.

La traque de la mystérieuse inconnue va se poursuivre jusqu'en septembre 2008, à Linz, en Autriche, où, pour la première fois, des policiers vont émettre de sérieux doutes sur l'existence réelle de l'inconnue.

En effet, le 28 septembre 2008, à la suite d'une bagarre dans une discothèque, un jeune Serbe de 21 ans est mortellement blessé. On prélève sur un de ses doigts l'ADN du fantôme de Heilbronn ! Le jeune homme avait les mains propres. Aucune présence féminine sur les lieux de la bagarre, ni dans aucun des groupes de jeunes qui l'avaient agressé.

Comment expliquer cette invraisemblance ?

Certains policiers qui avaient dressé quelques mois plus tôt le portrait-robot de l'auteur d'un cambriolage raté à Sarrebruck où on avait encore retrouvé l'ADN féminin inconnu, avaient déjà eu la surprise de découvrir le visage d'un jeune homme aux traits fins ornés d'une petite barbichette. Ils avaient alors émis l'hypothèse que l'inconnue de Heilbronn pourrait être en fait une tueuse transsexuelle !!

Était-ce la clé du mystère ? Ou s'agissait-il tout simplement d'un homme possédant un ADN féminin ? Une sorte d'exception génétique rarissime ? Ou encore, fallait-il reconnaître que la preuve de la présence de l'inconnue sur plus de quarante scènes de crimes en seize ans devait être remise en cause ?

Que s'était-il passé ?
Est-il possible que la mystérieuse tueuse en série n'existe pas ?

Le mystère sera résolu l'année suivante. En mars 2009, le journal allemand *Bild* révèle que certains policiers perspicaces avaient émis l'hypothèse que ce fantôme insaisissable n'existait pas, et que l'ADN retrouvé systématiquement à des époques et dans des lieux sans aucun lien devait être en réalité le résultat d'une pollution, une erreur due à la contamination des bâtonnets de prélèvement. Et ils avaient raison !
L'ADN a fini par être identifié, c'était celui d'une paisible Suissesse, Diane P., qui était employée par l'entreprise qui fabriquait les écouvillons servant à prélever les échantillons d'ADN ! L'institut de médecine légale de Homburg, dans la Sarre, réalisa des tests démontrant que des bâtonnets non encore utilisés par les services de police étaient porteurs du même ADN. La plupart des affaires criminelles où était impliquée la « tueuse sans visage » n'ont jamais été élucidées. Rien ne prouve cependant que l'ensemble des homicides aient été liés, ni qu'ils soient l'œuvre d'un seul auteur. Mais ce grain de sable aura grippé une grande partie de la machine policière européenne pendant quinze ans !

Dans la même veine des contaminations et mauvaises manipulations, ont pu être décelées des inversions erronées de prélèvements sur une plaque (96 puits portant autant d'échantillons à analyser pour différentes affaires), voire de mauvais sens de positionnement de la plaque elle-même. Ce qui en termes de résultat analytique va donner autant d'erreurs qu'il y a de prélèvements, chacun se voyant attribuer un identifiant qui n'est pas le sien.

Le problème est tellement sensible que des recherches destinées à limiter les effets des contaminations ou des erreurs de laboratoire sont développées. À ce titre, plusieurs avancées ont été proposées par l'IRCGN et viennent de faire l'objet de dépôt de deux brevets, afin d'assurer la traçabilité des échantillons et éviter leur contamination. C'est ainsi qu'a été fabriquée une machine permettant de placer correctement les échantillons et de les référencer sans manipulations nécessaires d'un technicien.

La fiabilité des résultats d'ADN

C'est la question essentielle pour l'enquête et le procès pénal. La place croissante occupée par la génétique dans les procédures judiciaires s'accompagne souvent de difficultés inhérentes à cette discipline, où le haut degré de discrimination a aussi comme corollaire des problématiques d'interprétation des résultats analytiques, peu accessibles aux acteurs du procès pénal. Celles-ci sont récurrentes dans les cas de mélanges, sur le nombre et la qualité des contributeurs. De même, elles apparaissent lorsque l'individu source de la trace biologique est connu, mais qu'il nie le processus de transfert supposé par les enquêteurs et réputé avoir conduit au dépôt de matière recueillie, comme nous avons pu le voir.

En amont des problématiques de mélanges et de transfert, les questions de fiabilité des résultats méritent un développement particulier afin d'en faire mesurer toute la complexité et la sensibilité. En effet, les résultats d'analyses génétiques jouissent en criminalistique, plus que tout autre, d'un a priori favorable. La qualité de la chaîne analytique, encore et toujours plus sanctuarisée, n'épargne toutefois pas les agents de redoutables, mais très discrets, biais de logique, d'interprétation et de curiosités statistiques.

Aborder le procédé de révélation scientifique de l'ADN permet de mieux comprendre qu'à la différence des empreintes papillaires, la robustesse et la fiabilité ne dépendent pas uniquement de l'interprétation, mais également de toutes les étapes du processus.

La molécule ADN étant chargé négativement, les morceaux d'ADN migrent sous l'action d'un champ électrique. La migration est d'autant plus rapide que le fragment d'ADN utilisé est court. En électrophorèse capillaire, la migration se fait dans un tube de la taille d'un cheveu[38]. Des tensions élevées permettent une séparation rapide des molécules. Un détecteur placé à la sortie du tube enregistre le passage des morceaux d'ADN en fonction du temps. Les résultats sont donc présentés différemment sous forme de graphique avec en abscisse le temps et en ordonnée la quantité d'ADN détectée. C'est ce que l'on nomme un électrophorégramme.

À quoi ressemble un électrophorégramme

Voici la représentation d'une feuille de résultat brute :
Dans les cartouches gris, nous trouvons le nom technique donné aux marqueurs et correspondant aux différents chromosomes sur lesquels les analyses portent. Les petits triangles sur la ligne de base constituent les bornes ou limites théoriques des parties non codantes des chromosomes faisant l'objet d'analyse.

38. Butler J. M., « Advanced Topics in Forensic DNA Typing : Methodology », *op. cit.*, p. 141-166.

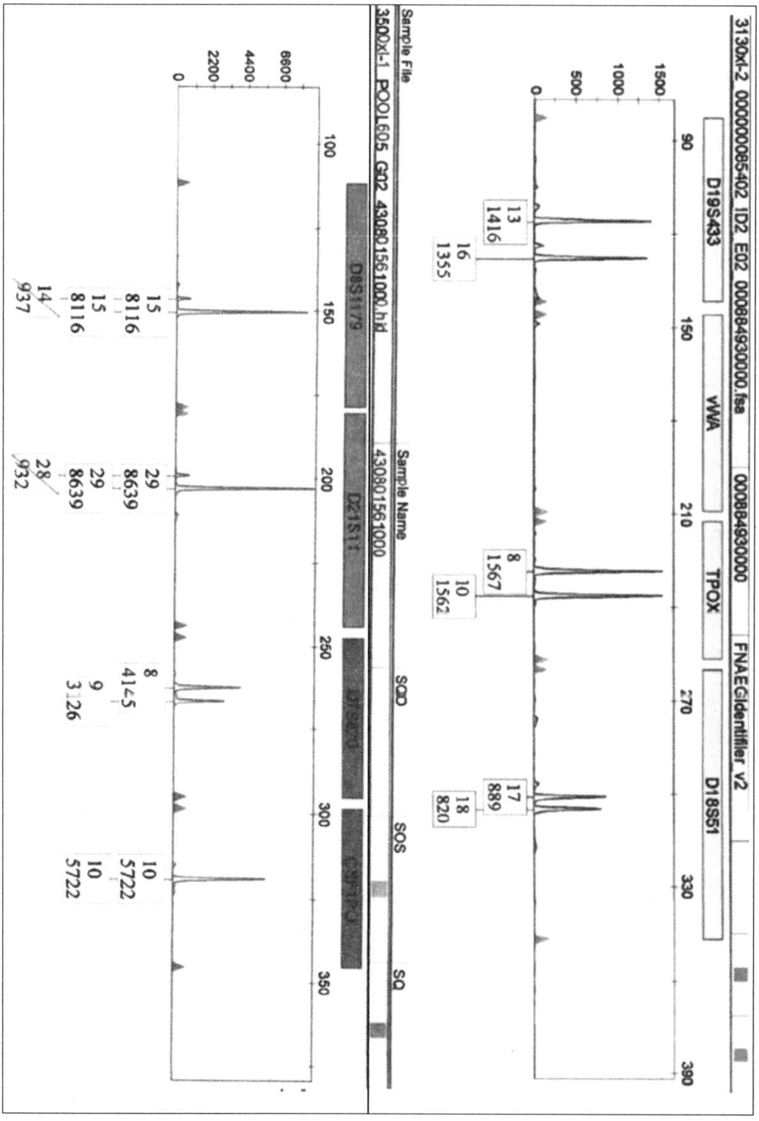
3130xl-2 0000000085402 1D2 E02 000884930000.fsa
000884930000
FNAEGIdentifiler v2
D19S433
vWA
TPOX
D18S51
Sample File
3500xl-1 POOL605 G02 43080156100.hid
Sample Name
430801561000
SQO
SOS
SQ
D8S1179
D21S11

L'échelle sur la gauche graduée 0 – 800 – 1600 sert à mesurer la quantité d'ADN pour chaque allèle.
Entre les bornes, les pics observés généralement par paires, sont les deux allèles détectés pour chaque chromosome. À préciser qu'un de ces allèles est l'héritage génétique de notre mère et l'autre celui de notre père. À noter que parfois il n'y en a qu'un seul, mais il apparaît plus long, ce qui signifie que les deux allèles détectés pour ce chromosome sont similaires.

Les techniques d'analyse d'ADN utilisées aujourd'hui permettent d'analyser plusieurs STR (Small Tandem Repeat) qui ont été choisis en fonction de leurs polymorphismes et de leur taille en même temps : on parle d'analyse en multiplex. Jusqu'à environ 15 fragments sont amplifiés simultanément par une analyse en mode « multiplex ». Et le passage du FNAEG de 15 marqueurs plus le marqueur sexuel, à 20 marqueurs plus le marqueur sexuel, a encore augmenté les capacités des nouveaux « multiplex ». La finesse, la précision et la fragilité de ces analyses conduisent naturellement à s'interroger sur leur fiabilité et les risques d'erreurs tant dans l'établissement d'un profil que dans l'interprétation des mélanges.

Mais nous rentrons là dans un domaine d'experts et de spécialistes, qui n'est pas le sujet principal que nous souhaitons présenter ici. Savoir que les lectures des électrophorégrammes sont complexes, tant par la nature des échantillons (incomplets ou mélangés) que par la nature du processus d'analyse qui provoque des signaux parasites (*stutter, drop-out*)[39] dont

39. Les *stutters* : l'amplification par PCR peut produire des éléments parasites. Sur le graphe ou spectre de l'électrophorèse ou électrophorégramme, cela se traduit par l'apparition d'un petit pic précédent un pic présent plus important. Le problème de cet artéfact (appelé « stutter ») est d'autant plus complexe pour interpréter le résultat, que l'élément répétitif est court, ou que l'hypothèse d'un

l'interprétation demande une connaissance approfondie et souvent une relecture par un autre spécialiste afin de ne pas retenir des allèles erronés ou faussement attribués au risque de ne pas donner le bon profil.

L'erreur de retranscription

Il s'agit ici simplement d'une faute de retranscription de ce que donne réellement l'électrophorégramme, et ce qui est inscrit dans le tableau de synthèse présenté au juge pour une lecture plus facile. À relever que c'est également ce tableau qui est envoyé au FNAEG pour l'intégration du profil et non le véritable résultat qui est l'électrophorégramme, ce qui peut entraîner des erreurs d'identification et d'attribution de profil.

Loin d'être une vue de l'esprit, ces erreurs sont régulièrement décelées lors des tests de contrôle obligatoires par des organismes extérieurs. C'est ainsi que pour le test de l'ANSM[40] de 2012, en France, quatre experts (deux appartenant aux laboratoires privés et deux travaillant dans des laboratoires publics) avaient commis une erreur de retranscription d'allèles pour un marqueur. Concernant le test 13IEG2 de 2013, il apparaît aux résultats que huit experts agréés au sein de la même structure, un laboratoire public, se sont trompés dans les résultats. Dans le détail, il semblerait qu'un seul expert ait réellement réalisé les tests, se soit effectivement trompé, et que les sept autres du même laboratoire aient retranscrit le même

---

mélange peut être avancée. La question pour l'expert est de savoir à la lecture de l'électrophorégramme, s'il est en présence d'un stutter, donc négligeable, ou d'un ADN mélangé.

Les *drop out* : autre élément parasite qui sur le graphe laisse un vide là ou un second allèle devait être présent.

40. ANSM : agence nationale de sécurité du médicament et des produits de santé.

résultat sans le contrôler. Lors de ce même test, a été également révélé chez un expert une erreur de retranscription de sexe au profil analysé et chez un autre le report de valeurs d'allèles erronées pour un marqueur alors que l'électrophorégramme était juste. Le test de l'année suivante, référencé 14IEG1, a montré deux erreurs d'experts, dont une supposée être dans la retranscription des résultats.

Ces quelques exemples montrent que malgré les protocoles de qualité et l'accréditation des laboratoires, l'expert reste le maillon le plus fragile. Et, au-delà de cette constatation, cette régularité dans les erreurs de transcription, du manque de vérification entre experts (sept se contentant certainement de retranscrire le résultat erroné de leur collègue), montre que cela n'est pas si exceptionnel que nous pourrions le croire. C'est pourquoi, dernier gardien des bonnes pratiques, la commission d'agrément demande les rapports donnant les explications des erreurs relevées et les mesures correctives prises par le laboratoire. À défaut, les experts sont susceptibles de perdre leur agrément et le laboratoire, son autorisation de pratiquer des analyses ADN.

Montrer les limites ou les risques n'est pas une volonté d'affaiblir les capacités et le pouvoir discriminant de l'ADN. Mais comme pour la majorité des laboratoires et des experts, connaître les risques permet de s'en prémunir au mieux. Décrire ces risques, c'est aussi montrer et faire comprendre toute la difficulté quotidienne inhérente à l'analyse de centaines de milliers d'échantillons d'ADN chaque année. Et lorsqu'une affaire judiciaire éveille notre curiosité et que l'ADN apporte la solution, se souvenir de l'ensemble de ces obstacles techniques au quotidien permet d'en mesurer la complexité.

Cette complexité nous conduit à avoir une vision empreinte de modestie devant ces matières scientifiques qu'exploitent tous les jours les techniciens et les experts, qui continuent à œuvrer et surtout à améliorer les techniques. Cette recherche constante du progrès nous montre que certes les risques d'erreurs existent, mais que les travaux réalisés viennent en diminuer les risques et que d'autres pistes existent encore pour un ADN robuste, mais également porteur de nouvelles capacités exploitables dans le futur.

Encore plus loin dans les recherches

Dans les recherches qui pourraient changer l'avenir de l'usage de l'ADN et bénéficier de résultats plus probants, il est un domaine particulièrement sensible qui attend lui aussi sa révolution, celui des traces de contact.

Pour rappel, sur une scène d'infraction, le technicien recherche au mieux toutes les traces qui lui semblent d'intérêt. Un certain nombre sont visibles à l'œil nu, quelques-unes sous éclairage rasant, et certaines sous exposition à des longueurs d'onde particulières. S'agissant des dépôts d'ADN, ce sont essentiellement les fluides corporels qui sont ainsi détectables. Mais la grande masse des traces dites de contact sont indécelables sous quelque éclairage que ce soit. Le travail du spécialiste sur le terrain est alors de faire des prélèvements selon une démarche hypothético-déductive, c'est-à-dire en réfléchissant aux déplacements possibles des protagonistes sur la scène, et en déduire les endroits et objets qu'ils ont pu toucher. À partir de ces déductions, le technicien effectue ses prélèvements espérant en avoir récolté le maximum. La réalité est bien plus mitigée. En effet, il y a une différence entre le traitement des scènes d'infractions de masse et celui des scènes de crime.

Les forces de l'ordre ont également leur perception des priorités en distinguant différents types de scène. Afin de répondre à la volonté d'une lutte efficace contre la délinquance de proximité (aussi nommée délinquance de masse) qui regroupe essentiellement les vols et cambriolages, la politique ministérielle a voulu accroître le taux de résolution de telles infractions. Cette vision a eu des conséquences immédiates, d'abord un effet réducteur limitant les traces à rechercher à celles alimentant les deux grands fichiers, le FAED et le FNAEG ; ensuite de laisser accroire que la multiplication des prélèvements biologiques était la panacée de la résolution des affaires. C'est ainsi, qu'entre les années 2012 et 2013, les capacités des laboratoires d'État ont dû être largement accrues pour faire face à la demande, pour un résultat largement en deçà des attentes, environ 21 % de profils sont reconnus exploitables, c'est-à-dire qu'ils sont susceptibles d'être enregistrés au FNAEG. Mais là encore un biais d'appréciation existe, car ces 21 % ne sont pas discriminés avec les traces laissées par les victimes elles-mêmes et leur famille, réduisant encore la capacité réelle de résolution.

Si avec raison, la criminalistique a été mise en avant pour apporter des réponses afin d'améliorer le taux de résolution, c'est le taux de révélation des prélèvements de traces de contact réalisés qui n'est pas au rendez-vous[41]. D'abord du fait de la qualité du personnel engagé sur ce type de scènes d'infraction, qui n'appartiennent pas à des services spécialisés. Ce sont les « polyvalents » pour la Police nationale ou les

41. En revanche dans le cas de scènes de crime, ces dernières sont traitées par des techniciens spécialisés qui, eux, ont la capacité de rechercher et de prélever tous les types de traces, en vue de leurs analyses.

« techniciens en investigation criminelle de proximité » (TICP) pour la Gendarmerie nationale. Leur formation criminalistique est particulièrement limitée, le but recherché est d'avoir une connaissance technique a minima, permettant de faire quelques actes de base que sont les prélèvements de traces digitales simples et l'écouvillonnage ADN, à des endroits ou objets paraissant opportuns, car susceptibles de porter des empreintes génétiques. Ensuite, la difficulté tient à la détection des traces de contact.

Si dans le cadre des scènes de crime, les spécialistes prélèvent généreusement, nous pourrions imaginer qu'il en soit de même pour les scènes issues de la délinquance de masse. Peu importe que le taux de révélation soit bas, prélever tous azimuts, sans réflexion pourrait permettre d'avoir quelques réponses. Mais cette vision de traitement indifférencié entre les types de scènes d'infraction, est vite rattrapée par la réalité budgétaire. Des centaines de milliers d'analyses de prélèvements inutiles sur de simples scènes de délinquance de masse ont un double impact, celui de dépenser inutilement l'argent public et celui de créer une thrombose des laboratoires par un tel flux. C'est pourquoi les forces de l'ordre ont imposé des règles sur le nombre de prélèvements à réaliser. Généralement, dans le cas des infractions criminelles, les services spécialisés essayent d'être exhaustifs dans leurs prélèvements. Mais, dès lors que nous sommes dans le délictuel, voire dans ce qui est considéré comme de la petite délinquance, dite délinquance de masse, la notion du choix du type de prélèvement et de l'échantillonnage prend toute sa dimension. C'est ainsi que sur ce type de scène, les services de police et de gendarmerie ne recherchent que les empreintes digitales et au maximum 3 prélèvements pour la recherche d'ADN. En l'espèce, le fond de cette position se veut être économique au regard du préjudice subi et de la réponse pénale. Une collecte exhaustive de prélèvements de toute nature, et essentiellement en vue d'analyses génétiques, aurait un coût disproportionné[42].

Ce choix sélectif, et délibéré, a eu plusieurs conséquences. D'abord, une vision immédiate qui laisse accroire que certaines traces ont plus de valeur que d'autres ; ensuite la découverte à l'usage que la recherche de traces biologiques, sans discrimination, n'apporte que peu de réponses au regard du coût des analyses génétiques. Le manque de pertinence des prélèvements effectués a nécessité de revoir les modalités de leur collection, et d'en diminuer le nombre, et c'est en ce sens que les deux forces de l'ordre ont donné des directives, y compris pour essayer de former le personnel à une méthode de recherche des traces de contact plus pertinente. Il convient de retenir qu'actuellement, grâce à cette formation, le taux de présence d'ADN exploitable sur les prélèvements réalisés approche 30 %.

Si la progression est intéressante, elle n'en demeure pas moins encore assez faible. C'est pourquoi plusieurs travaux scientifiques sont concentrés sur le problème de la détection de la présence d'ADN de contact, ce qui permettra alors de faire des prélèvements efficients. Plusieurs directions en ce sens font l'objet de recherche, telle que celle se focalisant sur la recherche d'une molécule chimique qui réagirait avec les nucléotides (éléments composants la chaîne ADN) ou les

42. « Il convient donc de limiter les prélèvements génétiques de PTS de masse à ce qui apparaît nécessaire et utile au binôme constitué par l'enquêteur et l'opérateur de police technique et scientifique qui lui apporte son concours dans le cadre des investigations, en particulier dès la phase initiale de constatation technique et de recherche de traces. Dans ce domaine comme dans d'autres, il convient de passer d'une politique du chiffre ou de la « bûchette » à une culture du résultat avec la recherche d'efficience réelle ». Cf. annexe n° 43 Mme MAZETIER S., *op. cit.* p. 30.

liaisons qui les assemblent. Le but étant bien sûr de trouver une réaction permettant de déceler la présence d'ADN sur n'importe quel support. Le technicien n'aurait alors qu'à pulvériser ladite solution et, directement ou sous un éclairage spécifique, observer s'il y a une révélation de la présence d'ADN. Un peu comme l'usage du Luminol ou du Bluestar, qui sont des produits réagissant avec les ions métalliques présents dans le sang et qui permettent de déceler les traces résiduelles de coulures ou d'essuyage, même si elles ont été nettoyées.

Ainsi, arriver à détecter la présence d'ADN de contact sur n'importe quelle scène d'infraction apporterait une efficacité redoutable aux investigations sur les lieux et à la résolution des affaires.

Nous terminerons ce point sur les recherches entreprises actuellement qui offrent des espérances pour les enquêteurs. Nous avons vu que le portrait-robot apportait et apportera des éléments physionomiques de plus en plus détaillés, avec une dimension complémentaire qui viendra encore préciser le tout : il s'agit de la dimension temporelle, donc l'âge du donneur. En effet, les extrémités des chromosomes ou télomères s'usent au fur et à mesure du temps, et pouvoir réaliser une mesure précise offrirait la possibilité de donner l'âge de la personne à l'origine de la trace ADN relevée. Ce qui, dans l'établissement d'un portrait-robot, est un élément d'information très intéressant.

Cette notion que représente le temps est, en science forensique, une information déterminante dans de nombreux domaines, dont le premier, la médecine légale, grâce à laquelle les enquêteurs obtiennent la datation et l'heure de la mort, éléments toujours essentiels pour partir sur de bonnes références dans toute affaire criminelle.

C'est pourquoi, toujours dans cette idée de datation, en matière d'ADN, une recherche sur les constituants et leur dégradation dans le temps offrirait aux enquêteurs une réponse essentielle : *connaître la date du dépôt de l'ADN prélevé !* Outre le fait de pouvoir mettre cette donnée en concomitance avec celle du médecin légiste, elle donnerait une discrimination particulièrement importante sur la pertinence de la présence de l'ADN, éliminant les dépôts antérieurs et postérieurs à l'action criminelle.

L'histoire de l'ADN n'est donc pas finie, et il nous reste à espérer que le futur qu'elle nous réserve soit le plus proche possible.

Chapitre 5
L'odeur du crime !

L'odorologie

Comme beaucoup de passionnés de criminalistique et de science forensique, nous partageons certainement avec vous une grande admiration pour Conan Doyle et pour les capacités d'observation et d'interprétation des « petits riens » qui permettent à son héros, le détective privé Sherlock Holmes, de résoudre des mystères qui semblent pourtant impossibles à élucider. Les soixante récits du « canon » holmésien[1] présentent un héros qui réunit toutes les facettes supposées d'un spécialiste de la criminalistique qui, grâce à sa démarche hypothético-déductive, garantit toujours de surprendre le lecteur au moment de la solution de l'énigme.

On peut rappeler que la médecine légale et surtout l'anthropologie judiciaire jouent un rôle d'autant plus logique que ces disciplines sont en plein essor dans les années 1880 où se situe le début de nombreuses affaires résolues par Sherlock. Il en va de même pour expliquer l'intérêt, voire la fascination, du détective envers les traces humaines

1. Nous excluons les multiples récits apocryphes.

ou animales et les empreintes digitales[2]. La toxicologie et la toxicomanie (addictions à l'opium ou à la cocaïne) sont également présentes dans de nombreuses aventures. D'autres « sciences dures », comme les mathématiques (la cryptologie), la physique ou la chimie, l'astronomie, permettent d'élucider bon nombre d'affaires mystérieuses. Plus surprenant encore, le détective fait appel à la physique des gaz et à la mécanique des fluides. Constatant que tous les domestiques d'une maison dans laquelle a été commis un crime par arme à feu, ont pu sentir l'odeur de la poudre, il en déduit que la porte et la fenêtre de la maison étaient ouvertes[3] !

Au-delà de l'anecdote de ce récit particulier, nous souhaitons mettre en exergue un des savoirs du célèbre détective, que l'on n'appelait pas encore à son époque, l'odorologie. Dans plusieurs nouvelles, l'entrée du détective dans un lieu le plonge régulièrement dans de profondes réflexions. Réflexions portées par ses narines frémissantes qui analysent par alternance de respirations profondes les odeurs des différentes pièces qu'il investit. Sa spécialité dans ce domaine vaporeux et évanescent est le tabac ! Dans le livre *Le signe des quatre*, Sherlock Holmes explique l'importance de la connaissance des tabacs (en l'espèce 140), car ils favoriseraient l'identification du fumeur, et le détective de citer son étude *Upon the Distinction between the Ashes of the Various Tobaccos* (« Sur la distinction entre les cendres de différents tabacs ») basée sur l'aspect et l'état des cendres, mais également sur leur odeur, comme l'odeur

2. Bien que peut présentes dans les récits des aventures d'Holmes, les empreintes digitales sont bien présentes dans au moins 2 d'entre-elles dont une particulièrement originale d'une empreinte transférée pour faire condamner la personne à qui elle appartenait normalement.

3. JAUSSAUD Ph., *Sherlock Holmes : Science & Récit*, janvier 2013 – https://www.researchgate.net/publication/279261839_Sherlock_Holmes_science_et_recit_histoire

résiduelle d'un tabac fumée récemment ou pas. C'est donc dans ce domaine que nous allons voir quels pourraient être les développements futurs en nous penchant d'abord sur ce qu'il recouvre exactement.

Instinctivement ou naturellement, chacun d'entre nous possède une sensibilité plus ou moins grande aux odeurs et à leur distinction. Certains métiers d'ailleurs recherchent des « nez », c'est-à-dire des personnes avec une capacité particulièrement développée leur permettant de distinguer et d'identifier de très nombreuses odeurs. La parfumerie est un de ces secteurs. Dans les enquêtes judiciaires, et notamment lors de disparition de personnes, on découvre que des chiens spécialisés sont utilisés pour suivre une piste. De même, certains sont entraînés à la recherche d'explosifs, d'autres à la recherche de drogues ou encore la détection de cadavres. L'intérêt de l'odeur apparaît dans toute sa dimension lors d'une enquête, mais ne peut-on pas aller au-delà ? Qu'en est-il au quotidien dans la criminalistique ? Est-ce que cela est pris en compte par les enquêteurs ? Quels sont les moyens existants et ceux qui se développent encore aujourd'hui ?

L'odorologie est un domaine somme tout assez récent dans le panel de la criminalistique. Il est issu de l'expérience répressive à l'encontre des dissidents politiques par les polices et milices des pays de l'Est du temps de la guerre froide. En effet, ces services de polices utilisaient des chiens comme mode de recherche pour retrouver et identifier les opposants au régime. Partant de l'observation empirique que chaque personne a une odeur corporelle qui lui est propre, et que, parallèlement, des chiens entraînés sont en capacité de marquer des pistes lors de recherches diverses (chien d'avalanche, chien de cadavre, chien de drogue, chien d'explosif, etc.), deux approches en vue de l'identification des hommes par leur odeur sont alors réalisées. Une déjà éprouvée, prônant l'utilisation de chiens spécifiquement entraînés, et l'autre en devenir, basée sur l'étude scientifique de l'odeur, de ses composants et des moyens analytiques nécessaires pour en extraire un spectrogramme complet des molécules la constituant[4]. Le but pour chacune d'entre elles étant que l'analyse permette l'individualisation des odeurs laissées sur une scène de crime en vue de l'identification de l'auteur[5].

C'est ainsi que selon les pays, voire selon les laboratoires ou les forces de police, le choix de cette identification de l'odeur d'une personne ayant été présente sur la scène de crime, ayant touché certains objets ou s'étant assise dans un véhicule[6], font l'objet d'une stratégie analytique différente. Certains préfèrent l'usage d'experts canins, ou suivre un protocole de prélèvements sur la scène et sur les suspects qui sont présentés à l'identification par des chiens, là où d'autres s'attachent à mettre en œuvre les techniques de la chimie analytique. Sachant que pour les deux stratégies d'analyse et/ou d'identification, l'élément en question est l'odeur humaine.

De quoi est composée l'odeur humaine ?

L'odeur humaine[7] regroupe une multitude de composés. Chaque personne aurait donc son empreinte odorante portant toutes les

4. Bartsch J. & al., « Analysis of odour compounds from scented consumer products using gas chromatography-mass spectrometry and gas chromatography-olfactometry », *Analytica Chimica Acta*, Vol. 904, 2016, p. 98-106.
5. Prada P. A. & Furton K.G., « Human scent detection: a review of its developments and forensic applications », *Rev. Ciencias Forenses*, Vol. 1, 2008, p. 81-87.
6. Gallagher M. & al., « Analyses of volatile organic compounds from human skin », *British Journal of Dermatology*, Vol. 159, Issue 4, 2008, p. 780-791.
7. Pandey S. K. & Kim K.-H., « Human body-odor components and their determination », *Trends Anal. Chem.*, Vol. 30, 2011, p. 784-796.

caractéristiques d'une individualisation[8]. Mais cette individualisation repose sur *le profil entier de l'odeur* et non sur quelques-uns de ses composants (qui eux peuvent être communs à plusieurs personnes voire à des animaux)[9]. Sans rentrer dans le détail de tous les composants, en citer certains donne une mesure de la complexité de ce support particulièrement volatile.

C'est ainsi que nous trouvons des acides, des alcools, des aldéhydes, des esters, des hydrocarbures, des cétones, des composés hétérocycliques et même des sulfures[10]. À quoi s'ajoutent des composants liés au métabolisme de chacun, à son héritage génétique, à son alimentation comme à son environnement, aux conditions de santé, aux phéromones et autres cycles hormonaux, aux états émotionnels (au moment de l'émission de l'odeur, car des mécanismes hormonaux supplémentaires entrent alors en jeu, tels que l'apport d'adrénaline par exemple).

De même, l'odeur est sous l'influence des conditions climatiques, comme de toutes les colonies bactériennes endogènes présentes sur le corps !

Et enfin, elle est sensible à tous les composés exogènes portés par transfert de matières ou d'autres odeurs[11]. L'odeur étant in fine un composé complexe dû à plusieurs mécanismes biochimiques générant les sécrétions par les glandes apocrines, eccrines et

8. Penn, D. J. et al., « Individual and gender fingerprints in human body odour », *Journal of the Royal Society Interface*, Vol. 4, Issue 13, 2007, p. 331-340, 2007.
9. DeGreeff L. E., Curran A. M. & Furton K. G., « Evaluation of selected sorbent materials for the collection of volatile organic compounds related to human scent using non-contact sampling mode », *Forensic Sciences International*, Vol. 209, 2011, p. 133-142.
10. Brown J. S., Prada P. A., Curran A. M. & Furton K. G., « Applicability of emanating volatile organic compounds from various forensic specimens for individual differentiation », *Forensic Sciences International*, Vol. 226, 2013, p. 173-182.
11. Sorokowska, A., « Assessing Personality Using Body Odor: Differences Between Children and Adults », *Journal of Nonverbal Behavior*, Vol. 37, Issue 3, 2013, p. 153-163.

sébacées[12] auxquelles s'ajoute également le complément odorant provenant de l'activité bactérienne[13].
Ainsi, chaque personne est caractérisée par une odeur qui peut être divisée en trois sous-classes : l'odeur primaire constituée d'éléments stables dans le temps, l'odeur secondaire comprenant les constituants endogènes, mais dépendant d'un régime alimentaire et des facteurs environnementaux, et l'odeur tertiaire provenant de sources exogènes telles que savons, parfums, lotions, transfert d'odeurs, etc.[14].

Même si certains éléments constituant une odeur ne sont pas toujours stables dans le temps, l'identification d'un individu par cette émission naturelle est possible. Ainsi, l'analyse de son prélèvement par contact sur un objet manipulé ou par aspiration d'une trace volatile (en suspension dans l'air) peut apporter des réponses aux enquêteurs. Se basant comme toujours sur le principe de l'échange de Locard, toutes les actions criminelles font que l'auteur laisse des traces de son passage sur la victime et les lieux, et emporte sur lui celles des lieux et de la victime. En l'espèce, la trace d'intérêt venant accroître le champ des éléments indiciels déjà connus, est l'odeur résiduelle laissée sur les lieux et les objets par l'auteur, et dans

12. WILKE K., MARTIN A., TERSTEGEN L. & BIEL S. S., « A short history of sweat gland biology », *International Journal of Cosmetic Science*, Vol. 29, 2007, p. 169-179.
13. ZENG X. & al., « Analysis of characteristic odors from human male axillae », *Journal of Chemical Ecology*, Vol. 17, Issue 7, 1991, p. 1469-1492.
ZENG X. & al., « Analysis of characteristic human female axillary odors: Qualitative comparison to males », *Journal of Chemical Ecology*, Vol. 22, Issue 2, 1996, p. 237-257.
14. KUSANO M., MENDEZ E. & FURTON K. G., « Comparison of the volatile organic compounds from different biological specimens for profiling potential », *Journal of Forensic Sciences*, Vol. 58, Issue 1, 2013, p. 29-39.

une vision encore plus optimiste des développements futurs, l'odeur des lieux et de la victime emportée par l'auteur.

C'est en ce sens qu'en France notamment, le SNPS (Service national de police scientifique) a fait accréditer sa méthode d'identification des odeurs par des chiens spécialement entraînés sur des prélèvements provenant de véhicules volés ou d'objets, comparés à des prélèvements sur des mis en cause. Le protocole mis en place prévoit dans un premier temps de prélever les traces olfactives avec des lingettes en coton (en prenant les précautions nécessaires pour ne pas contaminer l'odeur résiduelle par celle de l'agent préleveur) sur les objets, meubles, etc. Les prélèvements sont alors placés dans différents bocaux stérilisés et intégrés à l'odorothèque du SNPS qui regroupe les prélèvements sur les scènes de crime et les prélèvements réalisés sur les personnes mises en cause.

La suite du protocole nécessite de faire identifier l'odeur par le chien-expert. Pour cela, sont réalisées deux parades (ou passages) par deux chiens différents devant quatre bocaux renfermant des prélèvements après avoir fait sentir l'odeur du mis en cause. Si au cours des deux parades, chaque chien marque le bon bocal, l'identification est considérée comme positive. Le service de la Police nationale a communiqué les résultats d'une recherche menée avec le concours de l'université Claude-Bernard au centre de la recherche en neuroscience de Lyon[15] permettant de retenir que « leurs résultats montrent qu'au terme d'un programme d'entraînement de 24 mois, les chiens parviennent à reconnaître l'odeur d'une même personne dans 80 à 90 % des cas, et ne commettent jamais

15. Marchal S., Bregeras O., Puaux D., Gervais R., & Ferry B., « Rigorous Training of Dogs Leads to High Accuracy in Human Scent Matching-To-Sample Performance », *Plos One*, 2016, p. 1-13, 10 février 2016 – http://journals.plos.org/plosone/article?id=10.1371/journal.pone.0146963

d'erreur en la confondant avec des odeurs de personnes différentes ». De plus, « en moyenne, au bout de deux ans, ils parviennent à reconnaître deux odeurs provenant de la même personne dans 85 % des cas, les 15 % d'absences d'association résultant majoritairement de la qualité du prélèvement ou de l'odeur elle-même et non d'un déficit de reconnaissance[16] ».

Ces remarques enthousiastes sur la réussite des chiens montrent tout l'intérêt de poursuivre la recherche sur l'odeur. S'il est indéniable que la capacité des chiens à identifier les odeurs, à suivre une piste, est d'une formidable puissance, juridiquement en France, elle est reconnue comme une aide à l'enquête (recherche d'une piste, de drogues, d'explosifs, de cadavre, etc.), mais au procès pénal elle n'est pas retenue comme preuve matérielle de l'identification formelle de la présence d'un individu sur une scène de crime ou tout autre lieu. En effet, le chien-expert n'est pas capable, à ce stade, de témoigner et d'expliquer les résultats obtenus comme tout expert !

Odorologie, mode d'emploi

L'odorologie canine, en tant que technique criminalistique, s'est développée en Hongrie dans les années 1970 puis dans les pays d'Europe de l'Est pendant la guerre froide. En Europe de l'Ouest, on s'y intéresse depuis le début des années 1980. Des maîtres-chiens sont allés se former en Roumanie et en Hongrie depuis l'entrée de ces pays dans l'Union européenne. La Police nationale l'utilise régulièrement depuis 2003.

Ceux qui sont convaincus de l'intérêt de cette méthode font remarquer qu'un criminel peut tenter d'effacer ses traces digitales

16. Cf. le communiqué sur le site : http://www2.cnrs.fr/presse/communique/4405.html

ou éviter de laisser son ADN, mais il lui est impossible de détruire à coup sûr une trace olfactive.

Pourquoi ça marche ?

La membrane olfactive d'un labrador contient plus de 200 millions de cellules sensorielles, contre à peine 5 millions chez l'humain. La zone cervicale de détection du chien occupe 10 % de son cerveau contre 0,1 % pour l'homme. Un chien est capable de détecter une goutte de vinaigre diluée dans 50 litres d'eau et il peut effectivement retrouver la trace olfactive d'une empreinte de doigt sur un objet jusqu'à six semaines après qu'elle y ait été déposée. (Source : Stéphane Mairesse, éducateur canin)

Comment ça marche ?

La technique consiste à capturer, grâce à des pinces stériles et des bandelettes de textile spécial, les traces odorantes qui constituent « l'empreinte olfactive » d'un individu, sur une scène de crime en extérieur, dans une pièce ou dans un véhicule. D'après les spécialistes, le prélèvement doit être effectué dans un délai de quatre jours, car les molécules olfactives sont très volatiles. Les opérateurs procèdent à un transfert d'odeur avec un objet dont on peut supposer qu'il a été touché par le malfaiteur. Par exemple : une arme, un tissu, le volant ou le changement de vitesse d'un véhicule… L'échantillon est envoyé au Pôle central de l'identité judicaire d'Écully (maison mère du Service national de Police scientifique de la Police nationale), près de Lyon. Sur place, deux chiens dressés à cet effet plongent leurs truffes dans le bocal contenant l'empreinte odorante de l'individu.

Lorsqu'un individu est suspecté, on lui demande de malaxer deux bandes de tissu dans chacune de ses mains pendant au moins dix minutes afin que son odeur s'imprègne correctement. Il s'agit d'un tissu spécialement conçu pour la fixation des odeurs, importé de Hongrie. Si l'on sait que ses fibres sont essentiellement composées de viscose, un polymère artificiel dérivé de la cellulose dont la porosité a été expressément développée pour une conservation optimale des odeurs, enduites ensuite d'un dérivé de paraffine, on ignore la recette précise, jalousement conservée par les Hongrois.

On dispose ensuite, dans une pièce spécialement aménagée, quatre bocaux espacés de 2 mètres les uns des autres. Un seul contient l'échantillon prélevé sur la scène de crime.

Un premier chien est invité à sentir successivement les bocaux. S'il reconnaît l'odeur du suspect, il se couche devant ! Après l'avoir récompensé, on dispose à nouveau les bocaux, mais cette fois, selon un nouveau protocole : on a retiré le bocal supposé contenir l'empreinte du suspect. Le chien ne doit donc pas s'allonger pour que la vérification soit satisfaisante.

On passe ensuite à la troisième étape : le bocal contenant l'odeur à expertiser est réintroduit parmi les bocaux à tester, mais l'ordre de présentation au chien est modifié. Exemple : le bocal n° 6 devient le n° 3. Le n° 5 se trouve en n° 1, etc. Si le chien se couche à nouveau devant le « bon » bocal, on procède à une ultime vérification avec un autre chien en suivant le même protocole.

Ultime précision à l'intention de lecteurs « défavorablement connus des services de police » (il doit bien y en avoir quelques uns…) : il est inutile de tenter de masquer son odeur en s'aspergeant de parfum avant un casse ou un braquage ! Ce « brouillage » ne trompera pas les chiens, dont la sensibilité leur permet de distinguer les fragrances parasites pour se concentrer exclusivement sur la signature odorante d'un suspect !

Odorologie opérationnelle

LA DISPARITION DU PETIT ÉMILE

Ce fait divers tragique commence le 8 juillet 2023 dans un petit hameau des Alpes-de-Haute-Provence, le Haut-Vernet. Alors que la journée est magnifique et que les premiers jours de vacances estivales offrent enfin un peu de détente et le plaisir de partager des moments privilégiés, dans cette après-midi baignée de soleil, les grands-parents à qui Émile a été confié s'aperçoivent que leur petit-fils n'est plus dans la chambre où ils l'avaient couché pour faire la sieste. La maison est pleine de vie, elle accueille les oncles et tantes d'Émile qui sont très jeunes, rien ne laisse supposer un drame.

Immédiatement, la famille, bientôt rejointe par le voisinage, se met à la recherche du petit garçon âgé de 2 ans. Tout le monde espère qu'un petit bonhomme de cet âge n'ait pas pu s'éloigner trop loin de la maison familiale, mais rapidement il faut se rendre à l'évidence, l'enfant est introuvable. La gendarmerie est alertée et un dispositif d'ampleur est mis en place, à la fois sous la responsabilité du préfet pour l'organisation des secours et sous la responsabilité du procureur de la République pour l'engagement d'une enquête judiciaire pour disparition de mineur. La gendarmerie confie d'entrée l'enquête à la section de recherche de Marseille, une unité spécialisée dans les affaires criminelles importantes.

S'agissant du volet secours, sont projetés sur le terrain sous le commandement opérationnel de la gendarmerie, des hélicoptères, un escadron de gendarmerie mobile, la sécurité civile, une unité militaire, et des centaines de bénévoles. Les caves ainsi que tous les congélateurs des maisons ainsi que tous les véhicules sont inspectés, il faut aller vite si nous sommes dans le cas d'un enfant qui par une fausse manœuvre se retrouve coincé à l'intérieur. En sus du vecteur humain, sont projetés sur le terrain des moyens techniques dont les hélicoptères et drones équipés de caméras thermiques et de scanners notamment afin de détecter toutes les formes de chaleurs différentes, permettant d'identifier les êtres vivants. Et en accompagnement, dans cette phase, sont également déployés le plus rapidement possible, le moyen qui apporte le plus de résultat : des équipes cynophiles avec deux types de chiens.

Les premiers chiens engagés sont des chiens de piste dont la formation et l'appétence naturelle sont de pouvoir suivre la trace d'odeurs sur de longues distances et d'arriver à les percevoir dans le temps. Focalisés sur les molécules odorantes au sol ou sur la végétation sur laquelle elles ont pu se fixer, ces chiens ont une capacité remarquable à matérialiser la trace, la marquer et suivre la piste ainsi détectée. Malheureusement, malgré plusieurs tentatives, quelques points marquent, mais ils ne permettent pas de matérialiser une piste, ils correspondent à des lieux où le petit Émile s'est promené avec sa famille et sont les fins de parcours avant le demi-tour pour rentrer à la maison.

Devant cette impasse, un deuxième type de chiens est engagé, moins performant (tout est relatif) sur le suivi d'une piste classique, mais qui excelle dans le zonage. C'est-à-dire qu'à la différence des autres chiens, ils arrivent à détecter les molécules odorantes en suspension dans l'air et une fois accrochées, ils suivent la direction concentrant le maximum d'effluves. C'est-à-dire qu'ils permettent de déterminer une zone dans laquelle l'enfant est situé et émet naturellement son odeur qui se dissipe dans l'air ambiant. Là aussi, le résultat se révèle négatif.

Les jours passent, les moyens projetés sur une zone de 5 km de rayon autour du hameau, correspondent à 31,4 km^2, soit l'équivalent de près de 6 000 terrains de football. Bien que sans précédent, ces moyens n'ont pas permis de retrouver l'enfant dans un laps de temps compatible avec sa survie. D'un relief montagneux, accidenté, traversé de nombreux talwegs, de failles, de parties boisées et denses, avec quelques petites exploitations agricoles, la région n'est pas facile et semble s'être refermée sur l'enfant. Bien sûr les enquêteurs travaillent depuis le départ sur de nombreuses hypothèses et celle de l'enfant perdu seul dans la nature n'est que l'une d'entre elles.

Nous laisserons volontairement de côté la partie spécifiquement judiciaire de cette affaire, pour nous concentrer sur les moyens engagés en général, et ceux autour de la recherche de la trace odorante en particulier.

Presque un mois après sa disparition, de nouveaux moyens sont à nouveau projetés sur certaines parties du terrain, drones, tachéomètres à position satellitaire, pour refaire une cartographie du terrain, et superposer les zones qui avaient bien été inspectées sur celles qui, au regard des mouvements accidentés du terrain, avaient été plus difficiles à explorer. Cette reprise permet de ne laisser aucune zone d'ombre et de s'assurer que rien n'a été oublié. Avec ce nouveau déploiement, un nouveau type de chiens spécialisés est mis en action. C'est ainsi que nous voyons arriver des équipes cynophiles avec des chiens entraînés à retrouver des corps en décomposition et putréfiés. Après une semaine de travail sur le terrain, y compris dans les endroits les plus accidentés, les chiens n'ont relevé aucune trace de corps en décomposition, ni marqué de lieu sur lequel des fluides auraient pu couler et se décomposer également dans le temps. De plus, travaillant sur une des hypothèses qui avait été envisagée, l'accident lors de travaux agricoles, moissonneuse-lieuse, ballots de foin ou de paille de plusieurs centaines de kilos ont eux aussi été inspectés par les chiens, mais sans résultat.

À ce stade de l'affaire, le mystère reste entier, les enquêteurs explorent d'autres pistes, car parallèlement ou concomitamment à ces recherches, s'agissant du volet judiciaire, les spécialistes des

> scènes de crime ont eux aussi œuvré sur ce périmètre en sus du Haut-Vernet, de la maison et des véhicules, ils ont effectué des bornages téléphoniques, et collecté des traces et autres éléments matériels en cours d'analyse qu'il conviendra d'interpréter, mais sans préjuger d'un résultat dans un proche avenir.
> Cet exemple a été évoqué pour montrer que dans l'arsenal des outils de la science forensique, même si au tribunal le témoignage d'un chien n'est pas recevable, son usage pour retrouver des éléments indiciels (drogue, explosifs, corps, pistes, etc.) reste le meilleur assistant d'enquête en matière d'odorologie opérationnelle.

Enfin, pour être complet sur le sujet, la gendarmerie, plutôt que le choix de la voie canine pour la détermination de l'odeur, a préféré la voie analytique en réunissant autour de l'équipe de chimistes de l'IRCGN un ensemble de chercheurs provenant de plusieurs entités de recherches travaillant sur « la signature chimique corporelle[17]. » Cette approche entamée en 2012, apporte ses premiers résultats. Après plus de dix ans de recherches permettant actuellement de déterminer des odeurs corporelles familiales, les derniers travaux commencent à permettre de différencier les individus[18]. La poursuite des études sur les molécules composées et complexes ouvre réellement des perspectives d'individualisation chimique dans un avenir qui pourrait être proche, ce qui classerait de facto

17. Le département ECX de l'IRCGN, l'UMR CBI (chimie biologie innovation) 8231, CNRS, Laboratoire Sciences Analytiques Bioanalytiques et Miniaturisation, ESPCI Paris, PSL Research University, INSERM, UMRS 1158 Neurophysiologie Respiratoire Expérimentale et Clinique.
18. Cuzuel V., Sizun A., Cognon G., Rivals I., Heulard F., Thiébaut D., & Vial J., « Human odor and forensics. Optimization of a comprehensive two-dimensional gas chromatography method based on orthogonality: how not to choose between criteria », *Journal of Chromatography A*, Article in Press, 24-08-2017, p. 1-9.

ce domaine avec ces méthodes d'analyses dans les disciplines reposant sur les analyses chimiques.

La dernière étape à franchir pour cette méthode est celle de l'unicité : s'assurer que l'odeur d'un individu est unique, ou pour le moins que la probabilité de retrouver une odeur constituée de molécules complexes similaires est infinitésimale, dans des proportions équivalentes à celles des coïncidences fortuites retenues, comme pour les empreintes digitales et ADN.

Mais en attendant cette perspective, il reste encore étonnant que les enquêteurs ne prélèvent pas systématiquement les odeurs résiduelles sur certaines scènes d'infraction, notamment pour la recherche d'odeurs résiduelles tertiaires ou rapportées. C'est-à-dire, la recherche de parfum, de déodorants ou de produits détergents, nettoyants, ou autres. En effet, sans être un élément individualisant une personne, cela reste un élément indiciel qui peut intéresser l'enquête surtout si l'on retrouve chez un des suspects le même produit. Même en matière de prélèvements classiques, des progrès restent encore à faire...

Chapitre 6
Un bestiaire au service de la justice

Des traces animales

Certains pourraient s'étonner de voir traiter comme traces intéressant le futur de la science forensique celles touchant les animaux. Pourtant dans une acception large du règne du vivant, de telles traces, même si la plupart font appel à des connaissances séculaires, de nouvelles découvertes, pourraient venir élargir le champ des recherches sur une scène de crime.

D'abord quant à l'identification de l'animal lui-même. En ce sens, l'ichnologie apporte toute la connaissance nécessaire pour identifier une trace animale, et plus particulièrement une empreinte de pas, de déplacement (serpents) ou de mouvement (pour les invertébrés), mais également leurs excréments, leurs terriers, nids, ou forages. Certes, cette science est large et son application ne pose aucune difficulté dès lors que les techniciens de scène de crime ont un besoin d'identification spécifique. Ces éléments viennent compléter les résultats de la biologie animale permettant l'identification de poils retrouvés sur les lieux de l'infraction par exemple (voir encart), ce qui est beaucoup plus fréquent. Si la victime n'a pas d'animal, la présence sur elle, par transfert, de quelques éléments pileux est de nature à indiquer que dans l'environnement de l'agresseur se trouve un animal, et son identification vient alors apporter un élément indiciel d'importance lors de l'interpellation d'un suspect au domicile duquel est trouvé un animal correspondant aux traces trouvées. Inversement, si c'est la victime qui a un animal de compagnie et que parmi les suspects ne faisant pas partie de l'environnement, est retrouvé sur un des vêtements de l'un deux des poils que l'ADN identifie comme appartenant à l'animal de la victime, cela apporte une force probante à un tel indice. Dans ce cadre, la science forensique a su profiter d'un certain nombre de marqueurs permettant de déterminer l'espèce et dans l'espèce quelle est la race, bien que de nombreuses races de chien comme de chat ne bénéficient pas encore de marqueurs spécifiques permettant d'engager des analyses de routine dès lors qu'une trace animale est sur la scène ou sur un des protagonistes. Le futur de cette discipline devrait être réalisable dans les prochaines années, ce qui offrirait une véritable bibliothèque de marqueurs à disposition des laboratoires d'analyse permettant d'identifier toute trace d'ADN animale et au-delà, l'identification de l'animal lui-même.

UNE AFFAIRE AU POIL !

Voici une affaire qui s'est déroulée en 1994 sur l'Île-du-Prince-Édouard[19], la plus petite des provinces du Canada en superficie et en population (142 000 habitants recensés en 2016), située dans le golfe du Saint-Laurent aux frontières du Nouveau-Brunswick et de la Nouvelle-Écosse.

19. Me Alain-Robert NADEAU, « Adénoscopie non-humaine ». *La Revue Barreau du Québec*, 1er juillet 2003.

En 1994, des policiers de la Gendarmerie royale du Canada (GRC) découvrent le corps de Shirley Duguay, une jeune femme disparue de sa résidence de l'Île-du-Prince-Édouard quelque temps auparavant. Un manteau de cuir souillé de sang de la victime se trouvait juste à côté de son cadavre. Les enquêteurs soupçonnent immédiatement l'ex-mari de la victime, Douglas Beamish, un délinquant connu dans la région, d'être l'auteur du meurtre. Mais ils n'ont aucune preuve pour l'inculper. Pourtant ils ont recueilli deux poils blancs sur le manteau, croyant qu'il s'agissait de cheveux du meurtrier. Or, il s'agissait en réalité de poils de... chat. Et les parents de Beamish possèdent justement un chat blanc, Snow Ball ! Le chef d'enquête demande alors officiellement qu'on prélève un échantillon de substances sanguines de ce chat afin de le comparer avec les poils recueillis sur le manteau qui se trouvait près de la victime.

À cette époque, aucun laboratoire canadien ne pratiquait ce type d'adénoscopie. Les enquêteurs s'adressent aux services du National Cancer Institute's Cat Genome Project, à Frederick au Maryland, où le Dr Marilyn Menotti-Raymond concluait, après avoir effectué l'analyse, à un match parfait entre le sang du chat et les poils retrouvés sur la scène du crime.

Douglas Leo Beamish a donc, en raison de cette preuve animale, été jugé coupable du meurtre de son ex-femme, et condamné à une peine de quinze ans d'emprisonnement.

Plus originale est aussi la recherche d'indices sur l'animal lui-même. Deux cas peuvent ainsi se présenter : soit le chien est l'agresseur et c'est alors son ADN qui va être recherché sur la victime, soit inversement on cherche l'ADN de la victime sur lui.

QUAND LE TUEUR EST UN CHIEN, COMMENT TROUVER LE COUPABLE ?

Le 16 novembre 2019, Elisa Pilarski, âgée de 29 ans et enceinte, est retrouvée morte dans la forêt de Retz, dans l'Aisne. Les premières constatations révèlent qu'elle porte de multiples morsures de chien. L'autopsie confirme qu'elle a été attaquée par un ou plusieurs chiens et que la jeune femme est décédée des suites de ces blessures. Partie se promener dans la forêt avec Curtis (un American Staffordshire Terrier), le chien de son compagnon, elle aurait téléphoné à ce dernier pour signaler qu'elle avait croisé des chiens agressifs. Peu après cet appel, Christophe Ellul, décide de la rejoindre et c'est ainsi qu'il trouve sa compagne mortellement blessée, son chien à côté d'elle.

Rapidement l'enquête, comme la rumeur publique, va se tourner vers la présence dans le secteur d'une soixantaine de chiens appartenant à une vènerie dans le cadre d'une chasse à courre.

Après une polémique ayant enflammé les réseaux sociaux sur le thème des chasses à courre, du danger présenté par une telle meute, etc., les enquêteurs avec les magistrats en charge de l'affaire sauront avancer dans leurs investigations avec notamment l'aide de la science.

Le procureur fait ouvrir une information judiciaire contre X pour « homicide involontaire par maladresse, imprudence, inattention, négligence ou manquement à une obligation de prudence ou de sécurité imposée par la loi ou le règlement résultant de l'agression commise par des chiens ».

C'est ainsi que sont réalisées les expertises ADN ordonnées par la juge d'instruction en charge du dossier, sur 67 chiens considérés comme agresseurs potentiels. Il s'agit de Curtis, mais aussi des quatre autres American Staffordshire du couple, et des 62 chiens de la chasse à courre.

> Les résultats ont montré que seul l'ADN de Curtis était présent sur les plaies de la victime. De plus, l'ADN d'Elisa a été trouvé sur Curtis. Si la proximité de la victime pouvait expliquer la présence de son ADN sur le chien, ce qui est déterminant dans ces résultats c'est que l'ADN de la jeune femme a été révélé dans les traces de sang de la victime trouvées sur la babine du chien, autour de son œil et sur son harnais. Enfin, les analyses des morsures par un expert vétérinaire ont conclu à la compatibilité de la typicité des morsures avec la mâchoire d'un American Staffordshire.
> Sans préjuger de l'issue du procès à venir, à ce stade de l'enquête et des résultats scientifiques, les éléments montrent clairement un faisceau indiciel permettant au juge de construire la preuve de l'implication du chien du couple.

Dans le cas où le chien est le protecteur de son maître et s'il y a morsure ou griffure sur l'agresseur, la recherche d'un ADN hexogène sur l'animal est une méthode efficace qui apporte en général une réponse pertinente et parfaitement exploitable pour l'avancée de l'enquête. Donc si la recherche de traces de l'auteur ou de la victime sur le compagnon de l'un ou de l'autre apporte des éléments desquels va se nourrir l'enquête judicaire, il est des cas plus originaux où la recherche et les travaux en cours laissent augurer la participation active de nouvelles catégories d'animaux dans l'investigation criminelle. Cette originalité tient au type d'animaux eux-mêmes, en l'espèce des insectes, et l'insecte comme porteur de l'ADN de l'auteur ou de la victime.

Le sujet ici est d'étudier l'insecte comme acteur dans l'affaire criminelle en cours.

Parmi les tueurs en série les plus prolixes au monde, il est un animal vieux d'environ 79 millions d'années (d'après le fossile d'un spécimen retrouvé au Canada) qui sévit encore. Le moustique est l'animal qui fait le plus de victimes au monde : entre 800 000 et 1 million de personnes. Vecteur de maladies telles que le paludisme, la dengue, la fièvre du Nil, le chikungunya, le zika, pour ne citer que les plus connues, la famille des diptères compte plus de 3 000 espèces dont 200 ont comme cible privilégiée l'homme. En général, les vertébrés sont pour ces hématophages une source inépuisable de nourriture pour étancher leur soif de sang qui leur permet de produire et nourrir leurs œufs. Il ne s'agit pas ici de diriger une enquête pour identifier ce tueur sans pitié, mais à défaut de pouvoir l'éradiquer des zones habitées, la démarche forensique sera d'utiliser sa capacité à nuire. En effet, sachant que le travail unique et permanent de madame moustique est sa quête sanguinaire après son accouplement, il est intéressant pour un criminaliste de pouvoir capturer au mieux, écraser au moins tous les moustiques présents sur une scène de crime, ou encore de rechercher les traces de moustiques précédemment écrasés sur les différentes surfaces et objets d'une scène de crime. Partant du principe que les moustiques ont très probablement collecté du sang sur les personnes présentes, il est alors intéressant de pouvoir recueillir l'insecte avec son prélèvement sanguin afin de pouvoir l'analyser et déterminer ainsi quel généreux donateur en est la source. Peu connue, encore en développement, cette technique est vraiment un outil d'avenir. Il suffit, pour s'en convaincre, d'observer l'envahissement de nos territoires, y compris urbains, par ces insectes. Profitant de la conjugaison de trois éléments : l'interdiction des épandages de DDT (insecticide) dans les zones humides, l'augmentation des températures moyennes favorisant le développement d'espèces hexogènes plus agressives (comme le moustique tigre) et la facilité des échanges internationaux par bateau ou par avion qui transportent des containers ou des bagages potentiellement infestés, de nouvelles espèces s'implantent souvent massivement, car il n'y a pas suffisamment de prédateurs pour maintenir ensuite un équilibre écologique.

Fort de ce constat, la recherche de diptères sur une scène de crime peut donc apporter des réponses, l'avenir tient donc à l'introduction d'un protocole de recherche de telles traces et de prélèvements.

Quand un moustique dénonce le meurtrier

Sur une plage de Sicile, en 2003, des promeneurs sont intrigués par un amas de buissons desquels semble dépasser des jambes. Certes il n'est pas rare que certaines soirées finissent sur la plage et que des fêtards s'assoupissent sur place, laissant les vapeurs alcooliques s'évaporer en dormant sur un lit de sable. Mais pourquoi se mettre dans un buisson. La position et surtout le visage de la personne ne laissent cependant aucun doute : ce n'est pas un sommeil réparateur, la personne couchée est morte. Une unité de police judiciaire des carabiniers appuyés par leurs équipes forensiques traitent la scène de découverte du corps comme toute scène de crime, même si rien ne semble confirmer ou infirmer que cela s'est passé sur place.
L'autopsie permet de constater que la victime a été étranglée. L'enquête d'environnement établit qu'il s'agit d'un jeune transsexuel qui se prostitue. De plus, les témoignages des habitués de cette plage, qui est un lieu habituel de racolage, donne un certain nombre de renseignements exploitables et cohérents, dont la description d'une grosse berline de marque étrangère et assez ancienne. Les recoupements permettent de retenir comme

intéressant un homme d'affaires habitant à quelques kilomètres de la plage et propriétaire d'un modèle Bentley de 1982.
Afin de vérifier cette piste, les carabiniers se rendent sur place. La Bentley est bien là, rutilante et l'homme d'affaires qui les reçoit répond sans détour ni gêne aux questions des enquêteurs. Sa sortie nocturne avec son véhicule ? Il aime les balades le long des plages avec son petit bijou. Qui n'apprécierait pas ? Par ailleurs, oui, il connaît comme beaucoup d'autres cette plage, haut lieu de prostitution. Quant à la soirée du crime, il était tranquillement chez lui à regarder la télévision. Certes l'alibi semble fragile, mais qui d'entre nous a toujours un alibi en béton pour son quotidien ?
Sérieuses dans le déroulement de l'interrogatoire, mais également dans les investigations, les équipes forensiques inspectent les lieux du domicile du suspect. Aucune trace de lutte, l'ensemble est particulièrement propre, ce qui en soi n'est pas forcément suspect. Sur un mur, une petite tache rougeâtre attire cependant le regard suspicieux des techniciens. Finalement ce ne sont pas les restes d'une lutte, mais simplement un moustique écrasé qui, ayant déjà largement piqué, a fini en deux dimensions sur le mur. Peu d'intérêt a priori, mais comme mûs par une inspiration subite, ils procèdent au prélèvement de l'insecte et du sang qu'il a répandu lors de sa fin. Le tout est envoyé au laboratoire et une recherche d'ADN est requise.
Le résultat va surprendre et offrir quelques espoirs de résolution aux enquêteurs, l'ADN correspond à celui de la victime ! Mais il est trop tôt pour se réjouir. Le moustique a peut-être piqué la victime sur la plage et porté par les courants, il a pu aller naturellement vers une habitation, source certaine de nourriture. Afin de mieux connaître les mœurs de ces insectes, des experts en entomologie et plus particulièrement des diptères sont consultés. Ils vont d'abord déterminer l'espèce exacte du moustique, car, selon sa famille, son comportement n'est pas le même et son rayon d'action est plus ou

moins important, même s'ils ont tous le même but de satisfaire leur appétit d'hématophage. Les restes du moustique permettent de définir qu'il s'agit d'un moustique commun ou *culex pipiens*, dont le comportement est la piqûre de nuit et dans un périmètre très proche de son lieu de naissance, jamais plus de quelques centaines de mètres. Ce résultat est donc incompatible avec l'hypothèse d'une piqûre de la victime sur la plage, puis d'une longue pérégrination pour achever sa course gourmande sur le mur d'un appartement situé à 8 kilomètres de là ! La conclusion soutient plutôt l'hypothèse de la présence de la victime dans la villa de l'homme d'affaires, et qui aurait été piquée par le moustique sur place… Procédant à une perquisition approfondie, les enquêteurs trouvèrent des vêtements et chaussures porteurs de sable et de résidus de buisson de la même espèce que ceux sous lesquels le corps avait été caché. Ces éléments indiciaires sont encore venus appuyer la thèse du crime dans la villa, suivi par le dépôt du corps sur la plage.

L'homme d'affaires a été condamné à vingt ans de réclusion criminelle[20].

Depuis le cas italien, la recherche sur l'exploitation du sang via les moustiques a continué, et les travaux de recherche réalisés par le chercheur japonais Toshimichi Yamamoto et son équipe, dont les résultats, publiés en 2017, ont montré toute la pertinence d'un tel développement pour la forensique.

Ce sont bien des solutions atteignables et réalisables qu'il est ici facile d'envisager dans un futur proche. Cela ne signifie pas qu'il n'y ait plus rien à faire, bien au contraire. Au-delà de la mise en place d'un protocole d'investigation

20. Cette affaire a été rapportée lors du 21e congrès de l'International Society for Forensic Genetics – https://www.sciencedirect.com/science/article/abs/pii/S0531513105016444

et de prélèvement sur la scène, il faudra également ne pas oublier de relever systématiquement les restes du moustique afin qu'au laboratoire, outre la recherche d'ADN humain, l'espèce du diptère soit identifiée, ce qui permettra d'établir son comportement et de mettre en corrélation et en cohérence l'ensemble des résultats obtenus.

Cette pratique d'avenir, dans ce domaine, pourrait également être élargie et mériterait de bénéficier de recherches ciblées, sur une autre espèce particulièrement prolifique et invasive qui est la fameuse punaise de lit !

Au même titre que le moustique, cet insecte hématophage, d'après les entomologistes, conserverait pendant presque 90 jours les traces de son repas sanguin. De belles perspectives pour l'avenir au regard de cet envahisseur sans limite qui s'installe dans notre quotidien.

L'identification animale s'inscrit également dans une lutte engagée depuis quelques années maintenant pour la préservation de la biodiversité et la faune sauvage. En effet, le trafic international d'espèces protégées, s'il a été ralenti un temps par les confinements du Covid-19, a depuis repris sa vitesse de croisière. Certes, l'attention de plusieurs services limite les tentatives de développement, mais il n'en demeure pas moins qu'il reste à un niveau non négligeable, du fait même du nombre énorme de containers provenant du monde entier et entrant en Europe et plus précisément sur notre territoire. Leur nombre est tel que peu d'entre eux sont contrôlés, et quand ils le sont enfin, la marchandise n'est déjà plus là. Les enquêteurs se retrouvent trop souvent face à des cages vides. C'est là que la science forensique intervient. Lors de leur transport, les animaux (mammifères, lémuriens, reptiles, insectes, oiseaux, etc.) perdent des poils, de la peau, des plumes, voire seulement des cellules épithéliales. Parmi les trafics référencés, nous trouvons celui lié à l'alimentation avec des denrées interdites, dite « viande de brousse ». C'est donc un travail de technicien de scène d'infraction qui commence par des prélèvements. Les analyses ADN ou biologiques apportent les réponses sur le genre d'espèces transportées, ce qui permet ainsi de savoir s'il s'agit d'une espèce protégée ou non.

Viande de brousse, attention danger

Le trafic de viande de brousse, également appelée « viande sauvage » ou encore « viande de gibier », fait référence à la viande de mammifères non domestiqués, de reptiles, d'amphibiens et d'oiseaux chassés pour la nourriture dans les forêts tropicales, et couvertes par les réglementations de la convention de Washington (CITES). Il s'agit essentiellement d'un trafic d'espèces sauvages et en particulier de viande, par voie aérienne. Ce trafic, classé parmi les quatre activités illégales les plus lucratives au monde, constitue à la fois une menace pour la biodiversité, mais aussi pour la sécurité sanitaire de notre pays. Les agents des douanes et de l'Office français de la biodiversité, ainsi que la gendarmerie procèdent à de nombreux contrôles sur l'ensemble du territoire français, mais devant l'ampleur du phénomène, ils n'arrivent pas à endiguer le commerce illégal d'espèces sauvages. Toutes les espèces sont touchées par ce phénomène.
D'un point de vue sanitaire, il convient de rappeler que les primates et les chauves-souris sont les principaux vecteurs d'Ebola, de la variole du singe, et de nombreuses autres maladies plus ou moins connues ! Un tel trafic en dehors de tout contrôle ou régulation sanitaire, représente un véritable risque épidémique, voire pandémique si l'on retient l'hypothèse du pangolin comme vecteur du Covid. À quoi s'ajoutent des risques bactériologiques

liés aux mauvaises conditions de conservation ou à des contaminations chimiques dues aux procédés traditionnels de préparation. Parallèlement, ces pratiques peuvent constituer des risques pour les cheptels européens (maladie du charbon, fièvre aphteuse, coronavirus bovin, entre autres).

Pour lutter contre ces trafics, le ministère de l'Intérieur et des Outre-mer s'appuie notamment sur l'expertise de l'Office central de lutte contre les atteintes à l'environnement et à la santé publique (OCLAESP), qui est un office encadré par la gendarmerie. En tant qu'officiers de police judiciaire (OPJ), ces personnels sont à même de traiter des procédures judiciaires relatives aux trafics illégaux d'animaux en lien avec l'OCLAESP et ils s'appuient sur les compétences forensiques de l'IRCGN dont le département Faune et flore forensique possède l'expertise scientifique et les moyens d'analyse aux fins d'identification des espèces, soit à partir de l'analyse de la viande si elle est sous forme brute, soit à partir des traces de l'animal. De plus, les enquêteurs de l'OCLAESP et des unités de police judiciaire ont la possibilité de mettre en œuvre des techniques de renseignement ou des techniques spéciales d'enquête.

Il en va de même pour les enquêtes sous pseudonyme qui permettent aux enquêteurs, spécialement habilités, de se faire passer pour des acheteurs sur Internet. Enfin, l'OCLAESP a régulièrement recours à des moyens d'observation-surveillance spécialisés ainsi qu'aux moyens nautiques ou aériens d'intervention de la gendarmerie. Outre l'OCLAESP, en charge des trafics d'ampleur et des unités territoriales de la Gendarmerie et de la Police nationale, d'autres services disposant de compétences spécifiques participent activement à la lutte contre le trafic de viande de brousse. Il s'agit notamment des Douanes, de l'OFB (Office français de la biodiversité), de la BNEVP (Brigade nationale d'enquêtes vétérinaires et phytosanitaires), du ministère de l'Agriculture et de la Souveraineté alimentaire ou encore de la gendarmerie des Transports aériens.

Les résultats de la lutte contre les trafics d'animaux protégés sont concrets et des opérations ciblées sur cette délinquance internationale sont menées depuis 2014. Elles ont permis de démanteler des trafics importants transitant essentiellement par les aéroports bruxellois et parisiens. À titre d'exemple, une opération déclenchée en juin 2018 a permis la saisie de 43 tonnes de viande sauvage (ours, zèbres, éléphants !). Entre le 1er janvier et le 15 décembre 2021, sur le seul terminal 2 de Roissy-Charles-de-Gaulle, 36 tonnes de denrées périssables illégales ont été saisies dont plus d'une dizaine de tonnes de viande de brousse : pangolins, primates, chauves-souris, antilopes, poissons, agoutis, insectes. Pour l'année 2021, 2 163 kg de denrées alimentaires (viandes et poissons) ont été saisis sur des voyageurs en provenance de Côte d'Ivoire et 73 kg ont été abandonnés par ces voyageurs.

Le phénomène n'est pas anecdotique, mais bien réel, et lutter contre son développement passera par le déploiement de moyens de détection en amont, dans le pays d'origine, et de moyens d'enquête forensiques en aval, dans le pays d'arrivée. À noter que l'utilisation de chiens renifleurs, à l'instar de ce qui est pratiqué dans certains aéroports américains, est à l'étude.

Sur notre territoire, une autre approche existe concernant le gibier de nos forêts et campagnes. Selon l'espèce, les périodes de chasse sont limitées dans le temps et se veulent saisonnières afin de protéger la période de reproduction. Cependant, il n'est pas rare que le braconnage hors période autorisée, vienne prélever indûment un lourd tribut sur la faune protégée. Hormis les constatations en flagrant délit, c'est surtout à l'occasion de perquisitions que les enquêteurs trouvent du gibier dans des congélateurs. Toute la difficulté est de déterminer la date de l'abattage de l'animal. Ici encore, c'est la science forensique dans son domaine biologique et zoologique qui va apporter les réponses. L'évolution naturelle a fait que la plupart des animaux n'ont pas le même pelage l'été et l'hiver. Ce changement de parure permet de facto de dater approximativement s'il a été abattu pendant la période de la chasse ou si cela provient du braconnage en dehors de toute période autorisée.

Les moyens qui devraient pouvoir faire l'objet de développement dans le futur, sont la création de kits de détection (faune et flore) et d'identification rapide, afin de pouvoir cumuler les opérations, voire les faire exécuter lors des contrôles quotidiens sur le terrain des unités de police ou de gendarmerie sans qu'il soit nécessaire de mobiliser une unité spécialisée qui viendra faire le prélèvement pour attendre ensuite pendant plusieurs semaines le résultat.

Bestiaire des auxiliaires de justice actuels et à venir

Parler d'auxiliaires de justice, c'est tout de suite imaginer que nous avons affaire à des spécialistes qui travaillent comme experts au profit des enquêteurs et des magistrats.

Paradoxalement, nous n'en sommes pas très loin. En effet, la science forensique se tourne vers les animaux, mais aussi vers la flore, afin d'obtenir des réponses qui aident à l'avancée de l'enquête, telles que la datation de la mort par exemple, mais aussi qui devraient, si la science continue de progresser, permettre d'identifier les individus.

Il existe en science forensique toute une série de domaines qui pourraient paraître atypiques, ou pour le moins peu répandus, comme la palynologie, la mycologie, la phycologie et tout ce qui traite de la faune forensique, dont l'entomologie – la trace, dans son acception, ne se résumant pas aux seules empreintes digitales et ADN. L'expérience internationale comme les développements avec un département spécialisé de l'IRCGN, montrent toute la pertinence de s'être engagé dans différents domaines scientifiques ouvrant encore le champ des identifications de sources de nature différente de l'être humain, mais tout aussi porteuses d'informations aidant à la résolution des affaires judiciaires.

La palynologie

Cette discipline, peu usitée en France, est une branche de la botanique ayant pour objet l'étude des pollens. En criminalistique ou en science forensique, elle s'intéresse aux prélèvements de pollens caractéristiques d'une plante et d'un lieu, sur une scène d'infraction, un suspect, voire un corps (y compris dans le pharynx ou les parois nasales) ou encore sur des vêtements comme dans un véhicule[21]. Cela permet de comparer notamment le pollen trouvé dans une trace avec des lieux, des suspects, etc. Loin d'être anecdotique, cette spécialité apporte chaque année des réponses dans des affaires criminelles y compris d'ampleur, comme ce fut le cas lors des expertises dans les charniers de Bosnie à la fin des années 1990. De plus, la connaissance des périodes de floraison offre la capacité de situer les événements sur une échelle de temps. La palynologie, suivant en cela les progrès de la génétique, permet d'affiner encore les

21. Morgan R. M., Allen E., King T. & Bull P. A., « The spatial and temporal distribution of pollen in a room: Forensic implications », *Science and Justice*, Vol. 54, 2014, p. 49-56.

recherches jusqu'à l'identification d'un massif d'arbres ou de plantes ayant laissé son pollen. Tout être vivant ayant un ADN, il est alors possible de mettre en œuvre les mêmes méthodes d'analyse afin d'en retirer un profil en vue d'une identification par comparaison et ainsi d'établir un lien entre les éléments de l'affaire (lieux, personnes, etc.), y compris dans les trafics de marijuana, pour déterminer la même origine de plantation (lieux et réseaux). Les progrès attendus en la matière privilégient un usage plus intensif et simplifié des analyses ADN avec des marqueurs plus spécifiques encore, permettant d'aller plus loin dans l'identification de la plante.

La mycologie

L'exploitation de ce domaine (levures, champignons, moisissures) se base sur les mêmes principes de transfert qu'en palynologie, en apportant des éléments matériels particulièrement intéressants dans les relations de lieux avec les auteurs et les victimes[22]. Les spores et autres traces de moisissures donnent des renseignements aussi précis sur l'origine des lieux que ceux obtenus avec les pollens.

Cette branche à part dans la division du vivant[23] vient compléter la cartographie naturelle de l'occupation de zones et de territoires écologiques des plantes participant à la dissémination de leur matériel biologique, comme avec des spores par exemple, et enrichir les traces potentielles

22. Hawksworh D. L. & Wiltshire P. E. J., « Forensic mycology: the use of fungi in criminal investigations », *Forensic Science International*, Vol. 206, 2011, p. 1-11.
23. C'est en 1969, avec les travaux de Whittaker, que les champignons deviennent un règne à part entière : Whittaker, R. H., « New Concepts of Kingdoms of Organisms », *Science*, Vol. 163, Issue 3863, 1969, p. 150-160.

sur une scène de crime, un objet, une victime ou encore un auteur[24]. La mycologie apporte, en plus de l'identification d'une trace et d'un lieu, un complément dans la datation de la mort (présence fongique caractéristique, dont les étapes de développement sont connues[25]), et peut aussi aider à la localisation de corps (la décomposition du corps imprègne l'humus d'éléments nutritionnels favorisant le développement de certaines colonies de champignons et autres moisissures[26]). Ce domaine de la forensique est très peu connu, mais les compétences sont là, et les développements encore en devenir dans de nombreux pays. La mycologie est une science robuste possédant des références éprouvées, mais qui doit encore devenir un domaine reconnu de la science forensique. Ceux qui l'utilisent en ont mesuré tout l'intérêt, et des travaux de recherche bien engagés, dont certaines étapes particulièrement précises, comme le séquençage spécifique de leur matériel génétique, devraient offrir dans l'avenir des protocoles de prélèvements systématiques et des procédures d'analyses afin d'en identifier les souches, en sus des éléments déjà connus.

La phycologie

L'étude des algues est plus connue en science forensique dans sa sous-classe des chromophycophytes (algues brunes) et plus précisément en son sein, le groupe des micro-algues

24. Ishii K. & al., « The importance of forensic mycology », *Legal Medicine,* Vol. 9, Issue 5, 2007, p. 287.
25. Ishii K. & al., « Analysis of fungi detected in human cadavers », *Legal Medicine,* Vol. 8, 2006, p. 75-80.
26. Sagara N., « Presence of a buried mammalian carcass indicated by fungal fruiting bodies », *Nature,* n°262, 1976, p. 816.

à corps de silice, vivant dans l'eau douce, les diatomées[27]. Elles sont essentiellement recherchées dans les organes et dans la moelle des os des victimes supposées de noyade, afin d'établir dans un premier temps la réalité de ladite noyade et dans un deuxième temps la compatibilité de la noyade dans les lieux de la découverte du corps (rivière, étang, lac, etc.). Ce type de comparaison favorise ainsi l'exclusion d'une noyade dans une eau d'adduction urbaine très pauvre en diatomées (eau du robinet par exemple), qui aurait induit l'hypothèse d'un transport du corps après son décès[28]. La présence de ces micro-algues est caractéristique de l'inhalation d'eau et du dernier collapsus de la personne, qui est la dernière aspiration à la recherche de l'air, entraînant l'eau dans les poumons avec les diatomées passant dans le système sanguin grâce aux derniers battements du cœur, ce qui génère une décharge de ces éléments exogènes jusque dans la moelle osseuse et les organes. Il s'agit d'un véritable marqueur biologique. La méthode des recherches de diatomées permet en outre de travailler sur un corps putréfié (dont les organes ont disparu) dès lors que nous avons encore de la moelle osseuse[29].

De même, un corps rejeté à la mer par l'écoulement naturel des fleuves côtiers pourra être porteur de ces micros-algues et donner aux enquêteurs une indication essentielle quant au lieu réel de la noyade. Il convient de savoir que dans les protocoles de prélèvements, ceux incombant au médecin légiste se doivent d'être particulièrements rigoureux afin que *ce ne soit*

27. Cf. *Imago Mundi*, l'encyclopédie en ligne, pour le classement des algues – http://www.cosmovisions.com/diatomees.html
28. LANGFORD A. & al., *Practical Skills in Forensic Science*, Édition Pearson, 2010, p. 529-530.
29. DIAZ-PALMA P. A., ALUCEMA A., HAYADASHIDA G. & MAIDANA N. I., « Development and standardization of a microalgae test for determining deaths by drowning », *Forensic Science International*, Vol. 184, Issues 1-3, 2009, p. 37-41.

pas ses propres instruments d'autopsie qui polluent l'échantillon en déposant par transfert des diatomées[30]. Quant aux prélèvements incombant aux techniciens de scènes d'infraction, ils devront se faire dans la zone de découverte du corps, mais également en amont et à différentes profondeurs afin de pouvoir procéder aux comparaisons permettant de déterminer les colonies d'algues d'origine du lieu de la noyade[31].

Sans rentrer dans les détails physiologiques différents entre une noyade en eau douce ou en milieu marin, lorsqu'une personne se noie en milieu marin, la recherche de micro-algues n'est pas pertinente[32]. Même si ce milieu possède également des colonies de micro-algues, le phénomène de l'osmose dû au milieu salin, allié à la répartition comme à la rareté de ces colonies, ne permet pas une approche forensique telle qu'elle existe pour caractériser les noyades en eau douce dans un milieu naturel. C'est l'observation, après analyse de la présence d'un autre marqueur biochimique, le strontium, qui caractérise la noyade en milieu marin. Toutefois, à la

30. ARMSTRONG E. J. & ERSKINE K. L., « Water-Related Death Investigation. Practical Methods and Forensic Applications », *CRC Press*, 2011, p. 239-258.

31. LUDES B., COSTE M., TRACQUI A. & MANGIN P., « Continuous river monitoring of the diatoms in the diagnosis of drowning », *Journal of Forensic Sciences*, Vol. 41, 1996, p. 425-428.

32. Il s'agit du phénomène de l'osmose qui est le principe selon lequel une solution moins concentrée en sel, séparée d'une solution plus concentrée par une membrane semi-perméable, traversera celle-ci pour diluer la solution la plus concentrée jusqu'à l'équilibre des concentrations. Le sang, plus précisément le plasma, est plus concentré en sel que l'eau douce (dite hypotonique), mais nettement moins que l'eau de mer (dite hypertonique). En conséquence, l'eau douce étant moins concentrée en sel que le sang, elle va traverser, selon le principe de l'osmose, la membrane alvéolaire pour se diluer dans le sang (plasma). C'est le phénomène d'hémodilution. L'eau de mer étant plus concentrée en sel que le sang, le phénomène inverse se produit et la partie eau du sang (plasma) traverse la paroi alvéolaire pour se mélanger à l'eau de mer présente dans les poumons. C'est le phénomène d'hémoconcentration. Cf BOEL P ; & al., *Manuel. L'enquête forensique*, Politeia, 2011, p. 307-308.

différence d'une certaine permanence des diatomées, le dosage du strontium ne peut se faire que sur un corps dont le décès n'excède pas une semaine et de plus, l'interprétation reste complexe, car la présence de ce métal dans l'organisme peut également être liée à l'alimentation de la victime, voire à un traitement médical[33]. À noter que cette recherche du strontium se fait dans les unités d'analyse en toxicologie et non dans une unité spécialisée dans la faune et la flore forensique. Cette précision permet de présenter globalement le traitement des recherches autour d'une victime supposée s'être noyée et de rappeler toutes les possibilités de réponses dont peuvent bénéficier les enquêteurs ou les magistrats. Cela montre que les progrès espérés sont plus à attendre dans le domaine de l'analyse du strontium. Et une des pistes prométeuse est l'analyse isotopique du strontium qui permet de déterminer sa provenance et offrir ainsi un distingo entre le strontium du milieu maritime de celui ingéré par l'alimentation. À ce titre voir le chapitre sur cette technique d'avenir.

L'entomologie légale ou la capacité d'enquête de fossoyeurs écolos

L'entomologie, qui est l'étude des insectes (dont nous avons effleuré un aspect pour l'identification des diptères), possède une branche spécialisée dans l'étude des insectes nécrophages participant au recyclage naturel des cadavres quels qu'ils soient. Cette capacité a rapidement été observée et fut utilisée en ce sens dans certaines affaires dès le XIIIe siècle. Différentes sources historiques montrent qu'en Chine, dans son traité

33. BEAUTHIER J.-P., *Traité de médecine légale*, De Boeck Supérieur, Bruxelles, 2008, p. 221.

sur la médecine légale, Song Ci (1186-1249), juge-médecin comme c'était courant à l'époque, utilise l'entomologie pour aider à la résolution d'affaires criminelles. En Europe, en marge des connaissances empiriques existantes, le médecin italien Francesco Redi apporte en 1671 sa contribution avec ses expériences sur la génération spontanée. Mais il faut attendre la moitié du XIXe siècle pour que l'entomologie légale soit mise en œuvre dans une affaire criminelle par le médecin français Bergeret d'Arbois (1814-1893).

En 1850, lors de travaux dans une maison à Arbois, le corps momifié d'un nouveau-né est découvert par l'un des ouvriers dans le manteau d'une cheminée et le couple occupant la maison à l'époque est accusé d'infanticide. Ils clament aussitôt leur innocence.

La justice demande alors que le médecin-chef de l'hôpital local (médecin personnel de la famille Pasteur) procède à l'autopsie du cadavre de l'enfant pour trouver l'origine du décès. Celui-ci constate la présence autour du cadavre de nombreux restes d'insectes (pupes, larves, mouches et mites).

Par son analyse, basée sur le cycle de vie des espèces des divers insectes, et par l'observation minutieuse du cadavre momifié, le Dr Bergeret estime que le décès de l'enfant remonte à deux ans au moins avant sa découverte. Ses conclusions conduisent la police à innocenter les derniers locataires des lieux. Une jeune femme occupait la chambre en 1848 et de ce fait pouvait donc être la mère de l'enfant. Elle est accusée d'infanticide. Elle sera finalement acquittée lors de son procès, le tribunal ayant considérée que la mort était naturelle ! Bergeret publiera ses observations sur ce cas en 1855 dans les *Annales d'hygiène publique et de médecine légale,* sous le titre « Infanticide, Momification naturelle du cadavre ».

Après, ces avancées, ce sont les travaux du vétérinaire Jean-Pierre Mégnin qui fondent l'entomologie légale, avec son ouvrage publié en 1894, *La faune des cadavres*, révolutionnant les conclusions qui jusqu'alors étaient empiriques et approximatives, pour présenter des tables d'évolution des différentes escouades de mouches venant sur le corps, ce qui permettait ainsi de donner une datation assez précise du décès, là où les médecins légistes n'ont plus de références. C'est finalement l'universitaire belge Marcel Leclercq (1924-2008) qui donne ses lettres de noblesse à cette discipline en développant de nouvelles méthodes d'observation et d'analyse plus précises et fiables. Son ouvrage *Entomologie et médecine légale* publié en 1978 est considéré comme la référence internationale en la matière.

Il fait connaître cette discipline qui recouvre l'étude des insectes, lui offrant une application spécifique en science forensique, dans la branche liée à l'étude des insectes nécrophages. Considéré comme fondamental dans le cadre d'enquêtes judiciaires, ce nouveau domaine fait entrer les insectes dans le monde judiciaire comme des quasi-auxiliaires de justice. L'étude des insectes et autres arthropodes, appliquée à la criminalistique, lui vaut d'ailleurs des déclinaisons sémantiques telles que « l'entomologie médico-légale », « l'entomologie légale » ou « l'entomologie forensique ». Elle permet, par l'étude des différentes colonies et autres insectes présents sur une scène de crime, de confirmer la présence d'un cadavre à un endroit donné ou encore d'apporter une aide à la datation de la mort en cas de découverte d'un corps alors que les capacités de la médecine légale ne peuvent plus apporter une aide dans l'estimation du temps du décès. Le principe de cette datation se base sur les cycles de développement des différents insectes. En effet, selon les stades de décomposition du cadavre, de la première heure jusqu'à sa putréfaction, différentes espèces d'insectes viennent dans un ordre précis se nourrir et se reproduire, laissant sur le corps ou autour de lui leurs œufs. Ces derniers se transformeront en larves (pupes), puis en imagos (nymphes) avant de se métamorphoser en insectes adultes et quitter enfin le corps qui leur servait de couveuse pour des horizons qu'ils espèrent tout aussi riches en nourriture et festifs pour leur vie de nécrophage. Ces différents stades avec leur durée sont parfaitement connus et en fonction des conditions climatiques, les temps de développement sont allongés ou raccourcis permettant d'établir une véritable échelle temporelle. C'est pourquoi un relevé exhaustif des températures quotidiennes doit accompagner l'analyse de l'identification des espèces pour arriver à se prononcer sur une datation possible entre un jour et quelques jours[34] selon le moment de la découverte du cadavre, venant ainsi compléter le rôle du médecin légiste[35].

Un rôle peu connu est également le cas des maltraitances, car sur les vivants certaines colonies ou types d'insectes sont retrouvés, permettant ainsi de caractériser les infractions[36] liées aux mauvais traitements, par manque de soins et d'hygiène. Si les éléments constitutifs de ce domaine sont connus, les tables de croissance et développement des différents nécrophages définis, le lecteur peut alors se demander en quoi cette matière peut être tournée vers l'avenir et ce qu'elle peut apporter de plus.

---

34. Marchenko M. I., « Medico legal relevance of cadaver *entomofauna* for the determination of the time of death », *Forensic Science International*, Vol. 120, 2001, p. 89-109.

35. Campobasso C. P. & Introna F., « The forensic entomologist in the context of the forensic pathologist's role », *Forensic Science International*, Vol. 120, 2001, p. 132-139.

36. Dont le délaissement de personne vulnérable ou de mineur de quinze ans, définis par les articles 223-3 et 227-1 du Code pénal.

Pour cela, revenons aux constatations actuelles qui permettent de savoir qu'un corps a séjourné dans un lieu (celui du crime, lieu de transit, lieu de transport, etc.) par la présence de larves (pupes) étant tombées sur place. Leur analyse permet de confirmer que nous sommes en présence de larves d'insectes nécrophages et à quel stade de décomposition était le corps lorsqu'il était présent. Ces constatations peuvent être directement liées à une recherche de corps et son identification. C'est dire que nous avons des larves mais pas de corps. Une fois les analyses confirmant la nature d'insectes nécrophages, la difficulté qui demeure est l'identification du corps qui a servi de nourriture et de couveuse. Quelques essais ont été réalisés sur ces pupes, en partant du principe qu'elles se nourrissent des éléments organiques du corps : elles ont donc ingéré de l'ADN. À partir de ce constat, pour extraire cet ADN, que l'on n'espère pas totalement digéré, les pupes sont broyées et de ce substrat sont faits les prélèvements en vue d'analyses ADN. C'est cette orientation qui dirige les recherches afin de trouver les bons protocoles, les bons produits d'extraction pour conserver le maximum d'ADN, offrant de nouvelles opportunités dans l'avenir.

À cette avancée attendue en matière d'extraction de l'ADN humain de larves d'insectes, il est un autre travail actuellement en cours de développement, et qui est en train de changer complètement les références en matière d'entomologie légale. Il s'agit principalement de deux facteurs que nous avons précédemment évoqués : l'augmentation des températures et le développement d'espèces hexogènes invasives.

Ces deux phénomènes sont en train de bouleverser les références tant en termes d'espèces d'insectes profitant d'un festin funèbre, qu'en termes de croissance et de développement. C'est un travail énorme qui a été engagé, car plusieurs éléments se croisent et peuvent exister ensemble, et il faudra plusieurs années de recherche et de vérifications pour que les références puissent à nouveau se stabiliser et retrouver une précision pour dater les décès.

Des bactéries au service de l'enquête…

Comme nous l'avions évoqué dans l'histoire de la science forensique, Bertillon fut un précurseur en matière de collecte d'indices et d'éléments matériels. Sa classification de la faune et de la flore microbienne parisienne est un exemple d'une modernité extraordinaire que peu de chercheurs avaient anticipée. Et alors que nous sommes encore sous l'empire de l'ADN, cette ancienne piste se révèle être une ouverture future particulièrement prometteuse, voire une nouvelle petite révolution biologique. Quand et comment pourrait intervenir cette recherche microbienne ? Que pourrait-elle apporter de mieux ou de plus que l'analyse ADN dans toutes les déclinaisons que nous avons vues, ou encore et toujours la révélation d'empreintes digitales ?

C'est justement quand la capacité de chacun de ces domaines atteint ses limites, que l'étude du microbiote humain intervient. Bénéficiant de technologie de séquençage de nouvelle génération (NGS), comme celles que nous avons abordées pour l'ADN, l'analyse des différents microbiotes aurait la capacité d'offrir une identification là où les domaines dits classiques sont mis en défaut. L'analyse de l'ADN de ces bactéries résistantes promet d'offrir une précision à même d'apporter la discrimination nécessaire à l'établissement d'une identification, avec en sus, selon l'origine corporelle des bactéries, l'interprétation possible d'une activité à l'origine ou précédant le dépôt.

Et là, nous trouvons dans le microbiome[37] du corps humain un potentiel inégalé. En effet, le nombre de gènes de tous les microbes du microbiome d'une personne est 200 fois supérieur au nombre de gènes du génome humain !

Cette diversité des communautés bactériennes est sans égale et colonise certaines parties du corps telles que la sphère intestinale, la bouche et la peau, regroupant pour chaque zone plusieurs centaines d'espèces. Cette spécificité alliée au fait que chaque microbiote est propre aux individus, c'est la perspective d'une capacité d'identification selon la définition forensique qui est envisagée ici. À titre d'exemple, on peut citer les premiers travaux sur l'analyse des communautés bactériennes composant le microbiote de la peau, qui ont commencé dans les années 2015, montrant que la préhension, le toucher, le contact avec une surface entraînent la perte de matériel bactérien se déposant sur ce nouvel environnement.

De plus, à la différence de l'ADN nucléaire, ces bactéries sont particulièrement résistantes aux agressions naturelles telles que les UV, l'humidité ou encore les variations de température. Les expériences menées ont confirmé cette capacité à résister et des prélèvements réalisés dans des lieux publics ont permis de mettre en évidence des colonies issues de la peau de certains usagers ! On mesure ici les implications forensiques possibles en matière de constatation et prélèvement sur une scène de crime. En complément de la collecte d'ADN, ou à sa place, la recherche de ce type de bactéries

37. Le microbiome (du grec *micro*, « petit », et *bios*, « vie ») est l'« aire biotique » ou « aire de vie » correspondant à la notion de niche écologique du microbiote. Le mot microbiote désigne, quant à lui, les espèces colonisant naturellement en parfaite symbiose la surface et l'intérieur d'un organisme vivant. Il y a quelques décennies, le microbiote était mieux connu sous le terme « microflore ».

offrirait une opportunité supplémentaire d'identification, les études ayant montré que les microbiotes, outre le fait d'être propres à une personne, présentent une certaine stabilité dans le temps, avec quelques variations dues à l'environnement ou à des problèmes de santé. Cela concerne notamment les colonies qui se trouvent sur les mains (celles que l'on retrouve le plus sur une scène d'infraction).

Cette variation dans le temps a des conséquences en termes d'identification, car elle ne pourra pas, en l'état, reposer sur la constitution d'une base de données type FNAEG. À ce stade des recherches, elle ne permettra que des comparaisons directes avec les mis en causes afin d'être utiles et pertinentes.

Parallèlement, et d'une manière beaucoup plus discrète, signalons l'analyse microbienne des bactéries qui colonisent le sol. Cette technique se base sur deux protocoles scientifiques en parallèles : d'une part, l'analyse de sol proprement dite, sa composition, ses caractéristiques minérales, etc., et d'autre part, l'analyse ADN des bactéries. *Les chercheurs ont ainsi pu démontrer que ces colonies étaient caractéristiques de leur milieu endémique, et qu'un sol de composition approchante voire similaire, mais dans un lieu différent n'a pas les mêmes populations bactériennes.*

L'ADN bactérien : un avenir forensique

Cette vision d'un apport de résultats parfaitement exploitables n'est pas qu'un espoir ou une construction intellectuelle. Plusieurs cas ont été rapportés d'identification d'individus. Le premier, en 2000, faisait état d'un suspect confondu par comparaison entre ses matières fécales et celles retrouvées sur la scène d'infraction.

Un article scientifique fait état, en 2011, de la résolution d'une affaire criminelle en Italie, grâce à l'analyse bactérienne du sol d'une scène de crime et des résidus de sol présent dans le véhicule d'un suspect. L'analyse microbienne du sol avait révélé des populations bactériennes propres à son environnement.

Il faudra attendre 2013 pour que soit présenté dans un article scientifique un autre cas d'identification d'un individu par le rapprochement de ses matières fécales, mais les analyses évoquées vont plus loin que précédemment, car elles se basent sur les similitudes génétiques des bactéries issues de son microbiote intestinal.

En 2017 et 2018, plusieurs cas sont décrits dont un cambriolage, pour lequel un individu est identifié par la présence d'un morceau de tissu portant son ADN, mais n'étant pas retenu comme la preuve d'une présence sur les lieux. Ce sont les analyses bactériennes des matières fécales retrouvées sur place qui permettront d'identifier à nouveau l'individu et de le considérer comme auteur des faits.

Le dernier cas illustrant le futur champ des possibles ouverts par cette discipline, concerne le viol d'une malade dans un hôpital. Les prélèvements vaginaux et anaux de la victime n'ont pas permis d'isoler un ADN nucléaire, ce sont donc les analyses bactériennes qui ont été faites, permettant d'identifier les populations de bactéries de la victime. Rapidement un infirmier, suspecté d'être l'auteur du viol, a fait l'objet de prélèvements, dont certains dans la zone génitale. Les analyses ont révélé la même population bactérienne vaginale et anale que celles de la victime, ce qui a été retenu par le tribunal comme la preuve d'un transfert.

Pour aller plus loin, le lecteur pourra se rapporter de façon détaillée aux articles ci-après et présentant les différents cas, ainsi qu'à un article récapitulatif réalisé par une experte de l'IRCGN et des universitaires sur les possibilités ouvertes par le développement de cette discipline.

– Norris, D.O &.Bock, J.H. : « Use of Fecal material to associate a suspect to a crime scene ». *J. Forensic Sci.* 2000; 45: 184-187.
– Concheri, G. ; Bertoli, D. ; Polone, E. ;Otto, S. ; Lâcher, R. & Squartini, A. : « Chemical Elemental Distribution and Soil DNA Fingerprints Provide the Critical Evidence in Murder Case Investigation », Plos ONE, June 2011, Vol. 6, Issue 6, e20222.
– Nakanishii, H. ; Shojo, H. ; Ohmori, T. ; Hara, M. ; Takada, A. ; Adachi, N. & Saito, K. : « Identification of Fecal Material by Detection of Bacteroides Genes ». *Forensic Sci. Int. Genet. Suppl.* Ser. 2013; 7: 176-179.
– Quaak, F.C.A. ; Graaf, M.-L.M. ; Weterings, R. & Kuiper, I. « Microbiological population analysis improves the evidencial value of faecal traces in forensic investigations », *Int. J. Legal Med.* 2017; 131: 45-51.
– Quaak, F.C.A. ; Van Dujin, T. ; Hoogenboom, J. ; Kloosterman, A.D. ; & Kuiper, I., « Human-associated microbial populations as evidence in forensic casework » *Forensic Sci. Int. Genet.* 2018, 36, 176 185.
– Gouelleo, A. ; Duyach-Remy, C. ; Siatka, C. & Lavigne J.-P., « Analysis of Mitochondrial Communities : An Emerging tool in Forensic Sciences », Publié en ligne le 21 décembre 2021. doi : 10.3390/diagnostics12010001.

La démarche forensique a donc permis de découvrir que les différents microbiotes, épithéliaux, intestinaux, fécaux, vaginaux, oraux, offrent du fait de leur spécificité une capacité de classification, voire de lien avec une action en fonction du dépôt et du lieu de dépôt. Les études qui ont été lancées semblent prometteuses et la dynamique, comme les moyens engagés, montrent que les développements attendus dans l'avenir feront de cette discipline un nouveau domaine essentiel à la science forensique aussi novateur que l'a été l'ADN en son temps. Les possibilités sont multiples. Elles touchent à l'identification de l'individu, de son action (traces vaginales, fécales, par exemple) balayant la criminalité au sens large, des crimes sexuels aux agressions comme aux cambriolages.

Ce domaine ouvre pour l'avenir de la science forensique des perspectives particulièrement importantes, y compris dans l'étude de la datation de la mort. Nous avons évoqué dans le cadre de l'entomologie légale, les colonies de bactéries qui participent à la décomposition du corps. Ici aussi, l'analyse de ces colonies bactériennes devrait offrir une possibilité de datation précise au regard du moment de la phase de décomposition où sont pratiqués leur examen et leur séquençage. Ces éléments en lien avec les méthodes traditionnelles (comme l'entomologie) laissent augurer une méthode précise et fiable venant renforcer avec précision la détermination de l'heure de la mort, ce qui est absolument essentiel pour construire les hypothèses d'enquête et les confronter avec les témoignages notamment.

L'accroissement de l'arsenal futur de la science forensique passera donc par le développement de cette discipline, jusqu'à sa mise en routine tant dans les prélèvements que dans les protocoles analytiques.

Chapitre 7
Scène de crime 2.0

Avant de découvrir ce qui pourrait être novateur pour la scène de crime, il faut d'abord revenir sur ce que représente, en science forensique, le théâtre du crime.

La scène du crime est le point d'origine, celui d'où tout part et où tout doit ramener. Nous sommes parfaitement conscients qu'en écrivant cela, nous avons l'air d'enfoncer des portes ouvertes ou de pontifier sur des évidences aux allures de lapalissades. Néanmoins, il est utile de rappeler le chemin parcouru depuis les premières années du XXe siècle jusqu'à aujourd'hui.

Celui qui a apporté une modernité, qui n'a pas changé depuis dans l'approche de la scène, reste Alphonse Bertillon, avec l'introduction de la photographie judiciaire, permettant de fixer la scène dans ses moindres détails. Puis de nouveaux outils ont apporté une vision complémentaire à ce que permettaient les grands appareils argentiques à soufflet utilisés jusque-là.

C'est ainsi qu'actuellement peuvent être utilisés les scanners-laser, les appareils photographiques numériques, les vidéos panoramiques et les prises de vues réalisées depuis un drone donnant une vision globale par l'introduction de cette troisième dimension qu'est la hauteur. En ce sens, le concept de minidrone, mis au point par l'équipe du colonel Nicolas

Thiburce pour le repérage des lieux avant de les investir, est une évolution majeure, tant pour la sécurité des intervenants que pour préparer les cheminements et investigations dans les différentes pièces, en limitant les risques de contamination (ou pollution).

D'autres outils ont été créés comme l'usage de lampes à éclairage sous différentes longueurs d'onde, le « polylight » ou le « crimescope », permettant de révéler des traces invisibles à l'œil nu et sous lumière normale, notamment les empreintes digitales ou les fluides biologiques. En ce sens, les recherches sur ces ondes réfléchies et absorbées par les traces et leurs supports, devaient offrir des possibilités bien plus larges avec, à terme, la possibilité de déterminer la composition chimique de la trace sur laquelle les différentes longueurs d'onde sont focalisées.

L'évolution future du travail sur la scène de crime est conditionnée par la découverte de l'existence de nouvelles traces invisibles jusqu'à présent, générées notamment par le développement du numérique dans notre univers quotidien. C'est ce que nous appelons « la scène de crime 2.0 ».

Qu'est-ce qui a pu changer dans la typicité des traces et quelles sont les conséquences sur le travail des spécialistes ? Pour expliquer cela, il faut revenir un peu en arrière avant de faire un bond dans le futur.

Les scènes de crime, jusque dans les années 1990, étaient porteuses de toutes les traces que nous connaissons, qu'elles soient papillaires, biologiques, balistiques, d'outils, de produits chimiques, de pollens, de poils d'animaux, d'insectes nécrophages, de fibres diverses, poussières, terres, outils, empreintes de semelles, etc. Toutes ces traces sont recherchées en s'appuyant sur le principe de l'échange de Locard, qui montre que sur chaque scène d'infraction, la force de l'action criminelle fait que l'auteur laisse des traces de son passage sur les lieux et éventuellement sur la victime. Inversement, il emporte avec lui des éléments de la scène et de la victime.

Cependant, peu à peu, une évolution de la scène s'est produite avec l'apparition de nouvelles traces, les traces dites numériques et de télécommunication. Depuis la fin des années 1980, notre environnement a en effet progressivement évolué.

Après l'apparition des montres digitales, au début de cette décennie, la démocratisation progressive des ordinateurs familiaux et de l'Internet a ouvert notre environnement sur le monde extérieur. De même, la fin des années 1990 a complètement intégré le téléphone portable dans notre vie quotidienne, laissant les traces de nos déplacements, permettant ainsi la géolocalisation. Les premiers jeux en ligne des années 2000, l'abandon progressif des anciens supports informatiques tels que les disquettes 3,5 pouces, ont laissé place aux disques durs externes, aux CD, et aux DVD, ainsi qu'aux clés USB pour stocker toujours plus de données numériques, ce qui a conduit, in fine, à conserver la majeure partie de nos datas dans des nuages numériques ou *clouds*, situés en des lieux que peu d'entre nous connaissent ou maîtrisent.

Les années 2010 voient un développement original qui est celui de la « domotique », avec les liens que nous créons entre nos téléphones et les applications spécialisées, qui nous permettent de piloter à distance plusieurs éléments de notre environnement domestique tels que le chauffage, les volets, les lumières, etc. Les véhicules ont également bénéficié de cette évolution. Les premiers GPS apparaissent dans les années 1990, puis se perfectionnent. La télécommande des portes permet le démarrage, mais également désormais, le suivi du véhicule, le préchauffage, la géolocalisation...

Les années 2020 ont également mis à disposition de tous l'Internet des objets. Ce sont les fameux objets connectés. Ainsi, notre réfrigérateur « intelligent », car connecté, a la capacité de lancer des commandes afin d'être rempli à nouveau de produits alimentaires si nécessaire, de façon autonome. Nous voyons fleurir aussi tous les jours des programmes de connexion avec nos balances de pesage, nos brosses à dents, ou divers suivis de santé… Nous avons même découvert récemment un sac à dos qui mesure le nombre de pas effectués, mais aussi le poids transporté, afin d'aider à réguler l'effort et les conséquences pour le dos de l'utilisateur. Aujourd'hui, il est également possible de dialoguer avec les assistants vocaux qui offrent une réponse à nos questions, et aident à la gestion de nos objets connectés ou à des réglages domotiques.

Comme nous le constatons, notre environnement s'est enrichi de ces nouveaux outils numériques pour notre plus grand confort, et ces objets ne cessent de générer des traces apparemment immatérielles en permanence ! Le nouveau défi pour les spécialistes de la scène de crime *sera* dans un premier temps de ne pas la polluer par la présence de leurs propres téléphones portables ou objets connectés, dont ils doivent se séparer avant de pénétrer sur la scène, afin, dans un second temps, de collecter les traces numériques sur les différents objets connectés du lieu, et cela sans altérer ces données stockées sur différents supports. L'objectif de ces spécialistes consiste à extraire les éléments matériels qui caractériseront l'infraction, ou apporteront des indices exploitables pour la résolution de l'affaire judiciaire et la construction de la preuve pénale.

Pour reprendre la logique du raisonnement forensique, les recherches universitaires ont adapté les spécificités de la trace ou de l'empreinte numériques aux principes de toute trace forensique, auxquels nous empruntons le descriptif. La trace, dans sa définition générale et en l'appliquant au cas du numérique, précise qu'il s'agit d'empreintes numériques, laissées volontairement ou abandonnées dans un environnement informatique à l'occasion de processus d'exécution logicielle.

Plusieurs constats montrent des spécificités liées au caractère numérique de ces traces :

- inscrire une empreinte numérique implique un codage numérique et une inscription du code dans l'environnement informatique ;
- les traces numériques sont inscrites dans cet environnement informatique qui est alors support de mémoire et support de calcul ;
- l'environnement informatique possède une ou des horloges liées intrinsèquement à sa technologie. L'inscription d'un marqueur temporel est donc toujours possible au moment de l'empreinte ;
- le fait qu'empreintes et traces soient numériques, autorise des processus de mémoire et de calcul, leur donnant un caractère homogène et cohérent par nature.

Il est toujours possible de faire des traces numériques nouvelles sur des traces numériques existantes (impliquant de nouvelles interprétations) et de remonter éventuellement jusqu'aux empreintes initiales, si tant est qu'elles soient disponibles dans le même environnement informatique.

Cela étant posé, nous pouvons maintenant nous déplacer en des lieux porteurs d'actions criminelles pour mesurer toute l'étendue de ce nouveau domaine.

Imaginons que nous entrons sur une scène de crime que l'on pourrait appeler classique, sur laquelle semble se superposer une scène de crime numérique. En réalité, elle ne se superpose pas et n'est pas indépendante de l'environnement immédiat. Comme pour toute scène, les traces numériques font partie des traces au sens générique du terme. Elles viennent simplement ajouter une nouvelle catégorie à l'existant. Certes, dans la mise en œuvre, ce ne seront pas les mêmes techniciens qui interviendront, ce qui fait dire que la scène de crime numérique a sa propre bulle impliquant une méthodologie d'investigation particulière qui peut se résumer ainsi :

- décider comment on va pénétrer dans le lieu ;
- faire la liste des précautions à prendre ;
- définir les prélèvements à effectuer et comment il faudra procéder ;
- prévoir les moyens à utiliser et les connaissances qui seront nécessaires pour effectuer les prélèvements…

Si actuellement la découverte de cet environnement numérique nécessite des spécialistes, comme bien d'autres disciplines auparavant, la démocratisation, les formations et l'adaptation des outils conduiront dans l'avenir à ce que ce soit le même technicien de scène de crime qui intervienne, fort de sa formation polyvalente en matière de constatation et prélèvement de toutes les traces, quelles qu'elles soient.

Mais à quoi doivent faire face les techniciens et les spécialistes dans ce nouvel environnement ? En quoi les traces numériques peuvent-elles ajouter des indices matériels lors d'un acte criminel ? Si les traces biologiques, bactériennes, d'empreintes, de semelles, etc. conduisent vers la source du dépôt, donc finalement permettent l'identification d'un individu, la trace numérique ne semble pas, au premier abord, porteuse de telles informations. Pourtant les nombreux objets connectés sont en réalité détenteurs d'information tout aussi importantes pour l'enquête que les autres traces.

Entrer dans le monde de l'IoT[1] (Internet of Things en anglais) ou de l'IdO (Internet des Objets) n'est pas anecdotique : on dénombrait environ 11 milliards d'objets connectés en 2021. En 2023, on en a recensé plus de 20 milliards !

Pour notre plus grand confort, mais aussi porté par de nouvelles perspectives économiques, l'IdO est bien présent dans notre environnement quotidien. Ce développement a plusieurs conséquences, et d'abord, la nécessaire gestion technique de données massives, à la fois en termes de flux et en termes juridiques. En effet, les informations doivent pouvoir être exploitées par le bénéficiaire de l'objet, mais surtout être stockées et traitées à l'extérieur par les fournisseurs des services liés auxdits objets.

Même si la majorité d'entre nous ne sommes pas des spécialistes, il est parfaitement loisible de comprendre que différentes passerelles existent afin de pouvoir assurer la fluidité des informations. Qui dit passerelles dit : protocoles de communication, points d'accès, ainsi que multiplication d'adresses IP (celles de certains objets s'ils ont une autonomie pour communiquer), le tout pouvant être géré par un opérateur extérieur sans même que le propriétaire en ait connaissance. Son seul souci étant que l'objet remplisse son office et selon ses besoins, qu'il ait accès aux données ! Peu importe où elles se trouvent archivées et comment y accéder.

À noter que certains de ces objets ont des capacités de communication entre eux, créant ainsi des mini-réseaux qui ont

1. Pour le lecteur souhaitant approfondir ses connaissances en ce domaine, nous conseillons la lecture de la thèse de doctorat de François Bouchaud, *Analyse forensique des écosystèmes intelligents communicants de l'Internet des objets*, Université de Lille, Centre de recherche en informatique, Signal et Automatique de Lille, soutenue le 30 janvier 2021.

la caractéristique d'être hétérogènes. Autrement dit, dans une maison par exemple, l'intercommunication est principalement adossée au réseau Bluetooth, que chaque capteur ou actionneur des objets accroche. Ainsi l'objet va traiter les données généralement grâce à un microcontrôleur, mais sa capacité de stockage étant limitée, il les renvoie à l'extérieur. Ce nouvel environnement concerne par exemple le contrôle du chauffage, de l'éclairage (ampoules connectées), de caméras d'arrosage, le tout accessible via les applications téléphoniques associées aux objets ou au programme de domotique. Mais il ne faut pas oublier non plus, les assistants vocaux (Amazon Echo Alexa, Google Assistant, Apple Siri, etc.), les montres connectées et bracelets de suivi de santé ou de forme (Apple Watch, Fitbit Flex, etc.), qui participent aux enregistrements des événements ponctuant notre journée ! Nous commençons ainsi à mieux discerner les traces numériques que nous créons et abandonnons en permanence, sans même nous en apercevoir.

Dès lors, la forensique de l'IdO traite les différentes traces (détection, prélèvement, traitement) liées à une activité criminelle sur une scène de crime ou sur un lieu lié à la scène de crime où se trouvent de tels objets. On constate que les traces issues de l'activité criminelle ne sont généralement pas sur le lieu du crime, car stockées majoritairement en ligne. Le spécialiste doit donc non seulement prendre en compte l'inventaire de tous les objets connectés, mais également les interfaces avec les réseaux et les utilisateurs.

Allons plus loin encore dans la perspective d'un développement prochain systématique que nous appelons de nos vœux. Et rappelons que le but poursuivi est de pouvoir collecter des traces exploitables apportant des éléments indiciaires pour l'avancée d'une enquête, voire pour constituer la preuve matérielle attendue. À titre d'exemple, imaginons que nous sommes dans le cadre d'accès à des bureaux par exemple, mais cela vaut pour une maison bien sûr. On constate que de nombreuses serrures sont en capacité d'enregistrer les entrées et les sorties ainsi que l'identité de la personne ayant déclenché ces traces (sous réserve qu'elle ne se soit pas fait voler le code ou le badge/Vigik/clef d'accès).

Revenons aux différents déclenchements d'objets ou d'actions domotiques avec un téléphone portable : cela permet d'avoir une image de l'état du lieu (température, consommation électrique, etc.) au moment de la connexion, ainsi qu'au positionnement du téléphone (donc, théoriquement, de son propriétaire), ce qui selon l'affaire est un élément indiciel important pouvant infirmer ou confirmer un témoignage. En cas de suspicion d'agression dans une maison, les données recueillies via les capteurs sur la température ambiante et ses variations sont suffisamment sensibles pour permettre d'analyser si une autre personne s'était introduite avant l'arrivée de l'occupant !

De plus, la montre connectée d'une victime est souvent porteuse de données qui viendront préciser ou donner des éléments indiciels particulièrement importants, tout comme un capteur de sommeil auquel est lié (connecté) le lit dans lequel on a retrouvé le corps. Et pour peu qu'elle intègre un programme ou une application de santé ou de surveillance du rythme cardiaque, c'est l'heure du crime qui sera précisément déterminée. De même, les assistants vocaux dont les plus connus, comme Google Home ou Amazon Echo, enregistrent les commandes, mais parfois un peu plus… comme nos conversations, bien sûr pour notre confort afin d'anticiper nos attentes.

La notion d'objet connecté peut être également étendue au véhicule connecté, et le dernier scandale de Tesla montre comment la captation de données peut-être sans limite et donc offrir des éléments indispensables à toute enquête judiciaire[2].

Signalons au passage que des tentatives de connexion avec un autre téléphone présent sur les lieux (autre que celui de la victime) sont observables sur certains de ces objets ! En effet, si un objet connecté est déplacé, cette simple manœuvre entraîne une reconfiguration de l'architecture du réseau local et, de ce seul fait, cette donnée peut avoir une importance capitale dans une affaire judiciaire.

Pour le spécialiste, l'inventaire et le recueil des traces numériques représente un parcours complexe et très technique. Dès son entrée sur la scène, l'expert doit engager des mesures de localisation des objets connectés, et procéder à l'identification des différents dispositifs connectés avec la détermination des fréquences et des protocoles qui les régissent : Wi-Fi, Li-Fi, Sigfox, Livebox, 5G, 4G, Bluetooth, WiMax, Zigbee, Zwave, RFDI, NB-IoT, IR, etc. Il procède à l'individualisation des émissions et de leur lien avec le ou les objets avant de passer à l'étude de chaque canal de façon à obtenir une cartographie des objets présents. Mais là encore une difficulté demeure, car cela ne tient compte que des objets actifs, ce qui nécessite de générer un trafic artificiel entre les objets pour obtenir une activation de l'ensemble. L'identification des objets obtenue, il peut engager la partie technique qui est basée dans un premier temps sur la connaissance de l'objet, de son fonctionnement, de ses capacités de stockage, de ses protocoles informatiques,

2. Avancé comme argument de sécurité: les véhicules Tesla enregistrent en permanence les images autour de l'automobile, mais également les conversations et les images de ce qui se passe dans l'habitacle. C'est ainsi qu'on a découvert que certains employés de la firme échangeaient entre eux des images des ébats sexuels qui s'étaient passés dans le véhicule, dont beaucoup se déroulaient pendant le trajet, profitant sans doute de l'autonomie de conduite pour occuper ou agrémenter le voyage…

de la nécessité de rester branché ou pas, etc., afin de protéger au maximum les possibles éléments indiciels déjà sur l'objet lui-même s'il a une mémoire tampon[3] (aussi limitée soit-elle) qui peuvent nécessiter plus tard une intervention physique (dessoudage de puces par exemple) et, dans un second temps, extraction des données, suivi du réagencement de l'ensemble des données collectées de l'objet comme celles issues de l'extérieur afin de pouvoir les interpréter. Là aussi rien n'est simple, car il est dépendant de fournisseurs extérieurs (stockage, fabricants du matériel, etc.) dont la plupart sont à l'étranger, ce qui ajoute aux difficultés juridiques. Enfin, seule l'analyse des données obtenues permettra de déterminer leur pertinence en apportant des réponses à quelques questions simples :

- est-ce que les données apportent un simple éclairage ou sont-elles directement liées à l'événement ?
- est-ce que les données montrent une cohérence temporelle et de localisation ?

Ces questionnements sont ceux de tout expert en science forensique, quel que soit son domaine de prédilection. Et l'exploitation du contenu des éléments indiciels permettra aux enquêteurs de privilégier l'une des hypothèses sur lesquelles ils travaillaient.

---

3. En informatique, une mémoire tampon est une zone de mémoire vive ou de disque utilisée pour entreposer temporairement des données, notamment entre deux processus ou matériels ne travaillant pas au même rythme.

Le futur a déjà commencé

L'AFFAIRE BATES[4]

Un meurtre maquillé en accident ?

Un soir de novembre 2015, James Bates avait invité deux amis – dont un ancien policier, Victor Collins de 47 ans – à son domicile de Bentonville (Arkansas).

Les trois hommes regardent d'abord un match de football universitaire à la télé, en buvant de la bière et de la vodka. Ils décident ensuite de passer un moment dans le bain à remous de la maison. Bates déclare s'être couché vers 1 heure du matin. Quand il s'est réveillé le lendemain matin, Collins flottait dans le bain à remous.

L'avocate de Bates à l'époque, Me Kimberly Weber, a déclaré que Collins était l'ami de Bates et que sa mort était un accident tragique, peut-être dû à sa consommation d'alcool. Le taux d'alcool de Collins au moment de son décès était de quatre fois la limite légale en Arkansas.

Les enquêteurs soutiennent qu'ils ont constaté des signes de lutte, et des blessures sur Collins et Bates. Ils ont également trouvé un verre brisé, et des traces de sang séché à l'intérieur de la maison. Ils ajoutent avoir constaté que le patio et le bain à remous avaient été nettoyés avant l'arrivée de la police. Élément indiciel confirmé par un appareil intelligent, le chauffe-eau de Bates et son compteur d'eau connecté, dont la mémoire informatique a indiqué qu'une quantité exorbitante d'eau avait été utilisée dans la nuit : près de 530 litres d'eau (140 gallons) ont été consommés entre 1 heure et

4. Cf. le site : CNN, publié par Eliott C. MCLAUGHLIN et Keith ALLEN – https://edition.cnn.com/2016/12/28/tech/amazon-echo-alexa-bentonville-arkansas-murder-case-trnd/

3 heures du matin, un volume très inhabituel. De quoi, peut-être, nettoyer les traces du forfait...

Par ailleurs, l'assistant virtuel Amazon Echo a été cité dans l'affaire, parce qu'une personne présente la nuit de la mort de Collins se serait souvenue avoir entendu de la musique diffusée sur l'appareil ce soir-là. La justice de l'Arkansas a donc demandé à la société Amazon les enregistrements captés cette nuit-là par son assistant virtuel Echo, dans l'espoir que les micros disséminés dans la maison aient enregistré les propos du mis en cause. Amazon a d'abord rejeté la demande de l'accusation, au nom de l'amendement de la Constitution qui protège les données personnelles du citoyen, mais a ensuite fourni les données après que Bates a déclaré qu'il remettrait volontairement les enregistrements aux enquêteurs. Les procureurs de l'Arkansas ont abandonné leurs poursuites contre James Bates, qu'ils avaient accusé de meurtre au premier degré, les enregistrements n'ayant rien révélé de suffisamment significatif. Et les procureurs ont déclaré que les preuves présentées pouvaient étayer plus d'une explication raisonnable.

***

L'affaire Barros[5]

Alexa appelle la police !

À la suite d'une erreur d'interprétation, un haut-parleur intelligent a probablement sauvé la vie d'une femme en appelant la police pour la prévenir d'une dispute conjugale.

Un homme accusé d'avoir battu sa petite amie et menacé de la tuer a été emprisonné après que le bureau du shérif du comté de

5. Carma Hassan, « Voice-activated device called 911 during attack », CNN – https://edition.cnn.com/2017/07/10/us/alexa-calls-police-trnd/index.html

Bernalillo au Nouveau-Mexique a déclaré qu'un haut-parleur à commande vocale avait appelé le 911 !

Eduardo Barros a été arrêté le 2 juillet 2017 après une négociation de plusieurs heures avec une équipe du SWAT (équivalent du RAID ou du GIGN) dans une maison de Tijeras, près d'Albuquerque, au Nouveau-Mexique, selon la porte-parole du shérif, Felicia Romero. Eduardo Barros gardait une résidence à Bernalillo, au Nouveau-Mexique pour une tierce personne, avec sa femme et sa fille. Son épouse ayant reçu un SMS, une violente dispute éclate entre les époux. Barros, jaloux, l'accuse de le tromper et déclare qu'il allait la tuer, en brandissant une arme et il commence à la rouer de coups. Au cours de la rixe, Eduardo demande à sa compagne si elle a « appelé les shérifs ». Un détail a priori anodin, mais qui se révélera au bout du compte décisif puisque le haut-parleur intelligent l'a interprété comme une commande vocale et a alors composé le 911 (numéro d'urgence). Le policier qui a pris l'appel entend alors ces mots : « Alexa appelle le 911 ». L'une des commandes vocales pour Amazon Echo est le mot « Alexa ».

Quelques minutes plus tard, le 911 rappelle le téléphone de la victime. Barros, à la vue du numéro appelant, jette la victime au sol et lui donne ensuite une dizaine de coups de pied au visage et au ventre. Pendant ce temps, la police envoie sur place une équipe du SWAT, qui, arrivée sur place, entame alors de longues négociations avec l'homme qui ne voulait pas se rendre. Il faudra plusieurs heures pour que les forces de l'ordre finissent par l'arrêter. Il sera accusé de « détention d'arme à feu, agression et voie de faits aggravés sur sa compagne ».

Lors des investigations, il apparaît que l'appareil qui a appelé les autorités était un appareil Echo d'Amazon, qui utilise des commandes vocales pour tout faire, de la musique à la commande de pizza par téléphone.

« Cette incroyable nouvelle technologie a certainement contribué à sauver une mère et son enfant d'une situation très violente », a déclaré le shérif de Bernalillo, Manuel Gonzales, à ABC News qui a révélé l'affaire au public.

À la suite de l'enquête et en attendant le procès, le tribunal du comté de Bernalillo a déclaré que Barros faisait face à 14 chefs d'accusation, dont la séquestration, les coups et blessures aggravés contre un membre du ménage et la possession d'une arme à feu par un criminel.

L'affaire Burch[6]

Le suspect qui disait la vérité

21 mai 2016. En ce beau samedi de printemps à Green Bay, dans le Wisconsin, un agriculteur découvre un spectacle horrible dans un champ près de sa ferme. Le corps d'une femme blonde est allongé face contre terre. Elle semble avoir une trentaine d'années. Les enquêteurs constatent qu'elle porte un bracelet rose et des chaussettes et ils distinguent sur son dos la marque d'une chaussure. Elle a été étranglée, et son corps est couvert d'ecchymoses et de nombreuses lacérations. Ses ongles sont endommagés. Ce sont des blessures de défense, qui expliquent qu'elle s'est battue avec une grande énergie.

Alors que la police se trouve encore sur place, le bureau du shérif reçoit un coup de fil d'un certain Doug Dietrie. « Je vous appelle parce que je pense que ma petite amie a disparu mystérieusement la nuit dernière. Qu'est-ce qu'on peut faire ? » L'homme précise

6. Paul Srubas, « After one week, here is what the jury knows about Nicole Vanderheyden's murder », *Green Bay Press-Gazette* – https://eu.greenbaypressgazette.com/story/news/2018/02/24/after-one-week-here-what-jury-knows-nicole-vanderheyden-murder-george-burch-trial/370317002/

aux policiers que la disparue s'appelle Nicole VanderHeyden, dite Nikkie, et qu'elle est mère de trois enfants.
Interrogé à son domicile, Doug Dietrie raconte que la nuit précédente, Nikkie et lui sont allés rejoindre des amis dans un bar du comté, The Watering Hole, pour écouter des groupes de musiciens locaux. Ils avaient aussi consommé beaucoup d'alcool et, alors qu'il parlait avec une ancienne amie de lycée rencontrée par hasard, Nikkie avait fait une crise de jalousie, et ils avaient eu une grosse dispute. Très en colère, la jeune femme avait décidé de quitter la soirée et de rejoindre des amis dans un autre bar du coin, The Sardine Can. Après un échange de sms tendus, Doug avait quitté The Watering Hole avec un ami vers 0 h 30, s'était rendu au Sardine Can pour retrouver Nikkie, mais celle-ci n'était plus là. Comme elle ne répondait plus à ses appels téléphoniques, il avait décidé de rentrer à la maison vers 2 heures du matin et, en se réveillant vers 7 heures, il avait constaté qu'elle n'était pas rentrée.
Quelques heures plus tard, le sac à main de la victime, contenant son téléphone portable et ses papiers d'identité, est retrouvé dans un petit bois à quelques centaines de mètres de la scène de crime, ce qui avait confirmé qu'il s'agissait bien de Nikkie.
L'enquête bascule. Il ne s'agit plus d'une disparition inquiétante, mais bien d'un meurtre !
Les enquêteurs visionnent les caméras de surveillance des deux bars. Ils retrouvent la scène de la dispute. Nikkie avait effectivement quitté le bar vers 23 heures. Sur la bande vidéo de l'autre établissement, ils la voient arriver à 23 h 15 et quitter le bar seule vers 23 h 45. Doug n'avait donc pas menti. On le voyait d'ailleurs arriver lui aussi vers 0 h 30 et repartir peu avant 2 heures du matin accompagné d'un ami, qui a témoigné l'avoir ensuite raccompagné en voiture à son domicile.
Il va pourtant devenir suspect aux yeux des enquêteurs, car, en enquêtant sur son passé judiciaire, ils ont trouvé la trace d'une

ancienne plainte pour « violences domestiques » déposée par Rebecca, une ex-petite amie (plainte ultérieurement classée sans suite) et, lors de la perquisition de son domicile, on avait trouvé des traces de sang sur le sol de son garage. Mais le résultat des analyses révèlera qu'il s'agissait de sang animal, des oies que Doug avait découpées dans son garage quelques semaines plus tôt.

L'élément déterminant, qui l'innocentera, sera la découverte par les enquêteurs que Doug portait le soir de la disparition, une montre-connectée à vocation sportive, de marque Fitbit, un cadeau de Nikkie qui lui avait offert ce gadget mesurant l'activité physique du porteur, le nombre de ses pas sur 24 heures, ses heures de sommeil (endormissement et réveil), sa fréquence cardiaque et, grâce à son GPS intégré, la cartographie de ses déplacements !

Or, dans la nuit du 20 au 21 mai, la montre indiquait que Doug était bien rentré chez lui peu avant 2 h 30, qu'il avait effectué une vingtaine de pas vers 3 h 30 (pour se rendre aux toilettes) et qu'il n'avait pas bougé de chez lui jusqu'à son réveil, peu avant 7 heures. L'autopsie de Nikkie ayant situé l'heure de son décès vers 4 heures du matin, il ne pouvait donc pas être l'auteur du meurtre de sa compagne.

Il faudra attendre août 2016 pour que l'assassin soit identifié par les enquêteurs, un homme d'affaires d'une quarantaine d'année, George Steven Burch. Celui-ci avait rencontré Nikkie dans un bar proche, peu avant 1 heure du matin, où son téléphone avait été localisé. Les données GPS de son véhicule, relevées par Google Dashboard[7] le situaient sur tous les lieux-clés de l'enquête : la maison de Nikkie et de Doug, située sur Berkley Road à Ledgeview, un champ situé juste en face de la maison où le meurtre avait eu lieu, un déplacement du véhicule menant jusqu'au lieu où le corps

7. Google Dashboard est un compte Google où sont enregistrées toutes nos données personnelles.

avait été transporté, près de la ferme de la découverte macabre, à quelques kilomètres de là.
Burch admettra avoir rencontré Nikkie dans ce bar et lui avoir proposé de la ramener chez elle à bord de son SUV. Il raconte avoir fait l'amour avec elle dans le véhicule garé devant son domicile. C'est alors qu'un homme, qui était le compagnon de Nikkie, aurait fait irruption dans le véhicule et aurait étranglé la jeune femme. Puis il aurait obligé Burch, sous la menace d'une arme à feu, à l'aider à transporter le corps dans sa voiture, jusqu'au champ où il aurait été déposé à Hoffman Road. C'est alors qu'il aurait réussi à s'enfuir en abandonnant Doug sur les lieux. Celui-ci serait donc rentré à pied chez lui…

Au cours du procès, Doug Debrie a été totalement disculpé, d'autant plus que le lacet ayant servi à étrangler la victime, retrouvé sur le lieu du crime, portait le profil ADN d'un seul homme, celui de Burch. George Steven Burch a été condamné à vie pour meurtre au 1er degré, sans possibilité de réduction de peine.

***

L'affaire Dabate[8]

Un féminicide résolu grâce au bracelet connecté de la victime

Dans la journée du 23 décembre 2015, une mère de famille, Connie Dabate, 39 ans, est tuée par balle dans sa maison du Connecticut alors que ses deux jeunes fils étaient à l'école.
Son mari, présent au moment des faits, appelle la police et raconte que ce matin-là vers 9 heures du matin, alors qu'il était parti

8. « Husband sentenced to 65 years in Fitbit murder case », Associated Press – https://apnews.com/article/shootings-597c5b876c1f7de77fcde24621ec5e94

travailler, il avait rebroussé chemin vers son domicile parce qu'il avait oublié son ordinateur. Il serait alors tombé sur un inconnu en train de fouiller dans un placard situé à l'étage, lequel aurait alors tué Connie Dabate dans les minutes suivantes. Puis l'homme l'aurait agressé avec un couteau et ligoté avant de s'enfuir.

Les policiers l'avaient effectivement trouvé avec des blessures superficielles au couteau, un bras et une jambe maladroitement attachés à une chaise pliante. Ils avaient pensé aussitôt à une simulation…

Au cours de l'enquête, il apparaît que Connie portait un bracelet Fitbit Flex qui, après analyse des données, a révélé que celle-ci était en train de faire de l'exercice dans sa salle de sport environ une heure après le moment où Dabate a déclaré qu'elle avait été abattue. Son bracelet avait enregistré l'heure à laquelle son pouls a cessé de battre : il était 10 h 05.

Toutes ces données venant en contradiction avec le témoignage du mari, ces éléments indiciels ont été reconnus comme probants par le juge et sont venus accroître le faisceau d'éléments matériels à son encontre, tels que l'absence de traces de lutte dans la maison et une double vie avec, au moment des faits, une maîtresse mise enceinte par ses œuvres.

Après une longue enquête et de nombreux renvois, lors de l'audience de la cour supérieure de Rockville, il est condamné en 2022 à 65 ans de réclusion criminelle.

Nous sommes donc actuellement au tout début d'une nouvelle démarche qui devrait se développer dans un avenir proche et avec elle, des outils de plus en plus fonctionnels et faciles d'utilisation qui seront bientôt mis à disposition des techniciens sur le terrain et non pas à titre expérimental ou exceptionnel dans les laboratoires spécialisés comme cela est encore le cas aujourd'hui. Les perspectives sont donc d'établir des procédures techniques de détection, prélèvement et extraction, disponibles pour des unités techniques de terrain. À noter que déjà parmi les nouveaux actes réflexes à avoir pour pénétrer sur une scène de crime, il faudra penser à laisser à l'extérieur les téléphones portables des enquêteurs, afin qu'ils ne viennent pas polluer la scène en ajoutant ou effaçant par superposition de nouvelles traces numériques par tentatives natives de connexion avec les IdO...

Les villes communicantes

Ce concept de ville communicante est une vision globale d'un avenir urbain dans lequel le numérique serait présent dans tous les secteurs qui font une cité. Aussi appelée ville intelligente, cette réflexion veut apporter une nouvelle dimension en intégrant l'impact de la transition numérique pour une refondation de la ville et des territoires.

Cela va de la gestion de la circulation à celle des fluides alimentant les installations (électricité, eau, gaz, etc.), concept que quelques villes ont adoptées avec plus ou moins de réussite dans les premières tentatives. Mais le projet est en marche et les études se concrétisent, allant jusqu'à proposer des échanges permanents de données avec les véhicules irrigant la ville, mais également les citoyens via leurs téléphones, que ce soit directement par des services publics eux aussi connectés que via des applications spécifiques qui permettront cette communication.

Derrière ce futur idyllique que l'on nous fait miroiter, c'est aussi l'évolution même de nos comportements qui est impactée, transformant nos attentes en besoins, et faisant de nous un « *homo numericus* » totalement dépendant, voire asservi aux développements du numérique dans notre vie quotidienne. Même si certains mouvements de politique gouvernementale espèrent développer le concept de « ville collaborative », davantage tournée vers le citoyen, il apparaît que ce souhait est déjà biaisé. En effet, dans les projets en gestation, il est considéré que « la nouveauté technologique du numérique est, ou sera bientôt, intégrée dans les pratiques, et que l'heure est aujourd'hui à une approche collaborative de la fabrique de la ville et de son fonctionnement[9] ». La dépendance est donc acceptée.

Ce petit paragraphe philosophique et peut-être prophétique sur notre prochain environnement sociétal et municipal posé, ce qui nous intéresse dans cette ville connectée, ce sont les impacts en matière d'organisation de la sécurité, de développement d'une nouvelle criminalité, et les bénéfices que pourrait apporter la science forensique.

Du point de vue de la sécurité routière par exemple – en ce qui concerne les routes à induction permettant le rechargement des véhicules, dont les transports en commun, ou l'échange permanent d'informations entre les véhicules et la voirie, etc. –, la gestion de la circulation pourra être pilotée en direct, voire même fera évoluer en temps réel les délestages et itinéraires de variantement. Tout accident sera alors traité par les services de police de la route d'une manière nouvelle, d'abord par la protection de la scène en déviant la circulation pour isoler les lieux, ensuite en favorisant la circulation des secours et bien sûr en collectant toutes les données de vidéoprotection, celles de connections entre les véhicules, entre les véhicules et les infrastructures et enfin dans les véhicules eux-mêmes.

9. Cf. le site du service public dédié à cette prospective : https://smart-city.cerema.fr/

La sécurité publique passera par un développement technique sans précédent de la vidéoprotection. Dépassant le positionnement politique de quelques-uns, la première des libertés consistant en la sécurité de chaque citoyen, les systèmes vidéo bénéficieront de programmes de reconnaissance faciale et d'analyse comportementale afin de pouvoir intervenir rapidement, tant pour secourir une personne victime d'un malaise que pour assister une victime d'infraction. Sur ce plan sécuritaire, l'intervention opérationnelle pour faire cesser l'agression est une chose et l'enquête judiciaire qui en découle en est une autre. Et là nous comprenons bien que la trace numérique, qu'elle consiste en des images de vidéoprotection ou de bornage ou des suivis de téléphones, est un élément forensique qu'il conviendra de collecter dans les nouveaux centres de gestion des données urbaines. La dimension du traitement de la trace numérique changera complètement les méthodes de collecte comme d'analyse aux fins de production des éléments de preuve au procès pénal.

Parallèlement à une délinquance de voie publique, c'est la protection de ces centres contre une cybercriminalité qui sera le premier enjeu de ce prochain paysage urbain. Le deuxième sera la robustesse du système afin de pouvoir maintenir en permanence les services proposés sous peine de risquer un blocage ou un chaos, avec comme corolaire incontournable celui de la sécurité des liaisons, connexions, échanges, etc., que nous verrons plus en détail dans un prochain chapitre. Le troisième enjeu est celui de la donnée, par le nombre faramineux à la fois d'échanges et de collectes. La ville intelligente sera le réceptacle de l'ensemble des données sur les réseaux techniques comme sur les usages des habitants, dont le but est d'optimiser la gestion et apporter une meilleure qualité de vie. La gestion des données constitue donc un enjeu stratégique pour la démocratie locale, la gestion du territoire, le développement économique et la sécurité de chacun comme pour la protection de ses données et de son identité numérique.

Nous ne développerons pas plus avant le rêve urbain numérique qui devrait être notre quotidien dans un futur proche, mais simplement notre capacité à comprendre le contour des infrastructures des objets connectés : infrastructures de réseaux, de points de connexion, de capteurs multiples, de passerelles, avec des protocoles de communication, des points d'accès ainsi que multiplication d'adresses IP, le tout pouvant être géré par un opérateur sans même que le propriétaire en ait connaissance. Son souci étant que l'objet remplisse son office et selon ses besoins, qu'il ait accès aux données, peu importe où elles se trouvent et comment y accéder.

Beaucoup de ces nouveaux objets urbains auront des capacités de communication entre eux créant ainsi des réseaux en propre et qui auront la particularité d'être hétérogènes. L'architecture d'intercommunication sera donc adossée à différents réseaux que chaque capteur ou actionneur des objets viendra accrocher pour faire passer de l'information à double sens, réception d'ordres ou de programmes pour une action urbaine et remontée de données captées. Ainsi l'objet urbain va traiter les données, généralement grâce à un microcontrôleur, vers des points intermédiaires de concentration avant traitement ou stockage temporaire et renvoi à l'extérieur. Il laissera de nombreuses traces qui, une fois extraites, permettront de faire avancer les affaires judiciaires.

Tout incident, voire accident, ou même crime, nécessiteront des expertises engageant des mesures de localisation des objets urbains connectés en sus des caméras, mais également l'identification des dispositifs connectés avec la détermination des fréquences et des protocoles qui les régissent : Wi-Fi, Li-Fi, Sigfox, Livebox, 5G, 4G, Bluetooth, Wimax, Zigbee, Zwave, IR, etc. L'expert procèdera à l'individualisation des émissions et de leur lien avec le ou les objets avant de passer à l'étude de chaque canal de façon à obtenir une cartographie des objets urbains présents pouvant apporter des éléments concernant l'événement. Au regard des masses de données qui seront ainsi échangées, il y a de fortes chances que la majorité des dispositifs soient sous protocole Li-Fi qui est basé sur la lumière. Cette dernière, dont on connaît la vitesse de propagation, a la capacité de transporter des flux massifs d'information de la manière la plus rapide qui soit.

En résumé, les villes intelligentes, en projet ou déjà en cours de réalisation, devraient améliorer la vie des citoyens et leur assurer une sécurité accrue grâce aux techniques du numérique, au développement de l'informatique, et aux nouveaux moyens de communication. Pour cela, des milliers de capteurs divers et d'objets connectés seront disséminés dans la ville pour – entre autres – remonter et traiter un maximum de données en temps réel. Les structures urbaines que nous connaissons aujourd'hui seront métamorphosées.

On imagine facilement cet avenir qui verra, en cas de crime, l'imbrication de plusieurs services d'enquête de forensique classique, bien sûr, mais également d'une émergence forte de nouveaux forensiciens spécialistes de la trace numérique qui pourront exploiter les réseaux et les objets afin de récupérer les données et ensuite les traiter pour en extraire les éléments probants qui viendront faire avancer l'enquête judiciaire.

Les véhicules autonomes : attention au dérapage…

Depuis une vingtaine d'années, nous découvrons les évolutions de l'ensemble des flottes de véhicules, avec un développement de programmes informatiques gérant pour les conducteurs de plus en plus d'organes de conduite comme de confort. De la pression des pneumatiques, au préchauffage de l'habitacle, ou encore le déclenchement de l'ABS (système d'antiblocage des roues) comme des airbags, rien n'échappe au contrôle et à la gestion informatique. Ces avancées numériques progressives ont même conduit au changement des protocoles en accidentologie.

Pour rappel, dans le cadre d'une enquête nécessitant des expertises en accidentologie, plusieurs recherches sont effectuées comme, par exemple, l'identification du véhicule ayant pris la fuite à partir de morceaux récupérés sur une scène d'accident. Ainsi, les spécialistes peuvent travailler sur l'identification des polymères et leur composition (analyse physico-chimique), si nous avons quelques débris de pare-choc ou de bas de caisse; des morceaux d'optiques provenant des phares (reconstruction par assemblage et analyse par diffraction) ; ou encore des traces de pneumatique (étude de la bande de roulement et de l'écartement entre essieux). On peut ajouter à cette énumération les prélèvements de traces de peinture sur le ou les véhicules afin d'en déterminer l'origine (analyse FTIR[10] permettant de retrouver le groupe d'appartenance), l'analyse des organes de sécurité du moteur afin de déterminer s'il y a eu ou non une défaillance mécanique, voire éventuellement informatique.

10. La spectroscopie infrarouge à transformée de Fourier (FTIR) est une technique analytique efficace pour identifier rapidement la famille chimique d'une substance.

Ce qui précède représente une première évolution introduisant une expertise numérique dans l'étude de cas d'accidentologie.

La gestion des airbags, au fur et à mesure des générations, apporte maintenant des informations qui ne nécessitent plus les études de déformation des métaux pour estimer la vitesse du ou des véhicules au moment de l'impact. Actuellement, c'est l'étude de la mémoire de l'airbag qui apporte généralement la réponse. En effet, ce dispositif possède des capteurs et une petite mémoire tampon qui conserve sur quelques secondes à une minute une partie des informations concernant la vitesse et les actions du conducteur sur l'accélérateur et sur les freins, donnant, après extraction et interprétation, la vitesse au moment du choc et le comportement du conducteur.

Mort sur le périphérique

Jeudi 21 février 2013, porte de La Chapelle (Paris). Un chauffard au volant d'un 4x4 fonce sur une voiture de police, tuant deux personnes dont Cyril Genest, brigadier-chef de la BAC de nuit de Paris.

Il est un peu plus de 5 h 30 du matin, lorsqu'une Range Rover est repérée près des Champs-Élysées par une patrouille. Sa conduite est erratique et beaucoup trop rapide. L'équipage fait des appels de phares et actionne le gyrophare, mais le 4x4 ne ralentit pas, quittant les grandes avenues pour s'engager sur le périphérique. Les policiers, au regard des risques que fait courir ce véhicule, engagent une poursuite et, appliquant la procédure habituelle, ils arrivent à précéder le véhicule afin de l'obliger à s'arrêter en ralentissant devant lui. Mais le conducteur a fait un autre choix. Malamine Traoré, qui roulait, ivre et sans permis, n'a jamais levé le pied de l'accélérateur. Le brigadier Boris Voelckel, 32 ans, le brigadier-chef Cyril Genest, 40 ans, décèdent sous le choc ; et le brigadier-chef Frédéric Kremer, 54 ans, l'aorte sectionnée, restera hospitalisé plus de trois mois.

Trois ans après, dans le box de la cour d'assises, Malamine Traoré reste impassible. Au cours de l'audience, il reconnaît avoir passé une soirée arrosée en boîte de nuit – ses analyses sanguines font état d'1,4 g d'alcool dans le sang – et qu'il conduisait sans permis. Il a par ailleurs admis avoir cherché par tous les moyens à échapper au contrôle de la police. En revanche, il nie avoir voulu percuter la voiture de police.

Mais les expertises de l'IRCGN (laboratoire de la gendarmerie qui a le seul département spécialisé en véhicule) démontrent le contraire.

En effet, l'analyse de la mémoire des capteurs des airbags révèle que le conducteur n'a jamais ralenti, qu'il n'a pas freiné et quelques secondes avant le choc, une action sur l'accélérateur est enregistrée.

À 25 ans, Malamine Traoré a déjà été condamné à dix reprises, sept fois pour conduite sans permis, dont trois sous l'emprise de l'alcool. Il est jugé pour « violences sur personnes dépositaires de l'ordre public ayant entraîné la mort sans l'intention de la donner », un crime passible d'une peine de réclusion de vingt ans.

Le passager du 4x4, âgé de 20 ans, a pour sa part été mis en examen comme complice, mais aussi pour « détention, transport ou usage de stupéfiants » du fait de la saisie de 100 grammes de cannabis et 30 grammes de cocaïne et « port d'arme de sixième catégorie ».

Traoré a été condamné à douze ans d'emprisonnement.

Cette approche grâce à la forensique numérique n'a fait que se développer au fur et à mesure de la multiplication des programmes, des capteurs et des informations récoltées par les véhicules. Aujourd'hui, *la prise diagnostic*, présente dans la majorité des véhicules, qui sert aux concessionnaires pour le suivi de l'entretien, permet de connaître la vie des organes de conduite, du moteur, etc., et par ce truchement, les experts en accidentologie peuvent accéder à un quasi-équivalent d'une boîte noire.

L'avenir en la matière va continuer de se développer dans le domaine numérique, puisque les capteurs ont la capacité de communiquer des informations sur l'état de l'ensemble des organes d'un véhicule avant l'accident, offrant ainsi des réponses plus précises que précédemment. Mais une étape supplémentaire va encore avoir lieu, avec la mise en circulation des véhicules autonomes ou quasi autonomes…

La technologie en cours d'évolution devrait apporter un confort de conduite, voire une sécurité renforcée, mais, comme lors du déploiement de tout nouveau système, des problèmes nouveaux vont rapidement nécessiter des expertises adaptées.

Petit retour en arrière afin de mieux comprendre le principe d'autonomie des véhicules.

Le principe n'est pas nouveau : citons, pour mémoire, le pilotage automatique des ascenseurs et de certaines rames de métro… jusqu'aux avions de ligne ! Il faut savoir en effet que la plupart des avions modernes sont équipés de logiciels de bord qui permettraient de faire décoller, naviguer et atterrir l'appareil sans intervention humaine, mais la présence d'équipages reste encore obligatoire, pour des raisons qui tiennent principalement à la psychologie des passagers ! S'agissant des automobiles, l'automatisation est arrivée par étapes, et a d'abord concerné certains organes du véhicule, comme la boîte automatique dans la première moitié du XXe siècle, ou encore les régulateurs et limitateurs de vitesse.

L'ABS en a fait également partie. Dès la fin des années 1970, de nombreuses études technologiques se sont penchées sur le développement de véhicules encore plus autonomes.

En 1986, Mercedes expérimente un premier prototype, une camionnette VaMoRs qui pouvait se déplacer seule grâce à plusieurs caméras et à des capteurs reliés à un ordinateur pour le pilotage et la régulation de la vitesse. L'engin pouvait parcourir près de 20 kilomètres à environ 100 km/h, un véritable exploit de la technologie de l'époque, où l'IA (Intelligence artificielle) était encore un rêve de science-fiction ! Le système VaMoRs avait besoin d'une telle quantité d'instruments pour fonctionner, qu'il ne pouvait être testé qu'à bord d'une camionnette Mercedes 508D. Cependant, au fur et à mesure que le projet avançait, le potentiel des ordinateurs a augmenté et a permis au système de devenir de plus en plus efficace, et de faire le saut dans le monde de la voiture de tourisme.

L'arrivée du GPS est venue simplifier certaines étapes de reconnaissance des parcours, offrant encore des développements internes plus efficaces. La marque allemande a présenté en 1994 plusieurs unités équipées de quatre caméras et de logiciels avec lesquels ses W140 ont pu changer de voie, circuler sur des autoroutes pleines de trafic, et même, effectuer avec succès un voyage de près de 2 000 kilomètres de Munich au Danemark.

Faisons maintenant un petit bond dans le temps, pour ceux qui ne consultent pas tous les jours le *Journal officiel*. Le décret du 29 juin 2021[11] vient d'ouvrir la possibilité de

11. Le décret n°2021-873 du 29 juin 2021 fixe les conditions de déploiement des véhicules automatisés et des systèmes de transport routier automatisés. Il couvre les niveaux d'automatisation jusqu'aux systèmes totalement automatisés, à condition qu'ils soient sous la supervision d'une personne chargée de l'intervention à distance et qu'ils soient déployés sur des voies ou des zones

circulation (sous certaines conditions bien sûr) aux véhicules autonomes ou quasi autonomes, rappelant les classifications des uns et des autres et les obligations des conducteurs en fonction du niveau d'autonomie.

Quels sont les niveaux d'autonomie des automobiles ?

Niveau 0 : Conduite manuelle. Toutes les tâches sont réalisées par l'homme.
Niveau 1 : Conduite assistée : il s'agit d'une cogestion du contrôle de la voiture par l'usager et la machine. Le système d'antiblocage des roues (ABS) peut prendre le contrôle du freinage d'urgence ou du régulateur de vitesse qui va dispenser le conducteur d'actionner les pédales d'accélérateur et de freinage pendant qu'il est activé.
Niveau 2 : Conduite partiellement automatisée : ces dispositifs peuvent prendre en compte la trajectoire de la voiture avec recentrage, même si le conducteur n'a plus les mains sur le volant. Actuellement présents dans la majorité des voitures.
Niveau 3 : Conduite conditionnellement automatisée : la trajectoire est ici gérée automatiquement. La voiture est capable de surveiller son environnement de conduite et possède la capacité d'alerter le conducteur si une situation nécessitant sa reprise en main impérative et immédiate survient. Dans certaines conditions, ce niveau d'autonomie permet au conducteur de

---

prédéfinies. Le décret fixe des définitions et des dispositions générales de sécurité pour ces systèmes, ainsi que des exigences pour le conducteur ou la personne chargée de l'intervention à distance. Enfin, le décret fixe les conditions dans lesquelles les systèmes totalement automatisés (comprenant les véhicules, les équipements sur la route ou à distance et les procédures d'exploitation) peuvent être mis en service, après un processus spécifique de démonstration de la sécurité. Ces dispositions sont en vigueur depuis le 1er septembre 2022, permettant ainsi le déploiement de services de transports automatisés de personnes, au-delà d'un cadre expérimental.

détourner temporairement et brièvement les yeux de la route. Le logiciel permettant de garder ses distances par rapport au véhicule précédent, même sans action du conducteur, lors d'embouteillages par exemple. Ce type de voitures permet de confier la conduite à un logiciel de gestion de conduite. La voiture avance toute seule, conserve les distances de sécurité, freine normalement ou en cas d'urgence, et conserve sa voie de circulation.

Niveau 4 : Conduite hautement automatisée : la trajectoire est gérée automatiquement et la voiture surveille son environnement pour garantir la sécurité, même en cas de défaillance ou d'événement imprévu. L'automatisation de la conduite reste cependant limitée à certaines autoroutes et sous conditions météorologiques favorables. Théoriquement, ces véhicules exonèrent les conducteurs de toute concentration, vigilance ou suivi, leur permettant de faire autre chose, y compris téléphoner, écrire des sms, suivre des séries vidéo, etc.

Niveau 5 : Conduite totalement automatisée : la voiture est totalement automatisée quelles que soient les voies de circulation.

Depuis une vingtaine d'années, l'industrie automobile et les organismes de recherche ont réussi à remplir le but qu'ils s'étaient fixé : pouvoir faire circuler des voitures de manière totalement autonome sur tout type de route !

Ces voitures du futur sont bardées de capteurs redondants (caméras, radars, lasers tels que des lidars[12], capteurs de sons sur une échelle allant des infrasons aux ultrasons) dont les

12. Un lidar (Light Detection and Ranging) ou télédétection par laser est une technologie qui permet de détecter des objets à partir de la lumière qu'ils réfléchissent. L'avantage du lidar est de mesurer précisément la distance de l'objet par rapport à la voiture alors qu'une caméra va seulement estimer cette distance. Les lidars permettent notamment de détecter les lignes blanches de signalisation, les autres véhicules, les piétons ou obstacles, même en mouvement.

informations sont traitées par des algorithmes complexes (architecture logicielle de ce que l'on appelle aussi intelligence artificielle), avant de contrôler les actions et manœuvres qui peuvent et doivent être réalisées dans l'environnement dans lequel les véhicules évoluent, et cela en temps réel.

À ce stade, on retrouve des modes d'apprentissage de logiciels constituant une intelligence artificielle (deep learning, machine learning) mémorisant un maximum de scénarios pouvant correspondre aux diverses situations existantes en matière de conduite, dont celle de partager les voies de circulation avec d'autres véhicules ou cyclistes ou piétons, qui ne sont pas autonomes et dont les réactions peuvent être imprévisibles.

Si l'on fait abstraction du prix actuel de tels véhicules, l'avenir annoncé reste chatoyant et rassurant quant au niveau de sécurité promis. Mais malgré cela, quelques affaires judiciaires outre-Atlantique montrent que le risque zéro n'existe pas en matière d'accidents et que, face à un choix, l'intelligence artificielle pourrait être mise en défaut.

En effet, quel choix faire entre un groupe d'enfants qui traverse et la sortie de route mettant alors en danger le conducteur seul dans le véhicule par exemple ? Qui est responsable ? L'équipementier, le concepteur de l'IA, le constructeur ou finalement le conducteur ? Enfin, de quelle législation dépend la gestion des données lorsqu'elles sont en cours d'acquisition, ou qu'elles sont déjà acquises ? Et qu'en est-il des décisions concernant la conduite ou des événements extérieurs ? À qui appartiennent-elles ? À l'homme ou à la machine ?

En sus des problèmes d'expertise qui ne manqueront pas d'être engagées, un certain nombre de difficultés juridiques restent encore sous-jacentes, même si le mouvement est déjà engagé. De plus pour la réalisation des expertises, il faudra avoir accès aux données informatiques qui seront peut-être chez le concepteur de l'IA ou chez un constructeur à l'étranger…

Enfin, ces informations ne seront pas forcément accessibles à l'expert pour qu'il puisse se prononcer sur l'origine de la défaillance ayant généré l'accident.

Voiture autonome et accident, à qui la faute[13] ?

Fin 2021 à Paris, un dramatique accident, faisant un mort et 19 blessés, a impliqué un taxi électrique Tesla Model 3. Cet accident fait écho à d'autres qui ont eu lieu aux USA et au Canada, et il questionne à la fois sur la maîtrise de véhicules toujours plus autonomes basés sur l'IA, et sur la formation des conducteurs. Et c'est bien tout le paradoxe : l'autonomie du véhicule pouvant et devant se substituer au conducteur devrait nécessiter une formation pour en reprendre le contrôle, ou pour le moins en mesurer les limites.

Le chauffeur de la compagnie de taxis G7 n'était pas au travail. C'est au cours d'une promenade familiale que l'accident est intervenu. Il ramenait sa famille chez elle après un dîner au restaurant. Poursuivi pour « homicide involontaire et blessures involontaires par véhicule terrestre à moteur », il a été placé sous contrôle judiciaire. Cependant, cela n'implique pas *de jure* sa responsabilité. Signalons au passage que les analyses sanguines ont révélé qu'il n'avait pas consommé d'alcool ni de stupéfiants.

Il y aura une véritable bataille d'expert dans laquelle Tesla va faire valoir que son système Autopilot n'exonère pas le conducteur d'une certaine vigilance sur la route ni d'avoir la capacité de reprendre

13. Jacques Chevalier, « Accident de Tesla : à qui la faute ? », *Le Point*, 16 décembre 2021 – https://www.lepoint.fr/automobile/accident-de-tesla-a-qui-la-faute-16-12-2021-2457133_646.php

> le volant. Ce qui va à l'encontre de toute la publicité faite autour d'une voiture faisant tout à la place du conducteur. Le mis en cause affirme que le véhicule était en mode automatique, mais pas en mode autonome. L'expertise sera donc compliquée, d'autant que la majorité des données appartiennent par contrat au constructeur chez lequel elles sont stockées, car elles lui sont transmises automatiquement en permanence. Et de son premier retour, aucune dysfonction n'a été détectée… Au regard de la gravité de l'accident, que l'Autopilot ait été engagé ou pas, le freinage d'urgence n'a apparemment pas fonctionné ! Le conducteur dit qu'il est certain d'avoir freiné. Pourtant, les constatations montrent qu'après avoir renversé deux piétons, percuté un conteneur à verre, et, poursuivant sa course, arrachant au passage un feu de signalisation, la Tesla s'est encastrée dans une camionnette au milieu du carrefour, provoquant la mort d'un malheureux cycliste âgé de 19 ans.

Nous conclurons ce chapitre par un petit rappel sur le monde numérique, qui vient enrichir de traces invisibles la scène de crime.

Des évolutions importantes devraient intervenir dans un avenir que nous estimons assez proche, au regard de l'avancée des travaux de recherche et des premiers résultats obtenus. Toutefois, si nous avons apprécié la trace numérique et ce qu'elle peut apporter pour la résolution des affaires judiciaires, il convient de garder à l'esprit que les objets connectés, les véhicules autonomes et les prochaines *smart city* seront les cibles d'infractions massives. Massives par l'intérêt suscité. Il suffit pour s'en convaincre de voir le nombre d'attaques et de chantages dont font l'objet les entreprises, les hôpitaux et les collectivités territoriales actuellement. Cette cybercriminalité est facilitée par le nombre d'éléments connectés, de liaisons informatiques, de protocoles différents, de la dispersion des lieux de stockage des données, et par l'existence de vulnérabilités natives ou liées aux échanges et aux modes de transmission des informations, entre autres.

L'Internet des objets, des véhicules autonomes et des villes intelligentes, sont autant de nouveaux risques dans nos vies !

Dans le prochain chapitre nous vous emmenons au plus profond de l'Internet, dans ce nouveau monde où la criminalité semble s'épanouir, par exemple dans le Darknet[14] permettant d'accueillir des sites illégaux, véritables supermarchés d'armes, de prostitution, de drogues, un vecteur par lequel les cybercriminels vont aussi diffuser les bots (ou programmes) d'extraction de données, de diffusion de malwares en vue d'actions criminelles.

Mesurer les risques que l'univers numérique nous fait courir au quotidien dans les domaines décrits doit nous inciter à garder un certain recul et surtout ne pas oublier que certains « miracles » que semblent nous offrir ou nous promettre les développements numériques cachent une tout autre réalité : celle d'un colosse aux pieds d'argile.

Traditionnellement, les cyberattaques se concentrent essentiellement sur les ordinateurs et autres périphériques informatiques. Mais leur terrain de jeu s'est largement étendu avec la prolifération des objets connectés qui leur offrent aujourd'hui des millions de portes d'entrée.

Selon certains experts, l'Internet des objets (IdO/IoT), qui regroupe tous les objets préexistants à Internet – dans lesquels on peut inclure le véhicule autonome et les villes intelligentes, et dont les nouvelles générations sont pourvues

14. Un Darknet est un réseau superposé, un « sous-réseau » qui utilise des protocoles spécifiques intégrant des fonctions d'anonymat.

d'une connexion propre – est en train de devenir une cible privilégiée des cybercriminels. Il peut s'agir d'une montre connectée, d'un réfrigérateur, d'un système de verrouillage des portes d'une maison connectée ou encore d'une voiture qui envoie à son propriétaire des informations sur l'état de ses pneus, ou la régulation de la vitesse par rapport aux panneaux qu'il a analysés. Les appareils IoT sont en permanence connectés et offrent ipso facto un accès potentiel continu aux hackers.

Mais les conséquences liées à leur piratage ne se limitent pas à la sphère digitale. Ils associent en effet le monde numérique au monde réel, ce qui signifie que les cybermenaces se matérialisent et deviennent physiques. Certes, un réfrigérateur piraté peut apparaître comme un risque négligeable, mais un tel objet, connecté au réseau Internet d'un foyer, est une porte d'entrée vers des appareils plus sensibles comme des caméras de surveillance, des babyphones ou le système de verrouillage automatique des portes, ainsi qu'aux données bancaires. En effet, le frigo connecté est aussi programmé pour faire les courses à votre place ! Le cybercriminel ayant réussi à débloquer ce dernier à distance se transforme en criminel « classique » une fois la porte franchie. Le vol de voiture de dernière génération passe également par l'interception de signal, donc d'envoi d'informations.

La place des objets connectés sur la scène de crime

Tant par souci d'économie que par manque d'expérience dans le domaine de l'IoT, les fabricants tendent à délaisser l'intégration d'une solution de cybersécurité dans leurs appareils. Et pourtant les risques sont loin d'être insignifiants. Du point de vue des consommateurs, la question n'est pas de savoir s'il faut se débarrasser de son assistant vocal intelligent ou bien de son éclairage connecté. Bien que certains de ces objets puissent paraître superflus, d'autres sont de véritables auxiliaires de vie, comme pour les personnes handicapées ou âgées qui ont chez elles un système d'appel au secours ou encore les personnes diabétiques, munies d'une puce sous-cutanée qui leur fournit des informations sur leur taux de glycémie.

Il s'agit ici plutôt de connaître les méthodes employées par les pirates pour s'infiltrer dans les maisons connectées et comment les en empêcher. Ils vont d'abord s'attaquer aux routeurs qui font le lien entre les objets et Internet. Une collaboration entre les fournisseurs d'accès à Internet et les entreprises de cybersécurité peut alors jouer un rôle majeur en matière de protection. Des outils simples peuvent en effet être inclus directement dans les routeurs[15] sous la forme d'un logiciel de cybersécurité. Un équipement supplémentaire extérieur au routeur peut aussi être proposé aux consommateurs. Certains spécialistes préconisent une bulle de protection autour de la mise en commun d'informations entre les millions de routeurs et un cloud, ce qui s'avèrerait aujourd'hui une des solutions la plus efficace pour lutter contre les cyberattaques.

15. Un routeur est un appareil permettant de créer un réseau Wi-Fi. Il doit pour cela être relié à un modem. Il envoie les informations provenant d'Internet à vos appareils personnels (ordinateurs, téléphones et tablettes). Ces appareils connectés à Internet chez vous constituent votre réseau local (LAN).

Pourquoi une sécurité gérée sur le cloud ?

La nature des menaces évolue très vite et la multiplication des types et du nombre d'objets connectés rendent cette évolution toujours plus rapide et vaste. Les mises à jour ponctuelles ne peuvent plus tenir ce rythme, sans compter que les utilisateurs tendent à repousser leur échéance, rendant la sécurité réseau obsolète et augmentant ainsi sa vulnérabilité. En se basant sur le cloud, l'outil de sécurité d'un routeur va pouvoir échanger directement, grâce au machine learning et à l'intelligence artificielle, avec d'autres routeurs, cibler les comportements suspects et neutraliser les tentatives d'intrusion. De nombreux experts en cybersécurité proposent aujourd'hui ce genre de solution et appellent à un partenariat plus poussé avec les fournisseurs d'accès à Internet (FAI).

La tendance de l'IoT, qui avait débuté avec l'arrivée des smartphones, s'étend à tous les domaines, qu'ils soient privés ou publics : de la montre qui va enregistrer le pouls au parc-mètre connecté. Toutefois, la multiplication des connexions Internet va de pair avec l'augmentation des cyberattaques et, dans de nombreux cas avec l'IoT, des risques physiques. Il ne s'agit pas de limiter le nombre d'objets connectés, car certains vont s'avérer indispensables à notre quotidien, mais de tirer profit des innovations technologiques les plus prometteuses tout en garantissant la protection des personnes et de leur vie privée.

Chapitre 8
Bienvenue au Far-Web

S'il est un domaine où nous avons l'impression que nous sommes déjà dans le futur et que celui-ci ne cesse d'aller plus vite que notre imagination, c'est bien celui du numérique (et par voie de conséquence de l'Internet).

Depuis plus de trente ans, ce domaine n'a cessé d'évoluer de manière vertigineuse, accélérant ses différents développements, multipliant les sous-domaines, ainsi que les capacités qui façonnent notre environnement et qui essaiment les traces digitales intéressant la criminalistique.

Ce nouveau territoire qui semble sans limite, n'est pas sans rappeler le far-west de la conquête de l'Ouest américain, découvrant d'immenses possibilités, mais également un lieu où les règles et les lois ont du mal à s'imposer. Le monde digital qui s'ouvre à nous pourrait bien par analogie devenir notre far-web.

Les criminologues, et surtout les forces de l'ordre et les victimes, mesurent tous les jours les développements d'une délinquance d'appropriation (la plus prolifique) utilisant tous les moyens informatiques existant pour parvenir à leur fin. Paradoxalement, les statistiques officielles du ministère de l'Intérieur ne donnent pas l'ampleur réelle du phénomène. La raison principale tient à un système qui centralise toutes les infractions enregistrées par les forces de sécurité, mais qui sont focalisées sur les infractions et actes de délinquance « classiques » au sein desquels la comptabilisation de la cybercriminalité n'apparaît pas[1].

Il s'ensuit que mesurer la cybercriminalité à partir des seuls évènements collectés par les services du ministère de l'Intérieur conduit à une sous-estimation du phénomène.

En effet, de nombreuses victimes d'infractions « numériques ou cyber » renoncent à se signaler, évaluant le coût du préjudice subi par rapport au chemin de croix administratif qu'est le dépôt de plainte pour un résultat prévisible quasi nul, du fait de l'anonymat des auteurs, des moyens techniques nécessaires à mettre en œuvre et des services des forces de l'ordre noyés sous de trop nombreuses affaires, ou dépassés par la technicité de ce nouveau type d'enquête. Cette absence de déclaration est également entretenue par les contrats clients avec les banques qui prévoient le remboursement d'un débit frauduleux sur compte bancaire, y compris avec une carte bancaire, sans qu'il soit nécessaire de déposer plainte. Il existe d'autres victimes qui, du fait de leur statut de personnes morales, comme les entreprises, font encore souvent le choix de ne pas signaler leur préjudice et déposer de plainte *pour des questions d'image ou de réputation.*

La connaissance précise de la délinquance numérique et de sa cartographie semble occultée, même si les forces de l'ordre essayent de mettre en place des services spécialisés pour investir ce champ criminel et mener à bien de telles enquêtes. Seules les affaires d'importance sont prises en considération, les autres rejoignant le lot massif des affaires classées sans suite.

1. « Insécurité et délinquance en 2022 : une première photographie - Interstats Analyse N°54 », Ministère de l'Intérieur, 31 janvier 2023 – https://www.interieur.gouv.fr/Interstats/Actualites/Insecurite-et-delinquance-en-2022-une-premiere-photographie-Interstats-Analyse-N-54

Des milliers de signalements sont faits au quotidien sur deux sites du ministère de l'Intérieur, « Perceval » pour les escroqueries et fraudes à la carte bancaire, et la plateforme « Pharos » sur laquelle le citoyen ou les victimes peuvent signaler un contenu Internet illégal qui couvre de nombreuses infractions allant de l'apologie du terrorisme à la prostitution en passant par le racisme, les appels à la haine, etc.

Parmi les difficultés que peuvent rencontrer les services spécialisés dans les enquêtes sur et via Internet, outre les moyens techniques, c'est l'architecture même du réseau qui souvent bloque la diligence d'une enquête. En effet, de nombreux auteurs sont à l'étranger, et les lieux de stockage de données sont également très volatiles. La poursuite de telles infractions ne peut réellement être mise en œuvre que si elles sont criminelles et avec une coopération internationale.

Nous pouvons observer que de nouveaux actes ont été considérés comme criminels et introduits dans les corpus juridiques de la majorité des pays. C'est ainsi que les atteintes aux systèmes d'information – que ce soit l'entrave du système par saturation (le déni de service par exemple), par virus ou bombe logique, ou que ce soit une atteinte à l'intégrité des données – constituent de nouvelles infractions propres à l'environnement numérique.

Braquage virtuel

Mais, une autre vision des infractions est aussi possible. Certes, la majorité des infractions existantes (vol, escroquerie, menaces, chantage, détournement de fonds, etc.) sont de plus en plus réalisées grâce aux moyens numériques et via leur réseau. Mais ce ne sont que les modus operandi qui changent, les faits intrinsèquement ne changeant pas de nature.

Pour bien comprendre cette évolution, il suffit de reprendre l'histoire de la lutte contre les vols dans un domicile. C'est ainsi que le verrou[2] et la serrure sont rapidement apparus dès le néolithique avec le phénomène de sédentarisation qui, de fait, a vu les premiers vols, intrusions, etc., et poussé les hommes à trouver des moyens pour contrer ces méfaits.

Chaque époque a apporté son lot d'innovations techniques afin de contrer une criminalité qui, elle aussi, s'adaptait à ces nouvelles situations !

Dès premières serrures métalliques apparues à l'âge du bronze, avec trou à l'extérieur afin de fermer, puis à celles en fer des Romains et des Gallo-Romains qui inventeront la serrure à rotation dont le principe existe toujours. L'urbanisation, et avec elle l'installation de populations toujours plus importantes, montrent un accroissement de la criminalité d'appropriation. Afin de répondre à ces phénomènes, la recherche de protections plus efficaces apporte son lot de nouveautés. C'est ainsi que Linus Yale, Père & Fils, dépose en 1861 un brevet pour la première serrure cylindrique équipée d'une clef plate crantée, similaire à celles que l'on utilise aujourd'hui. L'efficacité apportée permet de compliquer, retarder ou au mieux interdire l'accès à un lieu ou un coffre. Le même parallèle peut être fait avec le vol de véhicule à moteur, où une course permanente existe entre les moyens de protéger le véhicule et l'adaptation rapide des délinquants.

Cette « course à l'armement », sans fin, n'est pas éloignée des faits délictuels via Internet tels que les vols de données, de cryptomonnaie, de détournement de comptes bancaires,

2. « Les Égyptiens inventèrent le verrou à loquet tombant apparu il y a 7 000 ans », Wikipédia.
Cf. aussi ANDREU Guillemette et BARBOTIN Christophe, *Les artistes de Pharaon, Deir el-Médineh et la vallée des Rois,* Réunion des Musées nationaux, 2002, p. 75.

etc., pour lesquels nous déployons de plus en plus de moyens de protection numériques comme les antivirus, anti-traqueur, anti-phishing, anti-ransomware, etc., afin de protéger nos données, nos valeurs, nos accès et même notre identité.

Les cryptomonnaies et les spéculations qui y sont liées n'échappent pas à ce phénomène. Plutôt que de faire le « casse » du siècle, de prendre des risques énormes lors d'une attaque de banque, les cryptomonnaies ont offert une possibilité de détournement informatique, avant d'être reconverties après le vol en monnaie sonnante et trébuchante. En dix ans, de nombreux vols de cryptomonnaie ont défrayé les chroniques criminelles.

Vols virtuels et profits réels

2014

En 2014, Mt. Gox, la plateforme japonaise d'échange de bitcoins (BTC), profite de ce nouvel engouement et de l'effet haussier que cela génère sur les marchés des cryptomonnaies. Dirigée par le Français Mark Karpelès (alias le baron français du bitcoin), cette plateforme brassait, début 2014, jusqu'à 70 % des volumes des échanges mondiaux en BTC[3].

En septembre 2011, la société découvre que les clés privées de ses portefeuilles avaient été piratées. Comme la plateforme réutilisait

3. « Mt. Gox est une plateforme d'échange de bitcoins basée à Tokyo, qui a opéré de 2009 à sa faillite en février 2014. Initialement pensé comme un site d'échange de cartes Magic: The Gathering Online (en), et reconverti en plateforme d'échange de cryptomonnaies, le site est racheté par Mark Karpelès en mars 2011. Début 2014, le site émet jusqu'à 70 % des transactions en monnaie Bitcoin dans le monde, avant de s'effondrer en février 2014 à la suite du vol de milliers de bitcoins, représentant alors des millions de dollars d'avoirs de clients disparus. » Wikipédia – https://fr.wikipedia.org/wiki/Mt._Gox#cite_note-:0-1

régulièrement ses adresses bitcoin, les clés dérobées pouvaient ainsi être réutilisées pour voler de nouveaux dépôts. Le constat est sans appel : à la mi-2013, plus de 630 000 BTC avaient déjà été volés. Même si, d'après Mt. Gox, plus de 200 000 bitcoins ont été retrouvés dans « un portefeuille oublié », force est de constater que la majorité des fonds volés n'a jamais été récupérée.
Ce vol aura comme première conséquence de démontrer que l'inviolabilité vantée des cryptomonnaies n'était pas assurée. Certes, la blockchain[4] qui constitue une cryptomonnaie semble toujours robuste, mais ce sont les échanges, les transferts et la conservation dans des portefeuilles ou des coffres-forts numériques qui sont mis en défaut, retrouvant globalement les mêmes faiblesses que celles qui accompagnent la présence de l'argent en cash dans les banques. Ce fut le premier coup de semonce dans le monde idyllique des cryptomonnaies. Il a entraîné la faillite de Mt. Gox, et il a laissé des traces durables dans la communauté internationale, sans parler du parcours sans fin pour les victimes, essayant par tous les moyens légaux soit d'être indemnisé, soit de retrouver leurs bitcoins.

2016

Fondée en 2014, la plateforme d'échange et de trading Bitfinex crée, en 2015, un partenariat avec la société BitGo qui offrait des « portefeuilles » hautement sécurisés permettant aux détenteurs de conserver leur cryptomonnaie en ligne. Leur slogan publicitaire claironnait : « BitGo, l'assurance contre le vol de bitcoins » ! Malheureusement, dans le monde réel, et en cascade, via ses relations partenariales, de nombreux vols vont avoir lieu dès 2015 avec un total de 1 500 bitcoins (400 000 $ à l'époque). Le pire était pour l'année suivante. Liée à la société émettrice du

4. La blockchain est une technologie qui permet de garder la trace d'un ensemble de transactions, de manière décentralisée, sécurisée et transparente, sous forme d'une chaîne de blocs.

plus gros « stablecoin[5] » du marché, le Tether USD (USDT)[6], la plateforme a subi une attaque massive et perdu 119 756 BTC en 2016 (72 millions de dollars !).

L'attaque a été rendue possible par l'exploitation d'une faille dans le système des portefeuilles multisignatures (« *multisig* »), à savoir, l'échange qui nécessite plusieurs clés privées pour autoriser une transaction, afin de limiter voire empêcher les risques de vol. Les pirates ont réussi à contourner ce mécanisme de sécurité en exploitant une vulnérabilité dans le protocole de gestion des clefs privées que Bitfinex avait établi avec la société de sécurité BitGo. Malgré ces déboires, et d'autres plus procéduraux, du fait de sa forme juridique offshore et de ses transferts de fonds massifs entre sociétés dépendantes (Bitfinex et sa société d'origine iFinex ayant entraîné plusieurs sanctions fiscales internationales), Bitfinex reste une plateforme de référence.

2016

« The DAO[7] » fut le premier fonds d'investissement décentralisé basé sur la cryptomonnaie Ethereum (ou Ether) qui avait le projet de créer une organisation décentralisée basée sur la blockchain.

5. Un stablecoin est une monnaie numérique qui se présente comme adossée à une monnaie « stable » officielle.

6. Tether est une cryptomonnaie dite stable (*stablecoin*, littéralement « pièce de monnaie stable ») émise par la société éponyme Tether, car présentée comme adossée au dollar, mais en 2019, elle a évolué en adossant finalement les prêts aux entreprises affiliées. Cela entraînera des poursuites par le procureur général de l'État de New York pour un transfert plus ou moins occulte entre sociétés de 850 millions de dollars, qui lui vaudra une amende, après médiation, de plus de 18 millions de dollars.

7. Une DAO (Decentralized Autonomous Organization) est une entité fonctionnant grâce à un programme informatique qui fournit des règles de gouvernance automatisées à une communauté. La DAO est un contrat intelligent, complexe, déployé sur la blockchain Ethereum, et qui s'apparente à un fonds de capital-risque décentralisé. Une DAO d'investissement est une communauté d'investisseurs qui organise, de manière autonome et décentralisée, la recherche et la sélection de projets à financer – https://cryptonaute.fr/

En 2016, cette DAO réussit à lever l'équivalent de 150 millions de dollars en ethers lors de sa vente de tokens[8]. Cependant, peu de temps après la levée de fonds, un pirate a exploité une faille dans le code du « contrat intelligent » (ou contrat numérique) de la DAO, lui permettant de dérober 3,6 millions d'ETH, alors évalués à environ 50 millions de dollars.

Comme le précise le site cryptonaute.fr, « la faille résidait dans la fonction de retrait des fonds. Le pirate n'avait qu'à répéter l'appel de la fonction avant que le solde ne soit mis à jour, permettant un retrait répété sans besoin d'autorisation. À la suite de la découverte de l'attaque, la communauté Ethereum a décidé de procéder à un *hard fork*, créant ainsi deux chaînes distinctes : Ethereum (ETH) et Ethereum Classic (ETC). Le *hard fork*[9] a permis de récupérer les fonds volés et de les redistribuer. Toutefois, cette décision a été controversée, car elle a soulevé des questions sur l'immuabilité de la blockchain et la philosophie de la décentralisation. »

8. Un token (ou jeton) est un instrument financier utilisé par les entreprises pour lever des fonds dans le cadre d'un ICO (Initial Coin Offering). Le principe est le suivant : pour se développer, soutenir un projet ou accélérer sa croissance, une entreprise va mettre sur le marché, en les proposant sur une plateforme dédiée, des tokens (ou jetons) que les investisseurs vont acquérir en les payant avec une cryptomonnaie (le plus fréquemment en ethers ou en bitcoins). En échange de ces jetons, les investisseurs pourront se voir concéder, selon la configuration retenue, soit une forme de propriété (parfois proche d'une action), soit une partie des dividendes générés par l'entreprise émettrice, un bien ou un service produit par l'entreprise, ou bien encore le contrôle d'un système en construction. À peine émis, les tokens peuvent être revendus sur des places de marché numériques où la valeur d'un token peut faire l'objet d'une très grande spéculation – https://www.journaldunet.fr/patrimoine/guide-des-finances-personnelles/1207715-token-definition/

9. Un *hard fork* est une modification profonde du protocole, faisant que les nouvelles règles ne sont pas compatibles aves les précédentes. Son intérêt est de pouvoir faire évoluer chaque aspect, élément du code de la blockchain.

2017

NiceHash est une société de « minage[10] » de cryptomonnaie slovène qui met en connexion les vendeurs de puissance de hachage (mineurs)[11] avec les acheteurs de puissance de hachage en utilisant l'approche de l'économie collaborative. Fondée en 2014, elle a son siège à Ljubljana, en Slovénie.

Début décembre 2017, cette plateforme de minage a subi un vol alors évalué à environ 64 millions de dollars. Les pirates ont réussi à compromettre les comptes d'employés de NiceHash. Ils ont utilisé cette position pour rediriger les paiements des mineurs vers des adresses bitcoins qu'ils contrôlaient.

2018

En juillet 2018, Bancor, une autre société d'échanges décentralisés (DEX)[12] basée sur la blockchain Ethereum, est victime de deux

10. Miner une cryptomonnaie consiste à fournir un service au réseau de ladite monnaie en échange d'une rémunération. Basiquement, le service rendu consiste à vérifier la validité d'un ensemble de transactions. Chaque fois qu'un ensemble de transactions est validé, il constitue un bloc. Si ce bloc remplit certains critères propres à la chaîne de blocs de la cryptomonnaie, il est alors ajouté au sommet de la chaîne et le « mineur » qui a constitué ce bloc est rémunéré – https://cryptonaute.fr/

11. Une fonction de hachage est une fonction qui, pour un ensemble de très grande taille et de nature très diversifiée, va renvoyer des résultats aux spécifications précises optimisées pour des applications particulières. Les chaînes permettent d'établir des relations (égalité, égalité probable, non-égalité, ordre...) entre les objets de départ sans accéder directement à ces derniers, en général soit pour des questions d'optimisation (la taille des objets de départ nuit aux performances), soit pour des questions de confidentialité. Autrement dit : à 1 fichier (ou à 1 mot) va correspondre une signature unique (le résultat de la fonction de hachage) – https://cryptonaute.fr/ à noter qu'une fonction de hachage cryptographique est dite à sens unique, ce qui signifie que le calcul de la fonction de hachage est facile et rapide tandis que le calcul de sa fonction inverse est infaisable. Grâce à la valeur de hachage, on peut discriminer deux objets apparemment proches, ce qui peut être utilisé pour garantir l'intégrité des objets, autrement dit leur non-modification par une erreur ou un acteur malveillant.

12. Un DEX est l'abréviation de « Decentralized Exchange » en anglais, pour échangeur décentralisé, qui permet des échanges d'actifs (achat/vente) en cryptomonnaies.

pirates qui réussissent à accéder aux clés privées d'un portefeuille « intelligent » utilisé par les employés. Plusieurs transferts sont alors lancés : des ethers (ETH), des Bancor tokens (BNT) et des Pundi X tokens (NPXS) entraînant un préjudice de 23,5 millions de dollars. L'équipe a également travaillé avec d'autres échanges pour identifier et geler les fonds volés. Cet incident fut le premier à mettre en lumière les risques associés aux DEX et à leur gestion des clés privées. Ce vol a mis en valeur la nécessité pour de telles sociétés d'avoir comme partenaires des entreprises spécialisées dans l'analyse des échanges et des protocoles de protection des clefs.

2018

La société d'échange (trading) japonaise Coincheck jouissait d'une réputation de sérieux et de bonne gestion jusqu'en 2018 où une petite faille de sécurité lui a coûté un vol de 523 millions de NEM en 2018 (représentant, selon le cours de l'époque, 430 millions d'euros). La faille de sécurité trouvée par les pirates était le stockage des tokens NEM dans un portefeuille « chaud », c'est-à-dire connecté à Internet, alors que normalement les règles de sécurité voudraient que tout stockage soit dans un portefeuille « froid », isolé, donc plus sécurisé. Les pirates ont ainsi transféré les tokens vers leurs propres adresses. Il convient de relever que la société Coincheck a suspendu ses activités et a remboursé une majeure partie des utilisateurs affectés grâce à un rachat du courtier Monex Group en avril 2018.

La coopération internationale a permis de pointer que le piratage a été réalisé par un groupe de hackers nord-coréens : Lazarus APT38, très certainement en liaison avec l'État nord-coréen.

Ce piratage a surtout été le déclencheur de la création d'un cadre réglementaire au Japon. Premier pays à définir un cadre formel pour les plateformes d'échange, il a inspiré le texte « BitLicense » délivré par le NYDFS, le régulateur new-yorkais.

2019

En mai 2019, la société Binance a été victime d'une attaque particulièrement élaborée entraînant le vol de 7 000 bitcoins, alors évalués à environ 40 millions de dollars. Les pirates ont utilisé une combinaison d'ingénierie sociale, de phishing et de plusieurs techniques de piratage pour accéder aux comptes d'utilisateurs et aux clés API[13], leur permettant de détourner les jetons ou tokens. L'attaque a été particulièrement bien préparée en amont, par l'identification des gros comptes, puis par la coordination des actions de phishing et d'accès aux services du site, tout en synchronisant les retraits sur plusieurs comptes, ce qui n'a pas permis aux informaticiens de Binance de déceler en temps réel les attaques.

Ce vol va finalement permettre à cette société de créer le fond d'assurance Secure Asset Fund for Users (SAFU), aujourd'hui supérieur à 2 milliards de dollars, faisant ainsi leur fortune.

Cet exemple montre l'importance de rester vigilant face aux tentatives de phishing quelle que soit la cible, du simple particulier aux sociétés dites spécialisées dans le numérique. Il constitue également une incitation à développer encore la protection des clés API comme des comptes personnels sur les plateformes d'échange de cryptomonnaies.

2020

En septembre 2020, la société d'échange (trading) KuCoin basée à Singapour est, elle aussi, victime de pirates qui ont exploité une faille de sécurité (pourtant signalée lors du vol de Coincheck deux ans auparavant). La faille était liée aux clés privées des portefeuilles chauds (connectés à Internet). Résultat : le vol de 281 millions

13. Une clé API est un code unique utilisé pour identifier et authentifier une application ou un utilisateur. Elle fonctionne comme un identifiant unique et fournit un jeton secret à des fins d'authentification.

de dollars en diverses cryptomonnaies ! Malgré l'ampleur du vol, KuCoin a réagi rapidement en suspendant immédiatement les dépôts et les retraits. KuCoin aurait finalement récupéré environ 85 % des fonds volés, grâce à l'aide de divers projets blockchain et d'échanges de cryptomonnaies.
L'affaire KuCoin a été le point de départ d'une coopération entre les différentes parties prenantes du secteur des cryptomonnaies pour lutter contre les piratages, vols, et détournements, afin de sécuriser les fonds des utilisateurs.

2021
En août 2021, Poly Network (pNetwork) est spécialisée en matière de crosschain[14], permettant le transfert d'actifs entre différentes blockchains. Mais le vol spectaculaire de 610 millions de dollars en diverses cryptomonnaies emporte la réputation de la société et surtout de son protocole de transfert entre blockchain. Les pirates ont exploité une faille dans le contrat intelligent du protocole, leur permettant d'accéder aux fonds et de les transférer vers leurs propres adresses.
Ce qui rend cette affaire un peu différente des autres, n'est ni l'attaque, ni le vol, mais la manière dont elle s'est terminée ! En effet, la réaction de pNetwork a permis à ses ingénieurs d'identifier le pirate. Celui-ci a finalement restitué l'intégralité des fonds volés ! Dans un message envoyé à Poly Network, le pirate a expliqué que son intention était de montrer les faiblesses et les vulnérabilités du protocole et non de s'enrichir personnellement.

14. Le terme anglais de *crosschain* signifie « inter-chaîne ». Dans l'écosystème des cryptomonnaies, ce terme est employé lorsque l'on souhaite faire communiquer différentes blockchains entre elles. Ce qui rend possible ce croisement, c'est l'utilisation de ponts (ou connexions) qui permet d'envoyer ses cryptomonnaies ou ses jetons d'une blockchain à l'autre.

2022

Dernier piratage novateur : le réseau de paiement numérique Ronin via le jeu en ligne *Axie Infinity*.

L'équipe technique du jeu *Axie Infinity* s'est rendu compte du piratage le 29 mars 2022, grâce à un utilisateur ayant signalé qu'il ne parvenait pas à retirer 5 000 ETH (Etherum) depuis la « sidechain Ronin » associée au jeu. Cette fois, les hackers ont utilisé une offre d'emploi fictive sur LinkedIn pour tromper les employés de Sky Mavis, la société vietnamienne qui gère le jeu *Axie Infinity*. Après avoir mené plusieurs entretiens d'embauche fictifs, les pirates ont envoyé un PDF contenant une offre d'emploi très généreuse à un ingénieur senior. Lorsque l'ingénieur a cliqué sur le PDF, les usurpateurs ont piraté son ordinateur et ont ensuite pris le contrôle de quatre des neuf nœuds utilisés pour valider les transactions sur la blockchain Ronin de Sky Mavis. La signature d'Axie DAO leur a permis de prendre le contrôle des nœuds nécessaires, pour voler 173 600 ETH et 25,5 millions de dollars. Le jeu a cependant survécu grâce à des apports massifs de fonds, dont celui de Binance à hauteur de 150 millions de dollars en avril 2022.

Ce piratage particulièrement élaboré montre encore une fois que le mailing, les pièces jointes, etc. sont toujours des points d'entrée quel que soit le niveau de compétence des destinataires. Depuis lors, le nombre de valideurs a été porté à 8, et les nœuds ou connexions ont été migrés.

À relever qu'une fois de plus, l'opération porte la signature du collectif de hackers nord-coréens *Lazarus*, contrôlé par l'État nord-coréen.

NOTA : Pour tout détail technique sur l'ensemble de ces affaires, nous vous invitons à consulter le site cryptonaute.fr dont le contenu est particulièrement riche sur l'ensemble de ces affaires et dans le domaine numérique en général.

Aux infractions dites classiques s'ajoutent de nouveaux défis pour les enquêteurs et la justice, car face aux progrès du développement des algorithmes qui constituent ce que l'on appelle de façon générique et globale, l'intelligence artificielle (IA), certaines infractions deviennent non seulement massives, mais aussi de plus en plus difficiles à détecter.

Les délits de presse, les fausses annonces malveillantes, diffamantes, infamantes, rappellent l'époque des photomontages grossiers assez faciles à détecter dans le passé, puis les montages numériques pour lesquels une expertise criminalistique permettait de discerner la cohérence ou l'incohérence de distribution des points et pixels.

À l'heure actuelle les progrès des nouvelles technologies permettent de réaliser de fausses images, et, depuis peu, de fausses vidéos quasi indétectables ; ce qui rend désormais possible le développement d'une délinquance de chantage, de nuisance à l'image, et au-delà, d'entreprises de manipulation collective et, potentiellement, de véritables tentatives de déstabilisation d'au moins une partie de l'opinion publique. Les victimes de telles campagnes risquent de se multiplier dans un avenir proche.

L'intelligence artificielle peut-elle être encadrée ?

C'est l'avis du président des États-Unis Joe Biden ! Après avoir visionné une fausse vidéo de lui, présentée comme un extrait d'une déclaration publique, Joe Biden a déclaré : « Je me suis demandé quand j'avais prononcé ces paroles. » Et il a ajouté : « L'intelligence artificielle doit être encadrée, il n'y a pas d'autre solution[15] ! »

15. *20 minutes*, 31 octobre 2023 – https://www.20minutes.fr/monde/etats-unis/4060170-20231031-etats-unis-biden-signe-decret-marquant-premier-vers-difficile-regulation-intelligence-artificielle

> À la suite de cette déclaration, la Maison-Blanche a publié un décret qui impose notamment aux entreprises du secteur de transmettre au gouvernement fédéral les résultats de leurs tests de sécurité, quand leurs projets posent « un risque sérieux en termes de sécurité nationale, de sécurité économique nationale, ou de santé publique ». Le Président a signé ce décret devant des élus, des membres du gouvernement et des représentants du monde industriel. Les critères de ces tests de sécurité doivent être prochainement fixés au niveau fédéral et rendus publics.

L'IA enquêtrice ou complice ?

Dans ce domaine, on peut dire que nous sommes déjà dans le futur, même si le déploiement de certains outils d'expertise présente encore un certain retard sur cette néo-délinquance. En matière de science forensique, le développement de la rétro-ingénierie, comme la création de programmes de protection et de détection, fait partie de ces nouveaux moyens. L'usage de l'intelligence artificielle pour mettre en œuvre les meilleurs outils afin de trouver et prélever la trace numérique qui constitue l'élément matériel de l'infraction, de façon à remonter ensuite à la source pour l'identification de l'auteur, sont en cours d'élaboration.

En ce sens, la découverte par le grand public de ChatGPT montre l'évolution en cours. Ce nouveau produit révèle surtout face à quoi les simples citoyens, tout comme les forces de l'ordre, seront confrontés par son détournement.

Il s'agit initialement d'un service d'échange et de discussion avec un robot, mais la dernière génération s'appuie sur un modèle de langage particulièrement évolué, GPT-4. Pour accroître ses capacités de compréhension et d'expression, l'architecture constituant le modèle, a été entraînée par machine learning (autoapprentissage de la machine de manière supervisée ou non), sur la base de milliards de documents provenant de toutes sources du web. Si les étudiants ont pu découvrir l'intérêt de tricher via un tel outil, son utilisation va au-delà de la seule compilation de données permettant la rédaction d'un article, d'un livre ou encore d'une partition, et facilite un usage détourné à finalité criminelle.

Cet outil a en effet la capacité de générer des lignes de code dans plusieurs langages informatiques. Il permet de créer des logiciels et, au regard de ses développements, nul doute que la prochaine génération va offrir les moyens à un utilisateur malfaisant de créer ses propres programmes viraux, de détourner des données, d'infiltrer ou d'espionner un service de l'État, une société ou encore un hôpital, dans un but malveillant. Autrement dit, il s'agit de la démocratisation de la cyberdélinquance.

Et là, nous entrons dans une dimension que nous ne mesurons pas encore. Ce ne sont plus seulement les spécialistes de la programmation d'algorithmes ou d'architectures de réseaux informatiques et de cybersécurité qui sont au cœur des infractions potentielles, mais *aussi les utilisateurs lambda sans grande expérience du numérique* !

Cette démocratisation a déjà été constatée par l'Acyma (dispositif national d'Assistance aux victimes d'actes de cybermalveillance). Le dernier rapport de cet organisme fait état d'une augmentation de 54 % de demandes d'assistance pour le seul « hameçonnage », qui devient ainsi la menace n°1. Et c'est à travers des plateformes et messageries telles que *Telegram*, réunissant des centaines de cyberdélinquants, que s'échangent les outils[16] permettant de réaliser du phishing.

16. C'est ainsi que sont vendus des bots, notamment pour créer des autoshops pour automatiser et faciliter l'achat de nombreux services illégaux. En quelques clics, on

Allant plus loin encore dans ce futur qui frappe déjà à nos portes, qu'elles soient téléphoniques ou via nos ordinateurs, le développement d'un marché spécialisé autour du malware appelé par les spécialistes MaaS (Malware As A Service – malware comme un service) s'épanouit sans que l'on n'en mesure vraiment le danger et l'étendue.

Les malwares sont des petits programmes à vocation discrète dans un premier temps qui permettent des attaques malveillantes afin de voler des données. Une fois détournées, ces données seront éventuellement restituées contre rançon ou reviendront sur des plateformes spécialisées et plus ou moins occultes. Le type de malwares d'extraction discrètes qui permettent d'extraire les informations stockées sur nos ordinateurs, et plus précisément dans celles présentes dans nos navigateurs sont appelés infostealers (« malwares d'extraction discrète »). À cette fin de détournement et de revente de données, cette criminalité organisée a créé une véritable industrie très structurée et pyramidale. Nous y trouvons les développeurs, qui construisent le logiciel ; l'administrateur, qui va mettre à disposition des infrastructures réseaux, des serveurs ; des opérateurs, qui vont s'occuper de mettre en relation l'offre et la demande ; des trafiquants ou traffers, qui se chargent de diffuser le logiciel malveillant, malware ; les récolteurs ou log

peut trouver et acquérir un petit nécessaire à phishing, et cela même sans contact direct. Les scammers – des arnaqueurs professionnels en ligne – y proposent des kits clés en main, avec tous les renseignements nécessaires à la réalisation de l'attaque, intégrant la nationalité visée, le type d'arnaque, la porte d'entrée comme, par exemple, une carte vitale, des contraventions, des avis d'impôts, le CPF (compte personnel de formation) ou encore des services comme Chronopost, Netflix, voire votre propre fournisseur d'accès. Le tout intègre le message d'accompagnement à envoyer et bien sûr le prix demandé. Sur les annonces présentées, les prix varient de 40 à 70 euros le kit. D'autres plus élaborées ou plus récentes et donc moins connues, peuvent être proposés à 200 euros, voire un peu plus. À titre d'exemple, un répertoire d'un millier de numéros dérobés, avec les identités des personnes, est disponible à 2 euros. Il existe des centaines de milliers de listes disponibles !

parsers qui collationnent les données des fichiers log obtenues via le journal des navigateurs, du serveur, d'un ordinateur ou d'une application. Ils les vérifient et les réagencent en un fichier facilement exploitable, ce qui permet de les revendre à meilleur prix. Nous retrouvons dans ce système la typicité pyramidale sur laquelle repose toute la criminalité organisée.

Croire que l'on est à l'abri de telles organisations parce que simple citoyen est une illusion. Nous sommes tous des victimes potentielles et cela d'autant plus que les méthodes de diffusion sont multiples et leur élaboration assez simple dans la conception est de nature à tromper le plus grand nombre. C'est ainsi que l'on trouve l'usage de comptes détournés, volés ou usurpés comme un compte YouTube à travers lequel des offres de vente à très bas prix ou gratuites de logiciels officiels et prisés sont faites, et tout clic redirigera vers le malware d'extraction (infostealer). La multiplicité de victimes, pour de petites sommes extorquées, fait au final un butin important qui intéresse ces organisations, car les poursuites ne sont qu'illusoires au regard du préjudice subi par chacune.

Plus fort encore, certains trafiquants (traffers) ayant des moyens financiers importants profitent de la conception du moteur de recherche Google qui, selon la participation pécuniaire, permet d'apparaître dans les premiers résultats de la recherche. Ce qui est bien évidemment de nature à tromper la vigilance de la plupart des internautes qui font confiance aux résultats proposés. D'autant plus que dans ses publicités Google présente son navigateur Chrome comme protégeant contre les « risques d'hameçonnage et les sites dangereux[17] ». Cela permet à ces trafiquants de s'offrir des

17. http://www.google.com/google_chrome/télécharger/ Annonce : « Protection automatique contre les risques d'hameçonnage et les sites dangereux. Pour plus de sécurité, Chrome vérifie vos mots de passe. Installez-le maintenant ».

pages de publicité bien référencées, conduisant à de faux sites qui conduiront eux-mêmes à des téléchargements d'applications contrefaites.

Pour mieux imaginer les outils de lutte de la forensique numérique de demain, il est nécessaire d'appréhender toutes ces nouvelles techniques criminelles d'extorsion. Le travail de conception de ces futures techniques devra intégrer le traitement de masse, car un phénomène inquiétant est déjà largement diffusé, celui de la formation aux méthodes de *cybercriminalité d'appropriation*. Disponibles sur des sites, des forums ou des plateformes (légaux ou non), ce service est vendu comme n'importe quelle formation. C'est ainsi que l'on trouve de nombreux arnaqueurs (ou scammers) qui s'enrichissent en faisant de la formation sur ces arnaques, et fournissent même les outils pour les mettre en œuvre !

Parmi les méthodes proposées, une en particulier, très simple dans sa conception et ne demandant pas beaucoup de connaissances informatiques, se propage depuis quelques années en mixant la récupération d'informations récoltées par malwares ou infostealers permettant de donner des éléments précis aux arnaqueurs qui vont profiter de ces données pour se faire passer au téléphone pour un organisme officiel, une entreprise partenaire, ou une banque afin de soutirer de l'argent à leur interlocuteur. C'est ce que l'on appelle le vishing ou Allo. Devant cette facilité de mise en œuvre, on trouve de plus en plus de jeunes de tout milieu parmi les auteurs.

Un exemple parmi d'autres. Un arnaqueur vous appelle ou vous laisse un message vocal dans l'espoir d'obtenir des informations à caractère personnel qu'il pourra utiliser pour accéder à votre argent ou à d'autres avantages. Les objectifs de ces arnaqueurs sont variés : accéder au compte bancaire d'un individu, voler des numéros de carte bancaire, voire pousser leurs victimes à leur transférer elles-mêmes de l'argent.

Ce type d'arnaque repose sur des méthodes d'ingénierie sociale, une technique qui tire profit des sentiments humains naturels tels que la confiance, la peur, la cupidité ou le désir d'aider son prochain. Les pirates informatiques vont tout faire pour susciter ces émotions en vous afin d'obscurcir votre capacité de jugement, puis ils vous demanderont de leur donner de l'argent ou de leur communiquer des informations personnelles. Pour gagner votre confiance, ils n'hésiteront pas à vous faire croire que votre argent n'est pas en sécurité, vous faire miroiter un projet d'investissement incroyable ou vous supplier de venir en aide à quelqu'un. L'ingénierie sociale de type vishing se déroule sur le moment, en vous donnant l'impression de devoir agir rapidement plutôt qu'en vous laissant le temps d'analyser la situation et d'utiliser votre esprit critique.

Allant plus loin encore, utilisant l'IA dans la reproduction de « clones » vocaux et visuels de personnes connues, voire votre personne (par l'exploitation de vos images et de vos enregistrements sur les réseaux sociaux), se faire passer pour votre banquier ou inversement se faire passer pour vous auprès de votre banquier est la prochaine étape de ce mode de criminalité.

Cela peut vous arriver demain

Les enquêteurs de la Brigade des fraudes aux moyens de paiement (BFMP) de la police judiciaire parisienne, saisis à la suite d'un nombre très important de plaintes, ont stoppé net une redoutable équipe d'escrocs présumés, dont la technique était aussi rodée qu'imparable : l'arnaque du « Allo », alliée à la récupération de données via Internet pour se faire passer pour un conseiller bancaire connu des victimes.

La technique consiste à acheter auprès de pirates informatiques sur le darknet (un Internet parallèle et illégal) des fichiers clients, obtenus frauduleusement via des malwares, et regroupant des adresses, téléphone, coordonnées bancaires, etc.

Ce qui permet aux équipes en question d'usurper l'identité de différents conseillers bancaires (ou spoofing). Ils vont ainsi se faire passer pour votre banque en vous appelant ou en envoyant des sms ou des courriels. Des techniques numériques leur permettent de faire apparaître le numéro de votre banque pour vous mettre en confiance. Ensuite, selon l'arnaqueur, il choisira la raison qui vous conduira à dévoiler certains éléments d'accès à votre compte ou à donner une autorisation de transfert d'une somme d'argent, opérer une mutation de compte entre agences… Ils peuvent également vous faire croire que vous êtes victime d'une fraude bancaire. Pour chacune de ces raisons ils vous demandent des informations personnelles. Ces informations récoltées leur permettront ensuite de vous dérober de l'argent. Ils vont par exemple vous demander de leur communiquer un prétendu code que vous recevrez par sms de votre banque. Ce code leur permettra de valider un transfert bancaire de votre compte vers le leur.

Parmi les premières victimes figure le nom de Dominique Strauss-Kahn qui, croyant avoir affaire à son conseiller bancaire, aurait perdu 36 000 € en un appel. Somme qui a été dépensée par les mis en cause chez un célèbre joaillier à Madrid dans un timing concomitant à l'escroquerie.

D'après l'unité de la police parisienne chargée de cette forme de délinquance, le préjudice officiellement répertorié atteint déjà 1,4 million d'euros. Mais on n'est pas certain que toutes les victimes aient porté plainte. Les enquêteurs estiment l'argent volé à un butin d'une valeur de 4 à 6 millions d'euros.

> Le profil des auteurs a surpris les enquêteurs qui ont interpellé, non pas des hackers ou des cybercriminels chevronnés, mais de petits voyous d'une vingtaine d'années originaires de cités du sud de Paris. Ils ont été en partie confondus par leur train de vie de « jet-setteurs », hors les murs de leur résidence familiale, qu'ils avaient quittée depuis plusieurs mois.
>
> Neuf hommes ont été mis en examen, jeudi 25 novembre 2021, par un juge d'instruction parisien. Lors de la perquisition ont été saisis 45 000 euros en espèces, de la maroquinerie de luxe, des Rolex et un coupé Mercedes dernier cri surpuissant. À l'issue de leur garde à vue, et après présentation au juge d'instruction, six ont été incarcérés, trois autres remis en liberté sous contrôle judiciaire.

C'est donc un nouvel univers qui s'ouvre pour les délinquants et la masse des apprentis délinquants comme pour les enquêteurs. Depuis quelques années, des cyber-enquêteurs réalisent des patrouilles généralement ciblées sur le Net et plus particulièrement sur ce que l'on appelle le Darknet, c'est-à-dire un réseau superposé qui utilise des protocoles spécifiques contenant des fonctions d'anonymat. Parmi ces réseaux superposés, se trouve TOR (The Onion Router), qui se compose de serveurs (ou nœuds du réseau) dont la liste est publique. Cependant lui aussi permet l'anonymisation des connexions.

Le réseau TOR se veut être un réseau permettant les échanges entre journalistes, dissidents divers, lanceurs d'alerte, etc., sans risque d'être identifié. Mais il peut servir également à entrer dans le Darknet qui héberge de nombreux sites illégaux (supermarchés de drogue, de faux papiers, de vente d'armes, de tueurs à gage, de prostitution, de pirates informatiques, etc.).

Afin de lutter contre cette criminalité, les cyberenquêteurs se font passer pour des consommateurs ou des acheteurs afin de coincer sur le terrain les fournisseurs. Et quand des coopérations internationales ou des actions nationales (sur des sites hébergés en France par exemple) permettent l'identification d'un site illégal, la réponse est la fermeture. Mais comme l'hydre de lerne, ce monstre de la mythologie, une tête est coupée et une autre repousse dans la foulée. C'est ainsi qu'il n'est pas rare de voir apparaître un nouveau site équivalent, quelques jours après quand ce ne sont pas quelques heures plus tard ! Le futur attendu par ces enquêteurs spécialisés serait de bénéficier de programmes et d'IA élaborés afin de pouvoir passer au crible les milliards de pages du Darknet et mieux cibler les sites proposant des services illégaux.

Les difficultés rencontrées se manifestent également dans le traitement des données cryptées. La complexité des clefs de chiffrement rend, la majorité du temps, inexploitable l'accès aux données qui selon les infractions permettraient de récupérer les données volées ou encryptées contre rançon, ou encore de constater les éléments constitutifs d'une infraction (pédopornographie, détournement de comptes ou données bancaires, comptabilités occultes, organisations mafieuses, etc.).

Malgré une législation répressive qui se veut contraignante pour que les clefs de déchiffrage soient fournies aux forces de l'ordre, la réalité est beaucoup plus mitigée. C'est donc vers un outil informatique permettant de passer à travers de telles barrières que se font les recherches en cryptologie.

Ce champ de recherche pour obtenir enfin un sésame universel est largement investi depuis de nombreuses années par tous les services de renseignement de la planète car, au-delà de l'intérêt pour la lutte contre la criminalité via les outils numériques, l'espionnage, la protection des marchés et des données financières comme bancaires sont des enjeux mondiaux.

Chapitre 9
Les avancées à venir de la science forensique

Doit-on s'attendre à une nouvelle révolution, comparable à celle de l'ADN, qui a véritablement changé l'état de la criminaliste au cours des années 1980, ou s'agira-t-il plutôt d'évolutions prévisibles dans des domaines déjà connus ? Autrement dit, ne faut-il pas s'attendre à un patchwork de progrès techniques plutôt qu'à des changements importants dans le contenu et les possibilités ? Il est difficile de faire des prévisions, surtout lorsqu'elles concernent l'avenir, disait avec malice l'humoriste Pierre Dac. Nous souscrivons pleinement à cette formule, qui n'exclut pas un bouleversement majeur de la science, par définition inattendu, et qui surprendra tout le monde !

Le choix du terme de patchwork tient à ce que nous allons passer en revue un certain nombre de domaines pour lesquels des avancées futures sont actuellement pressenties.

La balistique

Domaine bien connu, régulièrement mis en avant par le nombre d'affaires criminelles pour lesquelles l'arme est le moyen avec lequel l'auteur a exécuté son action. Et selon l'affaire, les analyses se concentrent sur des éléments particuliers afin d'apporter les réponses des experts aux questions des enquêteurs.

Dans le cas d'une suspicion de meurtre déclarée comme accident – « je nettoyais mon arme et le coup est parti tout seul » –, plusieurs mesures vont être réalisées.

D'abord la récupération du projectile afin de s'assurer qu'il a bien été tiré avec l'arme présentée. Ensuite avec le médecin légiste, il s'agit de déterminer la balistique interne, (ou balistique terminale) point d'entrée – point de sortie ou d'arrêt dans le corps, et d'en déduire l'angle de pénétration. L'étude du point d'entrée donne une évaluation assez précise de la distance de tir, et l'angle de tir la position de l'arme et de la victime au moment du coup de feu. Le tout, confronté aux déclarations du mis en cause, permet à ce stade de constater ou non des incohérences.

L'expert procède également aux mesures de résistance de la queue de détente à la pression, afin de vérifier la sensibilité et la possibilité ou non d'un départ accidentel.

Dans le cas d'une affaire pour laquelle nous n'avons pas de suspect ni d'arme à disposition, l'étude scientifique part du ou des projectiles, voire des étuis ou des douilles (s'ils sont présents sur les lieux) afin que les identifications groupales orientent vers un type d'arme particulier. Cela permet aussi en comparant les éléments de tir, de déterminer s'il y a eu un ou plusieurs tireurs. Les éléments de tir sont intégrés dans le Fichier national d'identification balistique (FNIB), avec les moindres détails tels que les microstries sur le projectile, les traces de l'extracteur et de l'éjecteur sur l'étui, afin de voir si on peut trouver une correspondance avec une autre affaire. Autrement dit, si l'arme a déjà servi !

Dans ce cas de figure, les études de trajectographies permettent de reconstituer les positions des protagonistes, grâce aux angles de pénétration dans le corps, mais aussi les distances de tir par rapport à l'orifice d'entrée, via un laser 3D qui permet de remettre la scène en situation, selon les hypothèses plausibles. Ultérieurement, quand l'enquête progresse et que des armes sont retrouvées, des tirs d'essai sont réalisés afin de comparer avec les éléments balistiques provenant de la scène d'infraction. Ils permettent d'évaluer le fonctionnement des armes, et surtout de voir si les projectiles prélevés sur la scène ou le corps présentent bien les mêmes microstries et marques d'éjection que celles observées sur les munitions utilisées pour les tirs d'essai.

Dans d'autres cas enfin, la difficulté principale tient à l'arme elle-même. Lorsque l'arme utilisée est un fusil de chasse, les projectiles ne portent pas de microtraces dues au canon, celui des armes de chasse étant lisse. Si aucune douille n'a été retrouvée, il n'y a que des hypothèses d'enquête sans rapprochement matériel possible. À moins de compter sur un tireur négligent pour lequel le nettoyage du fusil n'est qu'accessoire ou épisodique ! Dans ce cas-là, une analyse chimique du canon et de la chambre peut apporter quelques éléments sur la possibilité d'un tir récent ou au contraire plutôt ancien. Mais la précision n'est pas de mise, et les résultats apportés restent somme toute dans une forte incertitude.

Ainsi, une des approches majeures de la recherche en matière balistique intègre cette dimension temporelle. En effet, déterminer qu'une arme a été utilisée récemment sans précision de la notion de durée, pourrait sembler à certains aussi vague que le sketch de Fernand Raynaud autour du temps nécessaire pour qu'un canon refroidisse après un tir : « Un certain temps ! » Nous savons tous que dans une affaire judiciaire, connaître les données temporelles, permet de reconstruire l'enchaînement des événements, la cohérence des témoignages et la vérification des alibis de chaque protagoniste. La datation du dernier tir d'une arme viendrait apporter ces éléments indiciels indispensables à la réussite d'une enquête.

Parallèlement, des études et essais ont été lancés depuis plus d'une dizaine d'années pour déterminer à partir de l'onde sonore d'un tir (le départ du coup) le lieu d'origine et la nature de l'arme. Via des micros d'ambiance, couplés ou non à des caméras de vidéoprotection, les programmes algorithmiques en développement semblent offrir la promesse d'une telle performance. Cette capacité, permettant l'alerte et l'intervention rapide des forces de sécurité, viendrait naturellement compléter les analyses forensiques qui seraient engagées pour l'affaire.

Ces quelques exemples montrent que le domaine pourtant ancien de la balistique a encore plusieurs pistes de progrès.

La médecine légale du futur

De la balistique à la médecine légale nous n'avons qu'un pas à faire, les deux expertises étant très souvent liées l'une à l'autre, voire complémentaires. Quelques médecins légistes considèrent leur art comme supérieur, et la science forensique comme un simple renfort au service de la médecine. Nous n'entrerons pas dans ces querelles de chapelle, sachant que l'essence de la science forensique est riche d'une multitude de disciplines dont la complémentarité fait la puissance. Et pour les quelques esprits chagrins qui resteraient sur leurs positions, la relecture de l'histoire de la science forensique a été réalisée majoritairement par des médecins légistes. N'oublions pas que la démarche médicale est la capacité d'observation et d'interprétation de symptômes, pour trouver et soigner la maladie à l'origine de la consultation parmi de nombreuses possibilités qui peuvent se présenter. En effet, il n'est pas rare que différentes maladies aient en commun plusieurs symptômes. Leur formation, associée à cette recherche de la maladie, telle une enquête médicale, basée sur l'observation et l'interprétation, leur avait ainsi donné cette qualité essentielle des méthodes de raisonnement nécessaires pour une bonne application de la science forensique.

Ce rapide rappel d'une histoire partagée ne doit pas occulter l'avenir de ce domaine central dans les investigations criminelles.

Il faut d'abord évoquer ce qui fait aujourd'hui l'originalité de cet univers, qui se partage entre *la médecine légale du vivant* (plus de 90 % de l'activité de cette discipline) *et la thanatologie,* autrement dit, la science et l'étude de la mort.

La première concerne l'examen des victimes afin de déterminer une incapacité de travail (partielle ou totale), les constatations de lésions et de traumatismes (plus de 140 000 par an), mais aussi l'examen des personnes gardées à vue (environ 90 000 par an), ou la demande d'estimation de l'âge biologique (pour les individus se déclarant mineurs), etc. Les médecins légistes officient généralement dans des UMJ (unités médico-judiciaires) et souvent au sein des hôpitaux publics.

La seconde s'occupe des personnes décédées dans les instituts médico-légaux (IML) afin de pratiquer des autopsies (plus de 40 000 par an), des examens externes visant à examiner les lésions traumatiques dans le but, en cas de mort suspecte, de déterminer si possible les causes du décès. *Un médecin légiste peut également participer à des reconstitutions judicaires ou apporter son expertise devant une juridiction.*

Dans le cadre des affaires judiciaires, le travail et les échanges entre les spécialistes des scènes de crime et les médecins légistes sont essentiels pour la réussite de l'enquête et surtout l'appréciation des indices retrouvés sur le corps de la victime et les constatations faites sur la scène. La confrontation des hypothèses, en fonction des résultats des analyses et des autopsies, est alors beaucoup plus pertinente.

Il ne s'agira pas dans l'avenir de remettre en cause les protocoles existants, mais bien d'optimiser et de perfectionner certaines voies prometteuses déjà explorées aujourd'hui. Et d'abord, l'exploitation de l'imagerie.

L'objectif de l'autopsie est la recherche de causes à partir des effets constatés. Pour le dire autrement, par son observation et son interprétation des blessures ou des lésions ou de l'état des différents tissus, le médecin légiste va proposer des scénarios d'actions qui en sont ou qui pourraient en être à l'origine. Le but étant d'apporter les éléments de réponses et les prélèvements qui, après analyses, participeront à l'identification de tiers présumés impliqués dans le décès. Dans cette logique de recherche indiciaire, sous l'influence notamment d'équipes suisses, dirigées par le Dr Thali à Berne et le Dr Mangin à Lausanne, de nouveaux protocoles d'autopsie ont été mis en place, à la fin des années 2000. Cette nouvelle forme de l'autopsie a été baptisée *virtopsie* par ces équipes[1]. L'autopsie est réalisée grâce à la mise en œuvre de toutes les possibilités offertes par l'imagerie médicale. La différence avec une autopsie classique, est que cette procédure est non invasive par l'utilisation des technologies de l'imagerie médicale, seules ou combinées : imagerie par résonance magnétique (IRM), scanner de surface,

1. Examen médico-légal d'un cadavre par des procédés d'imagerie médicale considérée comme une vision virtuelle.

tomographie, tomodensitométrie hélicoïdale (TDM), angioscanner, échographie, etc. Ces techniques appliquées en amont de toute dissection, guident les gestes invasifs (localisation précise de fragments de munitions par exemple) ou permettent tout simplement de prélever des données spécifiques, dont l'analyse apporte immédiatement des réponses médicolégales.

Cette pratique ne fait pas encore l'unanimité des praticiens[2], mais, pour les partisans inconditionnels de la virtopsie, voir les cadavres grâce à l'imagerie, c'est voir mieux, avec des images qui explorent plus facilement et plus loin. C'est aussi voir plus, grâce à la mise en évidence de ce que l'œil ne perçoit pas ou difficilement. La visibilité des lésions est également améliorée. Par exemple, la visibilité complète du système vasculaire permet d'identifier les points de rupture et d'hémorragie. Enfin, cette technique, rapide et reproductible, permet aussi d'éviter la dissection d'un cadavre dont les membres de la famille refusent l'autopsie pour des motifs religieux ou philosophiques. Ces images ont également la vertu d'être pérennes et partageables entre spécialistes. C'est cette fonction particulièrement importante qui va générer une nouvelle façon de concevoir le protocole complet de l'autopsie.

Dans cette perspective, nous tenons à saluer ici le projet du colonel Thiburce, chef de division criminalistique ; du Dr Schuliar, médecin-chef des services, et du Dr Mazevet, tous deux médecins légistes à l'IRCGN, qui ont conçu, en complément de toutes ces techniques, plusieurs écrans et plusieurs caméras vidéo haute définition afin de pouvoir

2. « L'hôpital de La Timone à Marseille fait figure de pionnier dans ce domaine en pratiquant une virtopsie par semaine », « Virtopsie », Wikipédia – https://fr.wikipedia.org/wiki/Virtopsie

enregistrer tous les actes médicaux sous différents angles, et diffuser ces images dans une salle annexe. Cette salle étant conçue pour recevoir les magistrats et enquêteurs qui peuvent ainsi suivre l'autopsie et dialoguer en direct avec les médecins. Cela semble simple, pourtant, l'enregistrement des images vidéo associées à celles issues de l'imagerie médicale, constitue un *véritable dossier d'expertise dans les moindres détails, permettant toutes les vérifications et contre-expertises nécessaires, en se basant sur tous les actes réalisés sur le corps tel qu'il était, et non la reprise de notes et une nouvelle autopsie des mois après, en contre-expertise, si le corps n'a pas été incinéré depuis...*

De plus, le dialogue avec les autorités judicaires, qui n'est pas exclusif d'actes conjoints de prélèvement avec les techniciens en identification criminelle, permet d'avoir, en temps réel, *toutes les explications nécessaires pour la compréhension des observations médico-légales permettant de les confronter avec les hypothèses d'enquête.* L'avantage de ces enregistrements est d'assurer la transparence des actes d'autopsie, de *constituer une archive technico-scientifique et de commencer à inscrire les protocoles d'autopsie dans une démarche d'assurance qualité.*

Enfin, cette mise en œuvre systématique de l'imagerie médicale est aussi *une manière de faire évoluer les actes d'autopsie, qui souvent restent dans une démarche systématique invasive, là où des protocoles simplifiés pourraient parfaitement les remplacer.*

Sans exclure tous les prélèvements qui peuvent s'avérer nécessaires, tels que les recherches d'ADN, toxicologiques, anatomopathologiques, etc., l'imagerie virtuelle et les enregistrements vidéo systématiques sont de nature à donner à la thanatologie une meilleure lecture du corps. Cette approche globale, prenant en compte toutes les dimensions d'investigation sur un corps, donne une vision plus exhaustive des indices qu'il porte et surtout offre un ensemble de données pérennes accroissant les éléments indiciaires et de compréhension.

L'infiniment petit

Dans la recherche d'éléments matériels, l'infiniment petit a longtemps été vu comme la trace ultime qui différencierait les prélèvements et permettrait l'identification donnant la solution de l'affaire.

La microscopie optique est toujours présente et offre d'excellents résultats, la microscopie électronique, qui a connu un engouement très médiatisé dans les années 1980, a apporté de nouvelles capacités, mais plus on allait dans l'infiniment petit, plus les détails révélés étaient nombreux, et moins ils s'avéraient discriminants ! Finalement, le bruit de fond l'emportait sur l'essentiel. Cependant, en appliquant les techniques physiques et les techniques d'analyses chimiques, voire en les combinant, ces domaines scientifiques apportent finalement des réponses au niveau moléculaire, qui révèlent la composition chimique d'une trace, aussi petite soit-elle. Et pour les enquêteurs connaître l'identité physico-chimique d'une trace, c'est toujours faire une avancée vers l'identification de son origine, ce qui peut aider à la résolution de l'affaire.

La chimie analytique offre de nombreuses solutions et techniques pour aller identifier les molécules d'intérêt[3].

3. Nous pouvons en citer quelques exemples que les spécialistes reconnaîtront, mais dont nous épargnerons la description scientifique afin de garder le texte digeste : la spectroscopie, la spectrométrie d'absorption (de l'UV-visible, infrarouge et Raman), l'analyse élémentaire, la chromatographie (en phase gazeuse, liquide haute performance, ionique, planaire, en phase supercritique, d'exclusion stérique), l'électrophorèse capillaire, l'électroanalyse, etc.

Le domaine pourrait paraître avoir atteint son apogée et suffire pour apporter les réponses nécessaires aux besoins d'identification. Même en ce domaine analytique, dont la capacité semble largement suffisante, des avancées pourraient parfaitement s'inscrire dans l'avenir pour aller encore plus loin dans la détection des traces. Elles pourraient être de deux ordres.

La première avancée est liée à la simplification des routines d'analyse. Plusieurs exemples en ce domaine ont montré que cela était possible.

Dans les années 1960, le contrôle d'alcoolémie ne pouvait se faire que par analyse du sang, il fallait donc l'intervention d'un médecin, requis pour procéder à la prise de sang. Dans un deuxième temps, les prélèvements étaient envoyés au laboratoire pour analyse. La capacité à tester l'air expiré (éthylotest) a permis d'abord de discriminer immédiatement les personnes positives de celles qui étaient négatives, mais les positifs devaient toujours passer par la prise de sang qui confirmait l'imprégnation alcoolique et le taux. Puis les techniques s'améliorant, l'éthylomètre a été mis au point et il permet désormais de mesurer précisément le taux d'alcool par la prise d'air expiré.

Dans les années 2010, un protocole analytique simplifié a pu être mis au point concernant les drogues. Jusqu'à son développement, lors de contrôle, les forces de l'ordre utilisaient un simple test d'orientation (comme une bandelette intégrant quelques réactifs) à partir de la salive. Si le test apparaissait positif, les automobilistes étaient alors accompagnés vers un hôpital afin de procéder à une prise de sang, car il y avait de nombreux faux positifs nécessitant une analyse plus approfondie à partir du sang, mais plus longue. Cette procédure chronophage et nécessitant de nombreux effectifs pour réaliser un contrôle efficace dans le cadre de la lutte contre la conduite sous l'emprise de stupéfiants n'était pas vraiment efficace. Les développements scientifiques ont ainsi permis de réaliser des analyses de masse en laboratoire à partir de la salive prélevée sur les conducteurs contrôlés, sans passer par la prise de sang chronophage, tant pour les services médicaux que pour les forces de l'ordre.

C'est pourquoi nous pouvons légitimement imaginer que certaines techniques puissent être démocratisées, notamment toutes celles basées sur les propriétés de la spectrométrie[4], comme cela a pu être fait partiellement avec le polilight ou le crimescope pour détecter des traces papillaires ou certains fluides biologiques. En effet, la capacité d'absorption des différentes longueurs d'onde par la matière peut être mesurée, donnant un spectre caractéristique qui est une véritable carte d'identité de ladite matière. Parfaitement maîtrisée en astrophysique, cette méthode pourrait faire l'objet de développements dont l'usage serait plus adapté aux besoins du terrain. C'est-à-dire l'utilisation d'un projecteur multispectral (plusieurs longueurs d'onde) sur une zone, outre le fait de révéler la présence d'une trace, le phénomène physique d'absorption de la lumière par toute matière va alors donner une réflexion lumineuse décomposée (c'est-à-dire un faisceau lumineux dans lequel il manque une ou plusieurs longueurs d'onde retenues par la matière exposée). Sachant que toute matière a une signature spectrale, maîtriser une telle technologie, c'est offrir aux techniciens sur le terrain une capacité d'identification rapide des traces.

---

4. La spectrométrie est basée sur l'analyse qualitative et quantitative des spectres donnés par l'interaction de la matière avec divers rayonnements tels que la lumière visible, mais aussi dans des longueurs d'onde plus larges comprenant également les rayons X.

La seconde possibilité d'obtenir bientôt d'autres avancées majeures tient à la nature des éléments recherchés. C'est ainsi qu'en travaillant sur les isotopes de certains atomes, leur identification devrait pouvoir offrir des éléments indiciels.

Comprendre la nature d'un isotope en cinq minutes !

Les isotopes sont des atomes qui ont le même nombre d'électrons et de protons, MAIS un nombre différent de neutrons.
Ainsi les isotopes d'un même élément ont des propriétés chimiques identiques mais des propriétés physiques différentes. À titre d'exemple, le plus simple d'entre eux est l'hydrogène, qui a trois isotopes, l'hydrogène classique (1 proton, 1 électron et 0 neutron), le deutérium, hydrogène avec 1 neutron et le tritium, hydrogène avec 2 neutrons.
Certains isotopes sont *stables* tandis que d'autres sont *instables*, autrement dit, ils sont radioactifs et se désintègrent petit à petit (par demi-vie) en émettant des radiations.
Le plus connu d'entre eux est le carbone 14 (qui, grâce à cette propriété, permet de dater sur de longues périodes les matières organiques), alors que le carbone 12 et le carbone 13 sont stables.
Actuellement, sont répertoriés 325 isotopes naturels et 1 200 isotopes artificiels créés.

Sans aller plus avant dans des explications techniques souvent complexes, retenons que, grâce aux variations significatives des teneurs en isotopes contenus dans certains atomes, présents par exemple dans les cheveux, la police scientifique pourrait bientôt détecter l'origine géographique d'un suspect ou d'un cadavre, ou reconstituer le chemin parcouru par une victime ou un suspect dans les dernières semaines précédant la perte de quelques-uns de leurs cheveux sur une scène d'infraction.

L'analyse d'autres isotopes peut également permettre de localiser l'endroit au monde d'où proviennent des faux billets ou des ballots de cocaïne.

Actuellement et de manière usuelle, les analyses isotopiques ont déjà un certain nombre d'applications, notamment en toxicologie où elles permettent de différencier l'origine de contaminations et régulièrement d'identifier la source même d'une intoxication.

C'est dans le domaine de l'environnement que l'analyse isotopique d'un organisme (animal par exemple), du sol ou de sédiments proches d'une étendue d'eau (étang, lac, rivière), voire dans le lit dormant, permet de différencier la présence isotopique naturelle de celle issue d'une contamination. La précision des analyses isotopiques est telle qu'on peut distinguer l'origine d'une pollution actuelle ou passée, si elle a été déposée dans les sédiments. À titre d'exemple, pour le cas de sols ou de sédiments pollués au plomb, la précision des mesures permet de différencier le plomb issu de la fabrication de céramique, de celui issu de la combustion de charbon et de celui plus récent provenant de rejets d'essence encore porteuse de plomb.

Dans le cadre de la sécurité sanitaire des aliments, il est possible de contrôler le type d'aliments consommés en analysant la signature isotopique de consommateurs, car elle se constitue en grande partie avec ce que nous consommons. Et c'est profitant de ces qualités chimiques que le Service commun des laboratoires de la répression des fraudes, de la concurrence, de la consommation et des douanes a mis en place des protocoles d'analyse isotopique faisant intervenir la résonnance magnétique nucléaire (RMN) et la spectrométrie de masse des rapports isotopiques (IRMS) pour lutter contre de nombreuses fraudes en identifiant les différents isotopes stables présents.

Le premier exemple est lié au vin. En effet, les isotopes stables utilisés dans le domaine de l'authenticité alimentaire en général et de celle du vin en particulier, sont parfaitement connus. Pour donner une petite idée au lecteur, ils rassemblent le deutérium (hydrogène avec 2 neutrons), le carbone 13 de l'éthanol et l'oxygène 18 de l'eau du vin. Leur quantité et répartition sont représentatives du lieu, des conditions de développement de la vigne et enfin de la maturation du raisin. Ces éléments sont croisés avec la banque de données isotopiques européenne qui est mise à jour chaque année et qui donne la distribution isotopique de chaque zone viticole.

Nous trouvons les mêmes protocoles scientifiques pour les jus de fruits, les produits laitiers dont les fromages régionaux, etc. La précision de ces analyses a la capacité de déterminer, outre l'origine géographique d'une viande dans le cadre de la vente de jeunes animaux, si ceux-ci ont été nourris par le lait de la mère, s'il y a eu des compléments alimentaires, lesquels, et pour eux aussi, de quelle provenance !

Signalons au passage que certains laboratoires privés ont déjà développé cette compétence, mesurant tout le potentiel de ce type d'analyse et que leur démarche s'inscrit dans une démarche forensique. La lutte contre les fraudes en est le meilleur exemple. Il est simplement étonnant que ce domaine n'ait pas encore été développé dans les laboratoires de la police et de la gendarmerie au regard de tout le champ des possibles que cela ouvre ! Et ce d'autant plus que l'engagement des forces de l'ordre dans la lutte contre les pollutions environnementales offre des opportunités d'une mise en routine de ce type d'analyse.

Si l'ensemble des isotopes dans la nature sont connus, leur répartition géographique gagnerait encore à être affinée par une extension des cartes isotopiques comme cela existe en Europe. C'est ainsi que seraient précisément définies les variations isotopiques de zones où différentes drogues sont fabriquées, ainsi que celles des régions d'où sont originaires des individus recherchés dans le cadre de l'immigration clandestine ou du trafic d'êtres humains.

L'histoire qui suit témoigne de l'importance des isotopes dans une affaire criminelle qui a tenu en échec Scotland Yard. Il ne s'agit pas d'une fiction, mais d'une histoire bien réelle…

Adam, l'enfant sacrifié de la Tamise

Le 21 septembre 2001, alors qu'il passe sur le Tower Bridge, un homme croit voir une petite forme humaine entraînée par le fleuve près du *HMS Belfast*, l'ancien cuirassé de la Royal Navy transformé en musée. Alertée, la police fluviale repêche à presque 2 km de là, le corps mutilé d'un enfant de sexe masculin à la peau noire et ayant pour seul vêtement un short orange. Comble de l'horreur, la tête et les membres ont été tranchés.

Le détective inspecteur Will O'Reilly est chargé de l'affaire et celle-ci ne le lâchera plus. Aucune disparition n'a été signalée. Cette petite victime d'un crime atroce, sans identité, abandonnée de tous, hante encore l'enquêteur. Il va déployer toutes les capacités et les compétences de la Metropolitan Police de Londres pour tenter de résoudre cette dramatique affaire. Bien que personne ne réclame le corps, les analyses d'ADN nucléaires et mitochondriales sont effectuées, mais aucune ascendance n'est retrouvée et les

comparaisons avec les différents suspects interpellés au fur et à mesure ne donnent aucune correspondance.
Afin de donner une certaine humanité et permettre à ce petit inconnu de retrouver un peu de dignité, l'inspecteur va lui attribuer le patronyme d'Adam.
Les autopsies successives permettent de conclure que les coupes des membres et de la tête sont très nettes, qu'il a été vidé de son sang, que les taches de sang sur le short montrent qu'il en a été vêtu après sa mort, que l'âge de l'enfant se situe entre 4 et 7 ans, qu'il n'a pas été violé, qu'il possède toujours ses organes internes comme externes, qu'il a consommé un sirop contre la toux et que dans le bas du tube digestif est trouvée une concoction composée d'un mélange d'os, d'argile, de particules d'or et de graines de Calabar. Cette plante africaine utilisée dans certains rites a la particularité d'endormir celui qui l'ingère et de le paralyser, c'est-à-dire de l'empêcher de faire le moindre mouvement, mais n'annihile pas la douleur ! Le pathologiste sud-africain grand spécialiste des meurtres rituels, le Pr Hendrik Scholtz, fait réorienter les recherches. En effet, d'après ses constatations, si ce crime avait été commis selon le rituel sud-africain appelé « *Muti* », l'enfant aurait subi de nombreux prélèvements d'organes et de ses parties intimes, chaque élément ayant des vertus particulières.
L'ethnologue Richard Hoskins du King's College, spécialiste des religions africaines également consulté, oriente les enquêteurs vers une perversion d'un culte animiste, le « *Juju* ». L'enquête conduit vers un sacrifice humain pour s'attirer les grâces d'une divinité. Par le sang répandu, l'immolateur reçoit protection et pouvoir ; la couleur du short, orange, correspond à la couleur associée à Oshun, la déesse de la rivière, grande figure du panthéon yoruba.
L'enquête s'oriente vers le milieu des trafiquants d'êtres humains, parmi lesquels un passeur nigérian de 35 ans, du nom de Kingsley Ojo, est ciblé avec une vingtaine de complices impliqués dans

un vaste trafic d'enfants vers l'Europe. La police trouvera en leur possession différents objets vaudous. Ojo plaide seulement coupable pour l'accusation d'introduction illégales de migrants et usage de faux papiers.

Espérant des miracles de la part du Forensic Science Service, le laboratoire de criminalistique anglais, les enquêteurs examinent les résultats scientifiques espérant pouvoir les exploiter. L'ADN est à nouveau examiné au prisme des allèles dominant dans les ethnies. Et les biologistes du laboratoire mettent en évidence des séquences d'ADN existant en Afrique de l'Ouest. Si l'indice est intéressant, il n'est pas suffisant, la famille de l'enfant pouvant être sur le sol anglais ou européen depuis de nombreuses années.

C'est là qu'intervient la possibilité d'une recherche atomique très particulière, l'analyse des isotopes. Dans le cas d'Adam, ce sont les isotopes de strontium contenu dans les os qui vont être analysés pour être identifiés.

En effet, le strontium est un élément proche du calcium. Comme lui, il entre dans la constitution des os. L'homme en absorbe naturellement en mangeant ou en buvant. Et comme tout élément isotopique, sa constitution atomique varie d'une région géographique à une autre, ce qui donne une véritable signature de l'environnement dans lequel on vit, ou on a vécu plusieurs années. Les isotopes de strontium relevés dans les os d'Adam montrent sans erreur possible qu'il n'a pas été élevé en Angleterre, ni même en Europe. Ce que confirme un expert géologue qui détermine que l'isotope mis en évidence correspond à celui présent dans une roche précambrienne qui abonde au Nigéria.

C'est la deuxième fois que la piste nigériane ressort des investigations.

En octobre 2022, scientifiques et enquêteurs se rendent au Nigéria espérant réduire encore la zone géographique pour tenter de retrouver la famille d'Adam.

Pendant deux semaines, ils sillonnent le pays, ses champs, ses morgues, ses fermes, ses villages et reviennent avec 150 prélèvements d'origine humaine, animale et minérale. Les nouvelles analyses isotopiques permettent de réduire la zone géographique à une petite bande comprise entre les villes d'Ibadan et de Benin City, berceau des Yorubas.

Ces résultats viennent croiser les suites des enquêtes sur les trafics d'êtres humains sous contrôle de plusieurs Nigérians, dont Kingsley Ojo. La police a la conviction qu'il est lié à Adam. Il est certainement celui qui l'a introduit en Angleterre et de fait, il connaît les commanditaires puisqu'il leur a remis l'enfant. Mais son mutisme et l'absence d'éléments probants conduisent l'enquête dans une errance sans fin.

Une piste a permis de découvrir que l'Allemagne a très certainement été le lieu d'étape dans le périple du petit garçon, et que c'est dans ce pays qu'a été acheté le short orange avant son passage en Angleterre. Entre 2002 et 2012, plusieurs Nigérians dont une femme qui avait été arrêtée dans le cadre du trafic puis expulsée, semblent avoir un lien possible avec la mort d'Adam. Les enquêteurs retourneront plus d'une demi-douzaine de fois au Nigéria.

Ils finiront même par rencontrer une femme qui vivait à Glasgow en 2002, qui connaissait Ojo. Elle leur raconte l'histoire d'Adam, de son voyage avec ce trafiquant jusqu'à son assassinat. Mais sans éléments matériels permettant de corroborer ses déclarations, les enquêteurs sont encore bloqués dans leur avancée.

Depuis 2013, faute de nouveaux éléments indiciels, le cas Adam est devenu une affaire non résolue.

Les analyses isotopiques ont permis de remonter jusqu'aux lieux qui ont vu naître et grandir Adam pendant ses premières années. Mais les progrès scientifiques n'ont cependant pas pu apporter toutes les réponses attendues par les enquêteurs, même si l'enquête leur a permis d'avoir une conviction quant aux protagonistes impliqués.

Pour terminer ce tour d'horizon des domaines qui feront évoluer (ou qui bouleverseront) la science forensique des années à venir, voyons ensemble ce que l'intelligence artificielle pourrait apporter aux enquêteurs du futur.

Les algorithmes au service de la science forensique

L'intelligence artificielle (IA) est un ensemble de théories et de techniques de programmation visant à réaliser des tâches de l'intelligence humaine. Elle correspond à l'agrégat de plusieurs sciences telles que les mathématiques et la logique mathématique, les sciences cognitives, intégrant la construction de réseaux neuronaux issus des mathématiques et liés à la logique mathématique. Elle développe des méthodes de résolution de problèmes à forte complexité en intégrant des programme logiques ou algorithmiques, et enrichit sa capacité de résolution par des techniques d'apprentissage et d'autoapprentissage spécifiques (deep learning, machine learning) afin d'apporter les réponses les plus robustes et pertinentes possibles.

De nombreuses applications sont développées dans cette architecture et sont dans notre univers quotidien : moteurs de recherche, systèmes de recommandation, compréhension du langage naturel, voitures autonomes, chatbots, outils de génération d'images ou de sons (dont les voix), outils de prise de décision automatisée, etc. C'est ainsi que dans de nombreux outils, nous voyons apparaître des fonctions qui simulent la capacité humaine à détecter des comportements humains non conformes, comme les caméras à programme de contrôle de foule ou de comportements erratiques d'un individu (telles qu'il en existe dans certains parcs et domaines privés, mais encore interdites en France sur la voie publique), dans le cadre des domaines de la sécurité en général et de la biométrie en particulier.

Dans le domaine de la science forensique, c'est une recherche d'automatisation d'une fonction « expert » qui va être recherchée. C'est ainsi que nous trouvons la recherche d'une IA capable de reconnaître rapidement de faux documents par sa maîtrise optique immédiate de microdétails ne correspondant pas à un vrai document. Un tel outil dans un téléphone portable avec des optiques de qualité permettra à tout gendarme ou policier sur le terrain de contrôler et d'apporter des réponses sans passer par les délais d'analyse de plateaux techniques ou de laboratoires.

Nous avons abordé dans un chapitre précédent les disciplines comme la palynologie, la mycologie et la phycologie, chacune intimement liée avec l'étude du corps d'une victime. La palynologie avec l'étude des pollens retrouvés sur le corps ou les vêtements d'une victime ou d'un suspect, la mycologie avec l'étude des champignons, des levures et des moisissures, et la phycologie avec la recherche de diatomées afin de déterminer si la victime retrouvée dans une rivière, un lac ou un étang s'est bien noyé à l'endroit de sa découverte ou non, ouvrant alors de nombreuses hypothèses d'enquête. Ces trois domaines partagent un protocole d'analyse qui est la recherche microscopique par l'expert, qui détecte, classe et identifie chaque espèce qu'il comparera avec les espèces locales. Ce travail d'expertise est particulièrement chronophage et pénalise les laboratoires dans leur tentative de répondre à toutes les demandes, générant des délais de traitement souvent difficilement compatibles avec une bonne administration de la justice. Actuellement, des travaux sont engagés par l'IRCGN pour confier à un programme d'IA, la reconnaissance des éléments indiciels prélevés et posés sur une lame de microscope. C'est l'apprentissage d'un algorithme pour l'automatisation d'un programme de reconnaissance à partir d'une photo ou d'une caméra directement fixée sur la microscopie qui est en cours de développement afin d'offrir cette capacité sur le terrain.

Le traitement de reconnaissance vocale est un autre exemple de recherche d'un programme IA robuste de comparaison, intégrant l'ensemble de données pouvant être liées à l'environnement, au type d'appareil, aux signaux électriques, aux ergonomies d'enregistrement comme aux caractéristiques anatomiques de la voix.

Vous l'aurez compris, l'ensemble des domaines investissent dans des programmes d'aide à la décision ou des programmes experts qui offrent ou offriront la possibilité de répondre efficacement dans des cas complexes, nécessitant notamment les probabilités bayésiennes difficilement appréhensibles. Les mélanges ADN, la superposition d'empreintes digitales, etc., sont autant de sujets pour lesquels l'assistance d'une IA pourrait aider dans le résultat de l'expertise. Mais cette recherche d'une assistance parfaite qui gommerait toute erreur humaine et réduirait à une asymptote proche de zéro l'incertitude scientifique est soit une illusion, soit un risque en une foi aveugle en la machine… ce qui est un biais cognitif comme nous l'avons vu.

Chapitre 10
Petite histoire de science forensique fiction

L'affaire Delvo

Ce vendredi 25 avril 2045 vers 18 h 45, l'adjudant-chef Sénégas fut alerté par le centre opérationnel qu'une infraction d'atteinte aux personnes avait eu lieu sur un couple de personnes âgées à leur domicile qui se trouve dans un charmant petit village, Saint-Hilaire-de-Brethmas, aux marches de la ville d'Alès. Décidément, les weekends de permanence se suivaient et, hélas ! se ressemblaient. Il appela son binôme, le maréchal des logis Granger, un jeune gendarme qui sortait d'école et dont l'envie et les rêves de gloire lui rappelaient son propre parcours. Non pas qu'il n'ait plus la flamme, mais plutôt une certaine déception sur la nature humaine que la réalité de la vie avec ses côtés noirs lui montrait presque quotidiennement. Cette mélancolie lui donnait un regard parfois lointain, empreint de tristesse, qui se durcissait dans l'action. Ses motivations étaient finalement portées par la volonté d'aider les victimes, celles et ceux qui avaient eu la malchance de croiser la violence, une injustice de la vie qu'il ne supportait pas.

Tout en se dirigeant vers les garages de la brigade, il demanda sans se retourner à son binôme de permanence si le véhicule d'intervention était équipé et chargé. Question formelle, car il savait que tout était prêt, mais ce petit rappel volontaire faisait partie de son rôle de formateur, à la fois pour ancrer les réflexes et les fondamentaux du métier et pour valoriser l'investissement, la bonne volonté et le souci de bien remplir ses missions de son jeune collègue, qui avait déjà répondu que tout était opérationnel, insistant sur ce terme qui, pour lui, montrait toute l'importance qu'il accordait aux missions qui lui étaient confiées.

Les six kilomètres qui séparaient les locaux de la brigade des lieux de l'infraction furent avalés en quelques minutes en laissant le véhicule en mode conduite autonome, ce qui leur permit de finaliser les modalités de leur intervention. Intégrant dans toute intervention la possible présence des agresseurs sur les lieux, alors que le véhicule se positionnait légèrement en amont de la villa dans un silence électrique, ils se préparèrent. La rue, chemin de la Coste, qui montait sur environ 400 mètres, était bordée de part et d'autre de maisons entourées de jardins. Partie agréable et habituellement tranquille de Saint-Hilaire, cette rue était le reflet de sa population, une classe moyenne installée là depuis une ou deux générations, sans histoire particulière. Pendant le déplacement, Sénégas avait présenté la situation à son jeune collègue afin de le préparer : « Une agression dans ce quartier a toutes les chances d'être crapuleuse, c'est une action violente pour voler, voire soutirer les codes ou les empreintes digitales pour déverrouiller les cartes bancaires comme les terminaux d'ordinateur et permettre ainsi de commander des marchandises ou détourner les comptes bancaires. Donc, s'ils prennent leur temps, le ou les agresseurs pourraient être encore présents, tu me couvriras… comme tu as appris à l'école. »

Il relut une dernière fois sur l'écran du véhicule les informations concernant l'affaire. L'appel avait été passé par un voisin qui avait entendu des cris, mais qui ne s'était pas rendu sur les lieux. Les habitants, M. et Mme Delvo, âgés respectivement de 76 ans pour le mari et 67 ans pour son épouse. Lui, retraité, est un ancien professeur d'université et elle, encore active, travaille dans une agence immobilière. Leur véhicule est la dernière Citroën DS 10 autonome. Pas vraiment des personnes préparées à répondre à une agression, donc vulnérables, d'autant plus que le calme de ce village et de cette rue, tel un havre de paix, confortent le sentiment d'être à l'abri de tels méfaits.

Alors que le véhicule se rangeait à une bonne distance de la propriété, ils activèrent leur balise individuelle qui envoyait au centre opérationnel par un canal sécurisé le son et les images de leur action ; ces petits boîtiers avaient de plus l'avantage de ne pas rentrer en connexion avec la domotique et les objets connectés de la maison, préservant ainsi toutes les traces numériques présentent sur la propriété.

En silence, et après avoir arrêté leur téléphone personnel, ils descendirent du véhicule, avançant l'un derrière l'autre, le long du trottoir en se collant le plus possible aux haies bordant les villas afin d'être les plus discrets possible. Alors qu'ils marchaient silencieusement, ils devinèrent la villa derrière la végétation à moins d'une cinquantaine de mètres. Le portail d'accès était à peine entrouvert et portait les stigmates d'un forçage. Avec précaution, l'adjudant-chef Sénégas poussa du coude le ventail et ils se glissèrent dans le jardin. Il prit le temps d'observer l'espace qui les séparait de la maison. Un rapide tour d'horizon leur permit de voir que le véhicule des occupants était absent. Des traces de ripage montraient une sortie précipitée du véhicule. À quelques mètres de là, sur la droite, le câble de la borne de recharge était à même le sol totalement déroulé. Immédiatement, Sénégas rangea dans un coin de sa mémoire, la possibilité d'un car-jacking. Par conséquent, le déverrouillage de la borne de recharge et l'extraction du câble pouvaient être porteurs de traces digitales et biologiques.

La villa était face à lui. Sur la gauche s'étendait une terrasse qui donnait sur une piscine, avec une large étendue sur laquelle on voyait un gazon parfaitement entretenu et tout autour un jardin arboré rempli d'essences méditerranéennes et exotiques. Sur la droite, un cheminement contournait la villa par l'arrière et s'adossait à une haie particulièrement fournie et haute. Il fit signe à son collègue de le suivre, mais il ne prit pas le chemin direct. Au contraire, il fit une large boucle s'écartant volontairement du chemin sur lequel on pouvait parfaitement distinguer de nombreuses traces de pas. Sans se relâcher, bien qu'en son for intérieur l'absence du véhicule lui laissait penser que le ou les agresseurs avaient quitté les lieux, il progressait avec prudence jusqu'à l'entrée de la villa. Sans profiter de la porte ouverte, il chuchota à l'oreille du jeune gendarme. Ce dernier se mit alors de côté, surveillant la porte d'entrée, tandis que Sénégas commençait de faire le tour de la villa.

Il s'engagea par la droite sur le sentier qui cheminait à l'arrière de la maison. Il passa successivement devant les fenêtres, des pièces donnant sur ce côté. Aucune lumière, la pénombre avait envahi cet espace, ce qui contrastait avec l'autre partie baignée par le soleil couchant. Un coup d'œil rapide lui permit de voir que personne n'était présent dans ces pièces arrières, mais les tiroirs des commodes ouverts, les placards bâillant et les affaires jonchant le sol donnaient immédiatement le ton de l'intrusion et son motif. Poursuivant son inspection, il arriva sur une petite terrasse arrière donnant sur la cuisine. Cette dernière était allumée, laissant entrevoir des préparations culinaires en cours non abouties, comme si la personne qui cuisinait avait été dérangée et stoppée net dans ses travaux. Finissant le tour, il aborda enfin la dernière façade encore illuminée du reflet des derniers rayons du soleil dans la piscine. Cette partie de la villa se présentait avec de grandes baies vitrées donnant sur la grande terrasse et la piscine, offrant une magnifique perspective au-delà du jardin sur les contreforts des Cévennes que venait baigner le halo lumineux du soleil maintenant sur l'horizon.

Son regard se porta immédiatement sur la grande pièce de vie dont les lumières éclairaient tout l'intérieur jusqu'à la dernière chambre qui donnait sur ce côté. Immédiatement il vit la silhouette d'une femme sur le sol, comme inanimée, apparemment bâillonnée et les membres entravés par des liens. Plusieurs questions et hypothèses se bousculèrent dans son esprit. Ses premières observations mises en perspective avec l'appel pouvaient être interprétés de plusieurs manières. La première était une dispute violente entre conjoints, avec départ en voiture du mari, mais la présence des liens n'était pas cohérente avec une telle hypothèse.

Reprenant le même cheminement, il revint rapidement vers la porte d'entrée rejoindre Granger. Il lui expliqua rapidement la situation, et demanda à son jeune collègue d'entrer avec lui dans la maison afin de porter secours à la femme, tout en vérifiant qu'il n'y avait pas d'autres individus cachés ou personnes en danger à l'intérieur. Mettant un gant de protection, il écarta le battant de la porte et se dirigea vers la victime. La femme respirait difficilement. Tout en lui parlant doucement, il se présenta et il fit glisser son bâillon. Elle put enfin reprendre son souffle, et avec une voix cassée où perçaient des accents d'angoisse, elle demanda, les yeux baignés de larmes : « Comment va mon mari ? Qu'est-ce qu'ils lui ont fait ? Où est-il ? »

Tout en sectionnant les liens qu'il posa précautionneusement sur la table basse du salon à côté du bâillon, Sénégas lui dit qu'il s'en occupait, et il se leva pour aller explorer les autres pièces. Le centre opérationnel qui suivait la situation en direct avait appelé les secours afin qu'ils rejoignent les intervenants. Granger, un peu tendu, observait avec attention tous les coins de la pièce et se plaça légèrement en retrait de son chef quand celui-ci entra dans la chambre qui donnait sur la pièce de vie. Le désordre et les traces de sang ne présageaient rien de bon, le lit était plein de coulures qui se prolongeaient vers la salle de bains. Sénégas pénétra dans la salle d'eau et découvrit le mari adossé au mur de la douche à l'italienne, en position assise comme effondré sur lui-même, les pieds nus, ses vêtements en partie déchirés. Il n'avait aucun lien. S'approchant doucement, il tendit ses doigts vers le cou pour voir s'il sentait les battements cardiaques. À peine ses doigts posés, l'homme gémit doucement. Il avait le visage gonflé, les arcades sourcilières éclatées et les lèvres ouvertes desquelles s'échappait un filet sanglant. Il n'avait pas encore fini de détailler les plaies et blessures, qu'il entendit la sirène du véhicule de secours qui arrivait.

Aidé de Granger, il délimita le chemin à prendre pour les secours, et alla chercher les arrivants. Il leur demanda de laisser leur téléphone dans le véhicule médicalisé, toujours dans son souci de ne pas polluer numériquement la scène, et les accompagna pour faciliter l'évacuation du mari tout en préservant les traces sur le chemin et leur recommanda d'emballer et protéger les vêtements de la victime pour les investigations qui seraient réalisées ultérieurement. Mme Delvo avait été examinée. Elle avait pleinement repris son souffle, et se levait déjà pour accompagner son mari. Avant qu'elle ne quitte son domicile, l'adjudant-chef lui demanda de raconter en quelques phrases ce qui s'était passé. Le regard tourné vers le brancard qui supportait son époux, et tout en observant les gestes médicaux qui lui étaient prodigués, elle raconta comme une automate ce qu'ils avaient vécu.

Sans qu'ils aient vraiment entendu quoi que ce soit, deux hommes étaient entrés par la porte-fenêtre ouverte sur la piscine, et après avoir frappé d'un coup de poing au menton son mari qui s'était écroulé comme une masse, ils l'avaient empoignée, bâillonnée et jetée sur le canapé. Elle ne savait pas ce qu'ils avaient fait à son mari, mais elle avait vu du coin de l'œil qu'ils l'avaient traîné dans la chambre, et qu'après avoir repris conscience, il criait sous les coups, tandis que les agresseurs hurlaient des ordres : « Tes cartes, tes codes ! Relève-lui ses empreintes pour les cartes et son portable. Où est ton ordinateur ? Maintenant lis ce texte ! Recommence ! Encore ! » Elle entendit ensuite la voix chevrotante de son mari lisant plusieurs fois un texte, puis le bruit lourd et angoissant de quelques coups sourds suivis d'un silence glaçant, son mari n'exprimant plus le moindre son, seules des bribes de conversation entre les deux agresseurs résonnaient en fond. Elle ne se souvenait pas du texte qu'ils lui avaient fait lire, ni ce qu'ils avaient dit. Puis elle les avait vu passer devant elle pour aller visiter toutes les pièces avant de partir. L'adjudant-chef la remercia et la confia aux secours qui emmenaient son mari en précisant qu'un complément d'examen médical pour elle serait certainement opportun. Il savait pourquoi les deux hommes avaient fait lire un texte et pris les empreintes digitales de leur victime. La voix de M. Delvo, associée à ses empreintes papillaires, valait tous les sésames, y compris pour le démarrage du véhicule…

Après avoir raccompagné les secours afin de protéger les traces, il appela Granger, lui montra les chemins qu'ils avaient empruntés et ceux qui étaient porteurs de traces. Il lui demanda de rapprocher le véhicule pour le stationner devant le portail et de préparer les équipements pour les constatations. Le jeune sous-officier sortit son smartphone professionnel sur lequel il ouvrit l'application de gestion du véhicule de service, et lui envoya les instructions afin que celui-ci vienne se positionner comme souhaité. Pendant cette manœuvre, ils se dirigèrent vers le portail tandis que leur véhicule s'arrêtait en position arrière, en ouvrant automatiquement le hayon.

Tout en préparant les mallettes techniques, l'adjudant contacta le Parquet pour transmettre un résumé de l'évolution des événements. Son récit était enregistré automatiquement, transmis immédiatement au substitut du procureur de permanence, comme à son supérieur hiérarchique, qui pouvaient prendre ainsi connaissance du procès-verbal d'intervention en temps réel, permettant d'incrémenter la procédure au fil de l'eau. Le retour du magistrat de permanence fut tout aussi rapide. Le message s'afficha sur son smartphone confirmant la saisine de l'unité et autorisant la réalisation immédiate des opérations forensiques. Après avoir lu le texte du parquetier, il eut un petit haussement de tête, comme pour dire que les choses avaient bien changé depuis ses débuts de carrière, où la rédaction fastidieuse des procès-verbaux particulièrement chronophages bloquait les gendarmes derrière leur bureau pendant de trop longues heures…

Tout en s'équipant, l'adjudant-chef ne put s'empêcher de sourire. Depuis l'école de gendarmerie, ce que l'on appelait la police technique et scientifique, la criminalistique, ou encore la science forensique, avait vraiment évolué. Certes, il restait encore quelques laboratoires spécialisés, mais ils se concentraient sur des analyses ou des domaines rares et pointus pour des affaires criminelles particulières et d'importance. Le jeune gendarme l'observait, ne comprenant pas ce qui semblait réjouir l'adjudant-chef, ce qui n'était pas dans ses habitudes ! Sénégas, croisant son regard, ne put s'empêcher d'accentuer encore son sourire. Il dit simplement : « Bon, puisque tu es prêt, nous allons faire cette PTS… » C'est Granger qui se mit alors à sourire largement à cette remarque, car seuls les anciens parlaient encore de PTS, maintenant tout le monde parlait d'OSF pour opérations de science forensique, en omettant de prononcer le « F », c'était tellement plus marrant de dire « OS ». Devant l'hilarité contenue de son jeune collègue, Sénégas, tout en commençant les opérations techniques, se mit à raconter :

— Tu vois, là nous allons relever les traces de forçage et les empreintes digitales sur le portail. Prends le laser à multicanaux et tu le passes sur les parties forcées, comme sur le plat des vantaux. O.K. C'est fait ? Quel est le résultat ?

— Trois traces digitales en cours de comparaison avec le fichier, et pour le forçage j'ai pris le « FluX[1] »… Tu vois, cela donne la composition atomique que l'on trouve dans les démonte-pneus de marque Rol. On sait donc avec quoi ils ont forcé la maison. Pour les marques sur le portail, l'image-laser est en mémoire en attente de comparaison, quand on aura saisi un outil chez un suspect. Pour les traces papillaires, le High Multilight (lumière multicanaux de haute intensité)

1. FluX : appareil dont la première version portable fut mise en service en 1994, mais les premières versions dites expertes (intégrant les résultats validés pour être recevables en procédure) n'arrivèrent dans les laboratoires que dans les années 2025 et n'ont été reconnus d'emploi pour les techniciens sur le terrain que dans les années 2030. À noter qu'à la fin du siècle dernier, cela nécessitait une pièce entièrement dédiée pour réaliser de telles analyses.

détermine cinq traces de doigt, et le retour du fichier précise que trois appartiennent aux victimes et deux à un certain M. Pedro Garcia.

— Lorsque j'ai débuté, poursuivit l'adjudant-chef, nous aurions utilisé des moulages pour les marques de forçage, puis pour les empreintes. En fonction du support, nous aurions mis en œuvre des traitements physico-chimiques ou plus basiques avec de la poudre. Une fois révélées et photographiées, nous aurions transféré ces traces sur un support qui aurait été envoyé le lendemain via le réseau téléphonique sous forme de scanner. Et au SCRC[2], un technicien aurait, en fonction de ses dossiers et priorités en cours, rentré les traces dans le système qui, les jours suivants, aurait donné ou pas un résultat, après avoir procédé aux comparaisons entre les traces et les candidats possibles présentés par la machine. De plus, il fallait aussi prendre les empreintes des victimes pour les distinguer de celles des auteurs potentiels, en espérant que les auteurs aient été précédemment mis en cause ou condamnés, sans quoi il n'y avait rien à quoi les comparer. Problème résolu depuis la loi « Biométrie pour la sécurité citoyenne » de 2035 qui a bouleversé le paysage des fichiers. D'abord la loi a autorisé, après de nombreux débats, le recoupement des données en une grande Base biométrique nationale (BBN) regroupant le FAED (Fichier automatisé des empreintes digitales) et le FNAEG (Fichier national automatisé des empreintes génétiques). Ensuite elle a étendu les deux fichiers à toutes les empreintes digitales et génétiques des habitants ou visiteurs sur le territoire national, et enfin elle a permis l'intégration de données biométriques complémentaires, telles que le Fichier

2. SCRC : Service central de renseignement criminel de la gendarmerie. Parmi ses différents départements, se trouvait celui qui intégrait les traces et empreintes digitales et assurait les comparaisons.

voix (FiVo) et le Fichier images individus (F2I) des mis en cause, des condamnés et des images vidéo d'auteurs non identifiés. Quant à la composition de la trace, le microscope électronique à balayage était l'instrument analytique idoine, et en complément, la fluorescence X apportait les éléments scientifiques, et tout cela après des heures de laboratoire.

Granger répliqua, ironique :

— Mais on perdait du temps ! Et en plus pour les empreintes, le technicien risquait de se tromper…

— *O tempora, o mores* ! Autres temps, autres mœurs ! répondit Sénégas, assez fier de lui d'avoir placé cette locution latine, certes désuète, mais c'était une des rares qu'il connaissait.

Il ajouta :

— Les algorithmes de comparaison n'étaient pas ceux que nous avons maintenant, et nous n'avions pas d'enregistrement des traces en temps réel directement au fichier des empreintes. Bon, passons aux cheminements avant d'attaquer la maison.

Ils se déplacèrent vers la borne de recharge. L'outil dont usa l'adjudant-chef ressemblait à un vieil appareil photographique, dont seuls les multiples objectifs, tels des yeux inégaux et disproportionnés, permettaient de le distinguer de son ancêtre analogique. Tout en avançant, les optiques et les éclairages sur différentes longueurs d'onde alliés à un faisceau laser prenant les mesures relevaient les accidents de terrain au millimètre près, et reconstituaient les empreintes de semelles ou de pneumatiques dans les moindres détails quand la constitution du sol le favorisait. Deux traces de pneumatiques matchèrent avec la monte d'origine des modèles Citroën. Résultat sans surprise, mais qui confirmait le vol du véhicule des victimes.

Ils s'arrêtèrent devant la borne de recharge, et là, ils cherchèrent à nouveau des traces papillaires. Elles se révélèrent plus nombreuses et parmi elles, outre celles des victimes, ils retrouvèrent celles appartenant à Pedro Garcia. L'adjudant-chef sortit une sorte d'écouvillon qu'il passa dans l'anse de la prise qui facilitait la fixation de la prise au véhicule. Une fois ce frottis effectué, il le plaça dans une petite ouverture sur le côté d'un boîtier peu volumineux portant des voyants de fonctionnement et dont les instructions s'affichaient sur un écran face à lui, le fameux AnADN (Analyser-ADN).

Il introduisit une petite cassette sur l'arrière et posa son doigt sur l'écran. Après quelques minutes, un résultat apparut sur l'écran : deux ADN avaient été identifiés sur le prélèvement, un appartenait au mari tandis que l'autre confirmait l'identité révélée par les traces digitales. La liaison automatique qui existait entre l'analyseur d'ADN et le FNAEG avait à la fois enregistré le résultat de l'analyse, comparé ces profils avec la base, et donné les résultats.

Sénégas continua ses explications :

— Il y a une vingtaine d'années, un tel prélèvement aurait fait l'objet d'un scellé spécifique le protégeant, et après enregistrement dans le procès-verbal, il aurait été envoyé à un laboratoire avec tous les autres scellés biologiques relevés et conditionnés sur les lieux. Il ne nous restait plus qu'à faire preuve de patience et attendre le retour des résultats d'analyse. Si l'affaire était grave, les délais pouvaient être réduits à 24 heures, sinon cela était souvent plus long.

Les grands yeux écarquillés de son jeune collègue, que soulignait une petite moue, semblaient compatir à toutes ces difficultés qu'avait dû traverser son chef…

Ils répétèrent les mêmes opérations sur le chemin menant à l'entrée, car même si les agresseurs n'étaient pas entrés par la porte du domicile, ils l'avaient quitté par cette issue, touchant la poignée intérieure et laissant des traces de pas sur le chemin. Plusieurs types de traces de semelles, montrant des superpositions pour certaines, et des mélanges pour d'autres. Les résultats tombaient et donnaient des correspondances possibles de marques, de tailles, de modèles, etc., il ne resterait plus qu'à discriminer avec les chaussures des victimes, ce qui ne demanderait que quelques minutes. Quant aux autres, cela ne pourrait se faire que s'ils interpellaient les auteurs.

La préhension de la poignée révéla le même profil ADN et confirma le nom de l'individu précédemment identifié, correspondant au profil relevé sur le câble d'alimentation de la voiture.

Avec patience et minutie, une fois dans la maison, ils commencèrent par les pièces qui donnaient sur l'arrière, prenant à l'envers le sens de cheminement des deux agresseurs. C'est ainsi que les zones de préhension des tiroirs comme des placards firent l'objet d'une recherche de traces ADN et papillaires, portant pour certaines les mêmes résultats. L'adjudant-chef commençait à penser que l'un des deux protagonistes devait être porteur de gants, car jusqu'à présent ils ne trouvaient rien qui permette de distinguer un autre ADN ou la moindre petite trace digitale, même partielle. La cuisine n'apporta pas d'éléments particuliers, la pièce de vie non plus, hormis les liens qui entravaient Mme Delvo.

Et comme une petite victoire, l'adjudant-chef eut un geste de satisfaction en découvrant sur l'AnADN un autre nom correspondant à un individu dont le passé criminel occupait toute la surface de l'écran. « Eh oui ! dit-il pour lui-même, mettre des liens tout en gardant les gants n'est pas pratique, donc on les enlève ! Mais bingo ! On prend le risque de laisser des traces. »

Ils attaquèrent enfin la chambre et la salle d'eau qui lui était attenante. Les nombreuses traces de sang furent analysées directement par le BloodScan, donnant ainsi la nature des traces et la cinétique de leur dispersion et confirmant la séquence de l'agression et les coups portés sur M. Delvo. En revanche, l'analyse ADN ne donna rien, à cause de l'humidité, alors que manifestement les agresseurs s'étaient essuyé les mains sur une serviette de bain.

Il prit alors une boîte de Pétri et déposa de nombreux prélèvements avec les écouvillons dédiés à la collecte de bactéries. Pour cette technique d'analyse, il faudrait encore faire appel aux laboratoires, mais cela valait le coup, car les colonies bactériennes sont propres à chaque personne, donc aussi fiables que l'ADN, tout aussi discriminantes et dans bien des affaires elles avaient permis l'identification des auteurs alors qu'il n'y avait pas d'autres éléments. Leur résistance à l'environnement était l'un de leurs atouts principaux, là où l'ADN se dégradait rapidement.

Au fur et à mesure des résultats, l'ensemble des constatations s'intégrait dans le procès-verbal, mais aussi sur un plan d'architecte que réalisait automatiquement l'interconnexion de leurs caméras-piétons avec point laser pour la précision des mesures. Tout en repassant la salle d'eau et la chambre à la Hight Multlight en lumière rasante sur tous les supports dont le sol, plusieurs cheveux furent mis en évidence. Avec une pince, il les plaça dans des sachets différents, et les référença comme scellés à envoyer au laboratoire. Pour ces éléments, il n'y avait pas encore d'appareil d'analyse portable, seuls les laboratoires avaient la capacité de réaliser des examens de cette précision sur les isotopes qu'ils contenaient.

Cette technique pourtant connue, mais peu employée sur les scènes de crime, permettait dès la fin des années

1990 de retrouver les isotopes que toute personne ingère naturellement en permanence et en tout lieu. Et le dépôt de ces isotopes dans les cheveux faisaient de ceux-ci une véritable bibliothèque témoignant des déplacements de leur propriétaire dans le temps et dans n'importe quel lieu. Ce qui était toujours intéressant dans le cadre de parcours criminels et de recoupements possibles d'affaires judiciaires…

Enfin, l'adjudant-chef demanda au jeune sous-officier de mettre en place au centre de la pièce de vie, le Numeris Catcher, une sorte de petit dôme surmontant une petite tour. Sa mise en action fit entendre un petit ronronnement qui dura ce que Granger trouvait être de longues minutes, pendant lesquelles il manifesta son impatience par une petite mimique. Sénégas, avec indulgence, prit encore le temps d'une petite explication, prenant à cœur son rôle de tuteur :

— Tu as l'impression que c'est long et pourtant tu n'imagines même pas ce qui se faisait avant… Là, en quelques minutes, l'appareil a fait un bulle numérique et relevé toutes les traces numériques des objets connectés présents et les échanges qu'ils ont eus avec leur environnement, ce qui permettra de voir l'IP de tous les appareils téléphoniques et autres, y compris celui du véhicule des agresseurs, s'il était suffisamment près de la maison pour être enregistré.

En plus, nous avons également toutes les chances d'avoir des conversations enregistrées par les aides domotiques ou autres box interactives ce qui, avec le logiciel matriciel AllVox, nous permettra de faire la comparaison avec les voix des individus enregistrées dans le FiVo de la Base biométrique nationale. Lors de notre formation en PTS, le prélèvement et l'identification des traces numériques, travail sur scène d'infraction, n'en était qu'à ses débuts ! Il fallait passer par des spécialistes qui venaient prendre les disques durs et tous les matériels numériques pouvant présenter un intérêt. Tout partait ensuite au laboratoire, pour en extraire les données avec des précautions particulières, car ils ne pouvaient pas travailler que sur les clones des disques afin de préserver leur intégrité.

De même pour les téléphones, cela nécessitait plusieurs compétences d'experts tels que les spécialistes de la comparaison des voix, du traitement du signal, des analyses du signal pour recouper tous les points de connexion avec les relais, etc.

Granger écoutait son chef avec un mutisme à la fois respectueux et admiratif, comme s'il avait devant lui le dernier témoin survivant d'un monde qu'il estimait être plus près de la préhistoire et des dinosaures que de son environnement actuel.

Sénégas le regarda plein de mansuétude en secouant la tête, ajoutant pour lui-même, « Ah ! ces jeunes !… »

Ils firent un dernier tour d'ensemble, tant à l'intérieur que sur tous les abords, et posèrent des scellés virtuels sur la villa après avoir fait assurer sa surveillance par une société privée jusqu'au retour de Mme Delvo.

Une fois le matériel rangé, l'adjudant-chef rappela à son collègue de ne pas oublier de reconditionner, compléter ou remplacer tout ce qui avait été utilisé.

Sur le chemin du retour, il lisait sur son écran les procès-verbaux de transport sur les lieux, de constatations et d'opérations forensiques qui avaient été faits en temps réel. Satisfait de sa lecture, il apposa son index sur l'écran, ce qui outre son authentification, envoya immédiatement le document au directeur d'enquête et au procureur de la République. Parallèlement, il lisait les messages d'alerte diffusés à toutes les unités par le Centre opérationnel pour la recherche des deux individus susceptibles d'être mis en cause par leurs traces laissées sur la scène, ainsi que par tous les éléments concernant le véhicule volé.

Tout en se laissant bercer par la conduite autonome du véhicule de service, Sénégas, avec une certaine nostalgie, se revoyait en début de carrière sur des scènes d'agression lors de car-jacking quand les techniciens de scènes d'infraction devaient mettre des heures pour traiter les lieux. Il se souvenait aussi de la longue attente des résultats, parfois jusqu'à plusieurs semaines, alors qu'il fallait continuer l'enquête malgré tout.

Et dire que maintenant, pratiquement tout était réalisé dans le temps de l'action…

Décidément le métier de forensicien avait bien changé…

Table

Achevé d'imprimer par ROTATIVAS DE ESTELLA,
en février 2024,
N° d'imprimeur : XXX
Dépôt légal : mars 2024

Imprimé en Espagne

Mise en pages réalisée par
Jacques Motllo – 66470 – Sainte-Marie-la-Mer
149/2023